还原孩子天性的 **7** 个教育法则

搞定家中"小大人"

HOW TO HANDLE THE LITTLE ADULTS

杨红梅 黄志坚 著

中国青年出版社

(京)新登字 083 号

图书在版编目(CIP)数据

搞定家中"小大人"/ 杨红梅,黄志坚著. —北京:中国青年出版社,2011.11
ISBN 978-7-5153-0301-7

Ⅰ.①搞… Ⅱ.①杨…②黄… Ⅲ.①家庭教育 Ⅳ.①G78

中国版本图书馆CIP数据核字(2011)第 211710 号

出版策划：嘉伟文化 JARL.V CULTURE
责任编辑：常　成　彭宇珂
特约编辑：徐李平
装帧设计：尹先波

中国青年出版社出版　发行
社址：北京东四十二条 21 号
邮政编码：100708
网址：www.cyp.com.cn
编辑部电话：(010)57350504
门市部电话：(010)57350370
长沙湘诚印刷有限公司印制
新华书店经销

710×1000　1/16　16 印张　156 千字
2012 年 1 月北京第 1 版
2012 年 1 月湖南第 1 次印刷
定价：29.80 元

本图书如有印装质量问题,请凭购书发票与质检部联系调换
联系电话：(010)57350337

前言

某日去同事家做客,同事给我准备水果的时候,她九岁的儿子陪我聊天。

小朋友个子很高,坐在那儿便开始高谈阔论起来:"阿姨,你结婚了吗?"我笑着故意摇摇头。"阿姨,没结婚就对了。你瞧我妈,整天为我和我爸操心,老了十多岁。等我长大了,就选择不结婚,想怎么玩就怎么玩。"小家伙跷着二郎腿,窝在沙发里,一副老练的样子。

我好奇地问他:"你为什么这样想呢?"

"事实就是这样啊!"小家伙还想说什么,同事过来把他赶走说:"又在瞎说了,也不知道他听谁说的!他是我们家的'小大人',有些事比我都懂呢!"得到妈妈的表扬,小家伙骄傲地走了。

我望着他的背影,陷入了深思。

其实,关于"小大人"的现象随处可见。有次在电视上看到一幕:某市举办动漫嘉年华活动,开幕式上,一名扮演"一休"的小演员因为出色的表演吸引了众人的目光。当记者表示要采访他时,没等记者提问,这名小学四年级的男生就很自如地回答道:"我觉得这次活动举办得非常成功,希望这样的活动以后还可以多开展几次。我还有其他演出,对不起。"成熟的"外交辞令"竟令记者一时语塞。

另一个例子就是朋友的女儿桑桑。桑桑长得娇俏可爱,不久前,她一本正经地和妈妈说:"唉,我真是烦死了,班上两个男生为了和我一起玩都打架了,他们两个都在追我。"

她妈妈听了大吃一惊，连忙追问究竟是怎么回事。桑桑想了想，说："可能是他们看我漂亮想和我好，就像电视里一样，一个男生和一个女生白天夜晚都在一起。"

类似的例子比比皆是，这样的孩子也不在少数，他们就在我们身边，甚至就在我们家中。难道我们还可以把这些事当笑话来讲吗？家有"小大人"现象已经引起社会各界的重视，大多数成年人认为，这种现象并不乐观。难道不是吗？什么样的季节开什么样的花，什么样的孩子说什么样的话。成人的世界很精彩，成人的世界也很无奈，孩子终究是要长大的，等他们有了成熟的心智再加入成人世界，也不迟啊！何必让他们过早地懂得势利、功利和社会的阴暗面呢？人生总有一个过程，从婴儿到幼儿、儿童、少年、青年、壮年、中年、老年，最后又回到生命的原点。人生需要一步步地成熟，享受每一个人生阶段的滋味，这样的人生才有意义。

我们成年人常常坐在一起回忆自己童年的乐趣，玩沙堆，打沙包，跳皮筋……玩到天黑也不爱回家。每个人说起过去，都是一副陶醉的样子。然后便感叹：还是小孩子好，无忧无虑，没有烦心事儿。可是，再来看看现在的小孩，他们是无忧无虑，快快乐乐的吗？孩子们还在妈妈肚子里的时候，就开始听英语、听音乐，出生以后，又安排一系列"优化"计划：上舞蹈班、钢琴班……一个接一个，孩子就像赶场一样，从这家出来直奔那家。好不容易有点个人时间，还要被电视、电脑占用。就是这样的孩子，谁能说他们整天会闲着？我看，比某些成年人还要忙哩！而所谓的童年乐趣，又上哪里去找呢？

当我说这些时，可能有些家长会立刻反驳："别人家的孩子都在学，我家孩子不学，那不就落后了吗？"诚然，我并不是提倡家长杜绝所有的特长班，问题的关键在于怎样才能真正利用特长班去开发孩子的特长。

部分家长错误的观点是，只看孩子一共报了几个特长班，而不关心孩子究竟喜欢什么，或者孩子自身在哪方面有特长。我们都懂得兴趣是最好的老师，如果把我们大人放在一个特别厌烦的环境里，心里会是什么感觉呢？请家长换位思考一下，并不是用真金白银就能买来一个什么都会的孩子，那是在拍卖孩子的童年乐趣，扼杀孩子真正的兴趣爱好。

当然，"小大人"现象并不只是家长的原因，这是一个普遍的社会问题，这里面包括了学校教育、社会环境等诸多因素。

就说现在的学生们，相互之间讨论的不是学习成绩，而是时尚的穿着。商家也看中了儿童服饰这块宝地，把儿童服装做得比成人服装都时尚。"蕾丝内衣""品牌服装"都价格不菲。此外，电脑游戏中充斥着的黄色与暴力，成人化的游戏人物与情节；电视节目中，频频曝光的逼真的刑事案、各种丰胸和内衣广告；动画片中的谈情说爱情节……这些都让孩子们视线可及之处根本无路可逃。处在成人化环境里的孩子们，整天被这些成人化事物熏陶，潜移默化，一个个"小大人"就这样形成了。

说到这些，很多家长是不是感到很气愤呢？一方面我们要向社会各界呼吁，希望有关部门提出相关管理条例，而另一方面家长要加强对自家孩子的监督和管理。比如网络、电视这些客观原因是可以通过家长的引导和管教得到控制的。

所以说，只有家庭教育、学校教育和社会教育紧密结合，形成合力，才能让"小大人"们摘掉成人的面具，还一个与孩子身心匹配的环境，让孩子真正成为孩子。

目录

第1章 催熟的果子，外表光鲜，味道苦涩

"小大人"以懂事、善于察言观色而受到大人们的赏识，可是"小大人"又因为懂得过多，超出了他们心理年龄发展的规律而多了一种负荷，这使得"小大人"的童年失去了天真无邪、纯真可爱的颜色，就像那些通过添加剂催熟的果子，外表新鲜，可实质的味道并不甜美。其实，我们还是应该让"小大人"去掉"大人"的伪装，还原一个美好的童真时代。

1. "小大人"行为，大多只是取巧而已 /002
2. "懂事"，有时只是孩子的假面具 /005
3. 孩子过早成人化，身心会失衡 /009
4. 心理疾病最易乘虚而入 /011
5. 过早禁锢思维，创新力缺失 /014
6. "小大人"会形成功利的世界观 /017
7. 早熟，犯罪隐患滋生的温床 /021
8. 令人担忧的儿童性早熟 /024
9. 越早熟，越容易陷入早恋 /027
10. 还孩子一个童真的世界 /030

第2章 引导法则：像孩子一样思考

孩子的想法单纯、天真，有时还有点可笑，可我们每个人都是从那个阶段走过来的，那就是童年。美好的童年有着我们再也回不去的充满趣味的时光。所以，作为父母，又何必非要去纠正孩子的那份单纯和"傻气"呢？

1. 孩子"受欺负"，家长莫着急 /034
2. 父母该教孩子讨好老师吗？ /038
3. 请给孩子自由的交际空间 /042
4. 孩子"当官"那些事 /045
5. 孩子眼里的天空也是五彩的 /049
6. 把玩的权利交给孩子 /052
7. 孩子间的比赛，无需大人干涉 /055
8. 月亮里有嫦娥吗？ /059
9. 童言无忌，有些不必纠正 /063
10. 不要盲从别人，让孩子只做自己 /066

第3章 榜样法则：以身作则，做孩子最好的行为标杆

父母是孩子的第一任老师，因而孩子可以像镜子一样折射出父母的行为习惯。当某一天，我们发现孩子学会了撒谎、讨好人、做事急功近利，这时，我们要反思自己的行为习惯。父母作为榜样的力量是家庭教育中最有效的，让孩子恢复天真无邪，少些成熟世故，父母就要以身作则，远离社会中的不良风气。

1. "走后门"是跟谁学的？/070
2. 父母见风使舵，孩子学得快/073
3. 孩子们各有所长，父母不要比来比去/076
4. 儿童过度消费是因为大人的虚荣/079
5. 不要在孩子面前发泄不平，口不择言/082
6. 别带孩子参加过多应酬活动/086
7. 家庭战争避开孩子/089
8. 父母待人做事要真诚/092
9. 家长更要勇于对自己的行为负责/095

第4章 减法法则：卸除我们强加在孩子身上的负担

书包越来越重，课后班越来越多，孩子们羸弱的肩膀早已不堪重负。"望子成龙"的自私想法，"不让孩子输在起跑线上"的扭曲观念，成年人对孩子们的无情施压让原本活泼的孩童时代失去了光彩，心比身老的"小大人"们却只能独自叹气。

1. 兴趣班：家长在"拍卖"孩子的童真/100
2. 特长班种类繁多，想爱哪个不容易/103
3. 孩子不爱上学是谁之过/106
4. 轻松面对孩子间的竞争压力/109
5. 分数不是检验孩子的唯一标准/112
6. 世上没有绝对的差生/116
7. 我们的嘴中也有巴掌/119
8. 孩子也有发言权/122
9. 生活再苦，也要让孩子学会快乐/125
10. 不做孩子的"压迫者"/128
11. 宽松的教育环境，孩子的心理才健康/131

目录

第5章 接纳法则：无法改变环境，那就教孩子先改变自己

不可阻挡的网络暴力、不可躲闪的电视媒体、不可避免的成人化服装，一股成人化势力正在不容商量地侵入孩子的童年世界。孩子们满嘴是网络热语，懂得如何穿得性感，早恋的年龄更是愈来愈小。这个时候，家长们难道只能无奈地摇头吗？不！如果你改变不了世界，就只能改变自己。家长们需要用心教孩子如何规避"成人化"，把童真还给孩子。

1. 孩子不是"展览品"，穿金戴银不合适/135
2. "要嫁就嫁灰太狼"引起的反思/138
3. 帮孩子寻找大众传媒里的宝藏/141
4. 让孩子体验没有网络的生活/144
5. 孩子的青春萌动家长要猜准/147
6. 性是潘多拉的盒子/150
7. 警惕孩子的仇富心/153
8. 以平常心对待班主任的家长调查表/156
9. 做孩子最好的心理调节师/159
10. 让孩子出淤泥而不染/162

第6章 放养法则：众星捧月的孩子很寂寞，请给孩子一双自由的翅膀

整天被大人捧在手心的孩子内心是孤独的，因为他们的朋友是大人，他们的思想常常被大人纠正。渐渐地，他们习惯用大人的思维去说话办事，"小大人"由此产生，相应地失去了童趣。你了解孩子的内心吗？你知道他们真正需要什么吗？请不要把孩子关在家长一手建造的城堡里，请给孩子一双自由的翅膀。

1. 孩子不是成人的玩具/166
2. 隔代爱宠出的"小大人"/169
3. 溺爱是人格杀手/172
4. 得到越多，越不知足/76
5. 有一种爱叫放手/179
6. 把孩子放回到孩子中去/182
7. 放手并不是不在乎/185
8. 大人的事，不必让孩子全知道/188
9. 重大的人生选择要由孩子做主/192

第7章 关爱法则：用爱帮"小大人"摘掉伪成熟的面具

"小大人"能说会道，更善于察言观色。他们不屑于贴小红花，不屑于父母奖励的一块大白兔奶糖……他们把这一切都看成大人哄骗的招数，他们撇撇嘴，作出不会上当的样子。可是，又有谁知道他们内心的真正想法呢？其实，他们也需要父母的吻和拥抱。

1. 你知道孩子想要什么吗？/196
2. 小小少年，烦恼多多/199
3. 孩子提出的问题马虎不得/202
4. 妈妈眉头紧锁，孩子心生烦恼/205
5. 主动走进孩子的世界/208
6. 家长的听和说是门学问/211
7. 让孩子感受到父母真切的爱/215
8. 缺爱的孩子，内心很无助/218
9. 努力做个有爱心的父母/221

第8章 更新法则：父母的教育方式要与时俱进

当今社会，每一天信息流量之大、速度之快让人目不暇接。孩子接受新事物的能力本来就比成年人强。如果孩子说的话让你不理解，那么你就需要"充电"了。与时代同步，才不会成为孩子心中"老土"的爸妈，才有能力搞定家中的"小大人"。

1. 亲子交流也需要精心"备课"/225
2. 家长要懂些儿童心理知识/228
3. 网络时代，家长是菜鸟/231
4. 有威信的家长受尊重/235
5. 做孩子最好的营养师，在吃方面把好关/238
6. 努力完善自己，和孩子共同进步/241
7. 接受新的教育观念/244

"小大人"以懂事、善于察言观色而受到大人们的赏识,可是"小大人"又因为自己懂得过多,超出了他们心理年龄发展的规律而多了一种负荷,这使得"小大人"的童年失去了天真无邪、纯真可爱的颜色,就像那些通过添加剂催熟的果子,外表新鲜,可实质的味道并不甜美。其实,我们还是应该让"小大人"去掉"大人"的伪装,还原一个美好的童真时代。

第1章 催熟的果子,外表光鲜,味道苦涩

1. "小大人"行为，大多只是取巧而已

在日常生活中，常常有这样一群孩子，虽然他们的年龄、性别、家庭条件各不相同，但他们有一个共同的特点，即行为比实际年龄老成。我们习惯上称这种行为举止过早成人化的孩子为"小大人"。

"小大人"一般都很懂事，他们知道怎样去配合大人们将自己或别人的事做好，让大人省心。"小大人"们对环境的适应能力都很强，他们比其他孩子知道得多，懂得多，看上去比其他孩子聪明，接受能力强。这样的孩子往往深得祖辈的欢心及亲戚朋友们的赞扬，他们的父母也为自己的"教导有方"而自豪。

看！大街上，一个五六岁的女孩穿着吊带裙，染着金黄色的卷发，脚下还穿着一双白色的靴子，装束像个大人。而她身旁的妈妈，却装扮得像个小姑娘。这一对母女走在街上很是扎眼，妈妈对行人的"注目礼"很骄傲，可路人看归看，却不知道如何来评价她们。

再看电视节目中诸多的选秀节目。九岁的孩子满嘴都是爱情歌曲，孩子闭着眼，模仿大人的样子，一句"死了都要爱"，唱得凄凉又痛苦。可是孩子连什么是爱都不知道，这难道不是件啼笑皆非的事吗？

这些都是我们在生活中随处可见的事情，而且，有些也许还是我们这样教孩子的。如今，面对"小大人"现象，多数老师和专家认为这是一种不良的教育倾向，然而不少家长却持有不同的观点。他们认为"小大人"会察言观色，是一种及早适应社会的表现。有些家长甚至担心自己的孩子不够精明，不会说大人话，将来走入社会一定吃亏。

　　诚然，教育从孩子抓起没什么不对，开发早期智力也无可指责，儿童教育如何适应将来的社会需求，确实是个让人关注的问题。眼下大学生就业难，为了让孩子尽快适应社会竞争，家长们早早地就给孩子灌输一些成人世界中的"潜规则"，让孩子们在思想上、行为上更趋向于成熟。这样做，他们觉得自己的孩子比同龄孩子更早一步迈进社会，容易在激烈的竞争环境下脱颖而出，成为同龄人中的佼佼者。但是，家长们只看到了表象，没有关注到问题的实质和不良的一面。

　　几个朋友带着孩子聚在一起，我的女儿很快就把几个小朋友拉拢到一起做游戏，又是跑又是跳，玩得特别开心。可是只有个小男孩坐在妈妈身边，静静地听着大人们聊天。我对他说："你也去跟他们玩呀！"男孩摇摇头说："没意思。"我知道这男孩的年龄跟我女儿一样大，所以对他有这样的想法感到很奇怪。这时，男孩的妈妈插嘴道："这孩子懂事早，不喜欢小孩玩的东西，觉得没意思。他特别喜欢忧伤的音乐和诗歌，尤其喜欢徐志摩的《再别康桥》。"

　　"哦！"在座的朋友们都发出惊叹的声音，"小家伙，好厉害啊！快给大家背一遍这首诗。"

　　男孩站起来，很认真地给大伙儿背诵，我们热烈地鼓掌。那边玩得正欢的女儿们被掌声吸引，都好奇地看向这边，可是很快她们又投入到欢笑声中，而男孩坐下后依然老老实实地坐在那里一动不动。其他朋友都夸这样的孩子真省事，不像有些男孩就知道活蹦乱跳瞎捣乱。

　　可是男孩妈妈却担心地说："他外号叫'忧伤小王子'，说话做事有板有眼，给他买的玩具也不要，带卡通图案的衣服也不穿，你说他看起来好像让父母很省心，可他毕竟还是个孩子啊！我觉得他并不快乐。"妈妈说这些时，男孩正望向女儿那边的欢乐场景，从他眼中我看到了这个年龄段不该有的迷茫。

HOW TO HANDLE THE LITTLE ADULTS

是啊！本该充满童趣的孩子却整天像大人似的多愁善感，郁郁寡欢，等到他们真的长大了，心态又会是怎样的呢？从小就没有体会到什么是快乐，将来面对复杂的社会，他们就更无法感到快乐了。

法国伟大教育家卢梭曾说过："大自然希望儿童在成人之前，就要像儿童的样子。如果我们打乱这个次序，就会造成一些果实早熟，他们长得既不丰满，也不甜美，而且很快就会腐烂。"儿童正处于人生的初始阶段，有着特殊的生理和心理需求。他们需要一种不同于成人的施展，一切跨越阶段的期盼只会给孩子以危害。

每个孩子都有自己的发育速度和成长规律，我们必须尊重这一点。一位著名的教育专家曾说过"先前进不等于进步"，家长要求孩子一味向前，让他们事事都走在同龄人之前，反而会有危险。每个人都要走稳了当前这一步，才能向下一个阶段行进，正如每个幼儿都是先会走才会跑，倘若走都没有走好就让孩子去跑，肯定会不利于孩子的行走训练。

这个例子恰恰与"小大人"的形成过程相似，孩子们童年时期该培养的行为习惯和思想情感都还没有形成，而家长就非要他们跳过这个阶段，去接受成人的行为和思想。这种急功近利，终点指向是希望孩子长大成人之后获得一个享有良好社会保障的职业。畸形的教育观，打造出一个个痛苦的小人儿。身心被扭曲的孩子们成人后，需要终生治疗，以此改善早年的错误教育导致的恶果，这样的恶性循环值得我们深思。

孩子还小，他们需要自己慢慢去接触和适应社会，这也是种在成长过程中亲自实践而形成的能力。我们要遵循教育规律和孩子的成长规律，切不能急于求成，过于功利，让孩子成为"小大人"。这种取巧得利的做法，看似是有能力的表现，其实是教育方向的误导。我们应该让孩子保持童真，而不是用"少年老成"来形容他们。

2. "懂事"，有时只是孩子的假面具

现在的孩子和我们小时候简直是天壤之别，吃得好、用得好不说，懂得也多，常常是"语不惊人死不休"。

一个四岁的小姑娘叫点点，讲起话来表情丰富，摇头摆手的，喜欢和大人一起探讨事情。瞧她像模像样的，特别可爱。可是，有时候她说的话却让人大跌眼镜。

有一天，她看到同学文文太瘦弱，就用专家似的口气说："文文，你体形太瘦，我建议你做隆胸手术。""手术？我没病干吗要做手术。"文文知道病人才要做手术的。

点点嘲笑地说："隆胸手术不是得病，是让你身材变性感。S形，你懂吗？"

文文摇摇小脑袋说不懂，点点摆了个S形说："我这里也不够，也要做手术。"

这是在幼儿园工作的朋友跟我们讲的真实的事。她说："点点还要继续讲隆胸的话题，我听着浑身不自在，立刻终止了她们的谈话。放学后，我找点点妈妈询问此事，点点妈妈笑笑说，可能是周日带孩子去看隆胸的同事，孩子听到了她们的谈话。"

我问同事怎么看这件事。同事苦笑着说："点点的话还不算什么。现在的孩子精得很，会把成人的私房事说出来，真是让我们哭笑不得。"是啊！现在的孩子古灵精怪，好像什么话题他们都能说出点自己的见解，惹来成年人惊叹的目

HOW TO HANDLE THE LITTLE ADULTS

光。而我想说的是：孩子们真的知道自己在说什么、做什么吗？

就像上面同事说的小姑娘点点，关于隆胸一事她是听妈妈和同事谈论而记住的。至于隆胸的目的、怎样进行隆胸手术等相关的知识，点点妈妈不可能给她长篇大论地讲，即便讲了，小点点也未必会懂。所以，这就造成小点点误认为胸部太瘦的人都要进行隆胸手术，闹出事例中的笑话。

还有像上一章中提到的"忧伤小王子"的故事，那孩子喜欢读徐志摩的《再别康桥》，喜欢听忧伤的歌曲。可是我们都知道，没有经历过离别的人不可能体会到离别的伤痛。而一个对人情世故还懵懵懂懂的孩子，真就能感受到《再别康桥》诗句中的真情实感吗？可见，所谓的"忧伤小王子"实际上是他的伪装，是他在刻意"包装"自己，让自己笼罩在"忧伤"的气氛中。我不知道造成这个孩子忧伤情绪的直接诱因是什么，然而，可以肯定的是，他看到小朋友们哈哈大笑时，他却笑不出来，这是一件多么可悲的事情呀！

所以，孩子们能说出令人惊叹的话，懂得的知识特别多，看上去聪明、懂事，让家长放心，实际上很多根本就是在模仿，所谓的聪明、懂事，只是一个假象罢了。他们羡慕大人的一举一动，也想得到父母和长辈的称赞，他们小小的脑袋里能想到的办法就是让自己也表现得像个大人样，行为举止完全区别于同龄人。

一次，我和朋友在饭店吃饭，其中一个女友带来了她10岁的儿子。小家伙生得虎头虎脑，活泼好动，很是惹人喜爱。儿子是女友的骄傲，对儿子的教育也费了很大的心思。小家伙懂得也多，说话处理事情一点儿都不像个孩子。我常听女友夸奖自己的儿子懂事、独立。

这次总算见到了他，就好奇地和他聊起来。这一聊可吓我一跳，小家伙知道的事确实多，天文地理，博古通今，可见孩子有很大的阅读量，而且记忆力非常好。朋友们陆陆续续都来了，小家伙很懂礼貌，他为每位阿姨都拉开凳子，像一

位绅士。只是在得到阿姨们的表扬后,还是会流露出天真的得意。

我问他:"你为什么要给每位阿姨拉开凳子呢?"

"因为男人要有风度,要懂得照顾女人哪!"孩子俨然成功男人的口气,逗得我们哈哈大笑。

"你知道怎么能照顾好女人吗?"我继续问。

"什么事都让着女人呗!女人哪,就爱耍小脾气,男人活着累啊!"小家伙此番言论一出,更是乐得我们肚子疼。

小家伙受到表扬,更是大声说:"等我长大了,一定是个好老公。"

我问:"你知道老公是干什么的?男人为什么活得累?"

"老公?就是孩子的爸爸。男人活得累是歌词里这样唱的。"小家伙又哼起歌来。

朋友们笑过后,感慨现在的孩子真是"小大人"。我却摇摇头说:"不,他们什么也不懂,就像他说的一样,歌就是这样唱的,他其实是学来的。"

我又问孩子:"你们家爸爸累吗?"孩子摇摇头说:"他不累,到家就上网,什么活儿也不干。"

我说:"看吧!孩子看到的只是表象。他爸爸是搞精密研究的,累脑又费神。可是孩子看到的只是爸爸成天在家上网。我们可别被小孩子的话给吓到了,他们终究还是孩子。"

难道不是吗?不要以为孩子们满嘴是成熟的言论,像是懂得了很多的道理,而真实的情况是,他们根本就不懂得,只是在简单模仿罢了。他们为什么要模仿?归根结底还是因为家长喜欢看到孩子这样,孩子为了取悦家长,得到家长们的表扬,就尽可能地去学习成年人的口气、作风。就跟电视上的一些少年儿童表演成人的舞蹈是一样的。她们穿着超短裙,扭着小屁股,抹着浓浓的胭脂,口口声声说自己最性感。而一个小孩子,我们要展现的是他们的可爱和天真,性感一

词离他们实在是太遥远了。孩子们天生是不会这些的,只能从成年人那里学来,被成年人包装成这样。其实,她们哪里懂得为什么一定要化浓妆,为什么一定要穿短裙呢?我每每看到电视中这样的一群孩子就觉得他们可怜,本来细嫩的皮肤却抹了层化妆品,真怕孩子洗掉妆后会起小疙瘩。

当然,谁都懂得给孩子化妆是为了灯光下的表演效果更好,可孩子们到底是表演给谁看的?化着浓妆,穿着短裙,这样的审美观点是孩子的还是成年人的?孩子们在台上摇头摆手,做些妩媚的动作,只会让成年人欢快地大笑。可是孩子们又得到了什么呢?我想,他们懂得的是只有伪装才能让大人们高兴。

学会伪装、懂得虚伪、戴着假面具、简单模仿……这就是所谓的"小大人"们懂事的真实面目。

3. 孩子过早成人化，身心会失衡

"小大人"们博览群书，然后夸夸其谈，生搬硬套成年人的行为，并简单模仿。之所以这样做，大多数孩子是为了取悦大人们，得到他们的表扬。我们可以这样理解：这样的"小大人"是在表演着成人，而不是在快乐的环境中成长。

现在的孩子是幸运的，他们成长在社会繁荣发展时期，没有经历过吃不饱穿不暖的艰苦生活，在父母的精心呵护下快乐成长。但是，正因为他们的物质生活来得太容易，家长对他们的期望值过高，使得孩子们陷入物质生活"营养过剩"，心理需求却是严重"营养不良"的矛盾困境。

美国著名心理学家、第三代心理学的开创者马斯洛认为：人的需要从满足最基本的生理需要开始，不断去追求更高一层需要的实现。而任何一个层次需要的缺失，都会在人格发展构成中造成失衡现象。我们把人生比作乘坐生命列车的旅程，从童年启程抵达生命的终点。从发展心理学来看，只有经过完整童年与青少年的生活体验，才能安全地进入成人世界，发展适应性的社会行为。

而被部分家长看好的"小大人"们却违背了人的心理、身体的正常发展，童年时期就接受了成年人的思想和行为，可对于成人的世界他们又只是一知半解，使得他们的童年混乱又茫然。比如教师给学生干部安排工作，他们对老师的要求能够快速接受，并保证按时完成工作，态度认真得像个大人。可是，第二天他们却没有如约完成工作，原因是他们昨晚看电视给忘记了。可见他们还只是没有责任感、玩心过重的孩子。

从这个例子中我们可以更清晰地看出,"小大人"看似懂事,可心理上并不具有成人的责任感和分辨事情严重程度的能力。所以说,家长们切不可只看到孩子懂事、听话的表面,要真正走进孩子的心里,理解他们的内心。

而且,"小大人"心理早熟,可身体却晚熟,这就导致他们身心发展的失衡。心理学家分析说:人的心理成熟程度与人的年龄大致呈正比关系。人发展的每个阶段都有一定的心理成熟标准,低于或者跨越相应年龄段标准,具有其他年龄段的一些特征是很正常的,但超过一定的度就不正常了。

成人化确实可以让孩子提前了解正直、善良、勇敢以及一些不能体会到的精神和品质,但同时也让他们更早接触了成人世界的复杂性,如自私、不友善、不诚信等。虽然他们不理解,但完全可以模仿,久而久之,容易导致孩子身心发展不平衡,孩子易患心理疾病。

如今我们经常会听到有儿童或青少年因父母的一句批评、一个巴掌或者老师的一个眼神就会选择自杀的新闻。我们感叹现在的孩子经不起挫折的同时,是否应该更深入地思考这个问题呢?据一所权威的儿童医疗保健中心心理科统计,孩子12~18岁之间出现的心理问题多数与他们1~12岁的成长经历有直接的关系。医院曾调查了600多个3~6岁孩子,其中30%的孩子有心理问题。同时,根据医院的接诊情况,学龄期出现心理问题的孩子最多,占看病总数的80%,而学龄前的儿童已呈逐渐增多的趋势。

"打药催熟的水果不香,瓜熟蒂落瓜才香",幼稚未必是坏事,成熟也不见得是好事。拔苗助长只会适得其反。在儿童没有积累起足够的经验和体能之前,保持他们正常的心态和适度的发展是非常关键的。教育的目的是促进人的发展,我们切不可忽略了孩子们因为过早地踏入成人的感情世界而出现的身心失衡现象,应正确对待孩子们的成长过程,让其身心均衡发展。

4. 心理疾病最易乘虚而入

造成孩子心理疾病的原因很多，甚至一件微不足道的小事，也可能在孩子幼小的心灵中产生负面影响，最后发展成病态。比如，父母的打骂、老师的嘲笑、同学的欺负……其中有很多问题是我们根本无法避免的。而家长能做的就是及时发现孩子的问题，并且用正确的方法引导、解开孩子心中的结。

关于孩子产生心理疾病的原因及防治方法，也早已引起社会各界专家和广大家长的重视。现在，着重谈谈被称为"小大人"的孩子，心理为什么易产生疾病。

何先生是一家公司的营销经理，经历了太多商业上的弱肉强食、尔虞我诈和钩心斗角，在这一系列商业竞争中他感觉到了生存的可怕和残酷。何先生看着儿子一天一天长大，他担心儿子无法接受未来更加残酷的竞争，于是决定提前把自己在商业中总结的经验教给孩子。在儿子很小的时候，何先生就向他灌输"硬汉精神"。当然，何先生的工夫没有白费，儿子未上小学之前在小区就是同龄小孩中最强悍的。

可是，好景不长。上小学后，儿子慢慢地变得越来越不开心，整天像大人一样唉声叹气。开始时，何先生也没在意，可后来儿子这种叹气越来越严重，到医院检察，医生说他患了儿童精神性叹息症。

什么是儿童精神性叹息症呢？心理专家告诉我们：一般5～13岁的孩子发病率较高，约占该人群的1.5%。孩子的症状是整天唉声叹气，问他们心里有什么事或者身体哪里不舒服，却都说没什么，这些都是由精神过度焦虑和紧张引起的。

儿童精神性叹息症病因是心理因素和环境因素引起的。环境因素如从幼儿园到小学阶段的过渡时期或者转学，对新环境的不适应；心理因素如家长的过高期望、学校的约束、老师的训导、同学的竞争等等；这些因素都可能使儿童产生紧张感。这种紧张如果得不到及时缓解和疏导，就会对孩子的心理造成压抑，当稚嫩的心灵难以承受这种压力时，儿童就会表现叹气样呼吸。除此之外，有的儿童还伴有心慌胸闷、心神不宁、食欲不振等症状，因此家长常误认为孩子身体有病，却不知这是"心病"。

叹气是孩子释放内心压力的一种表现形式，孩子叹气并非小事。频繁叹气也很可能是抑郁症、焦虑症、抽动症、心因性问题、惊恐发作等心理疾病的症状和预发信号。

看过病因的介绍，我们发现，造成何先生儿子得病的原因主要还是那个"硬汉精神"。上了小学的儿子，不再像幼儿园那样无拘无束，在小学他要受到老师的约束，还要学会与同学相处。然而孩子的思想一直秉承爸爸所教的"强悍"思维，这种思想和他生活的环境格格不入，环境要他顺从，被固定了的思维方式又不允许他这样做，这种矛盾把孩子压得喘不过气来，终于得了心理疾病。

从这个事例中我们可以看到，"小大人"们的语言、行为、思想表现与他们的年龄不相符，他们是被成年人强行"催熟"的结果。这样的孩子，虽然外表看上去比别的孩子先迈出一大步，可是孩子的内心已经被"催"得超出了负荷，成为了严重的负担。

12岁的小学芳是我们小区出了名的好孩子，她品学兼优、懂事乖巧，跳舞、钢琴样样出色。傍晚，小学芳偶尔也会跟妈妈到广场上去溜达，可这孩子从来不像其他小朋友那样疯跑，或是跟妈妈耍脾气，总是乖乖地站在妈妈身旁，静静地听大人们闲聊。

小学芳是小区家长们口中的榜样，他们教育自家孩子时常常会说："你看人家学芳，哪像咱家孩子这样让人操心。唉！"学芳妈妈每每听到这样的"表扬"，心花怒放，她很骄傲自己教育出了一个"小大人"，将来一定会比其他孩子优秀出色。

可是，小学芳在小学升初中考试的前一夜，竟然离家出走了。这一消息就像个超级大炸弹在小区里爆炸开来。为什么孩子会选择在这时候离家？为什么大家眼中的乖乖女敢做出如此叛逆的行为？难道她这么懂事的孩子，不知道这样做父母会担心、生气吗？

一天后，小学芳被警察在北山公园的石洞里找到了。当时，小学芳缩在石洞里，瞪着惊恐的眼睛，脸上淌着未干的泪水。

小学芳被送到心理医生那里后，百思不得其解的妈妈方才明白了孩子离家的原因。长期以来，小学芳为了不让妈妈生气，努力把自己塑造成一个不幼稚、不天真的"小大人"，可是，每次看到其他同学欢快地玩乐时，她都非常羡慕。小学芳成绩越来越好，可是她更加害怕升初中考试，她害怕考不好，去不了重点中学，所以才选择了逃避。

学芳妈妈在心理医生的劝解下，改变了教育方式，鼓励女儿放下那些思想包袱，可以像小孩子一样跑跳。学芳很高兴，可是她站在孩子们中间还是显得格格不入，因为，关于孩子们的游戏，她根本不会。

我想，时间会改变学芳的，我相信她。

一句"不让孩子输在起跑线上"的教育信条，让众多家长趋之若鹜，而就是这些不符合孩子成长规律的思想，让一个个"小大人"出现了。

什么季节开什么花，什么样的年龄段就要有什么样的事情去做，孩子们提前把未来的思想和经验都掌握了，那么以后的生活还有什么新鲜可言呢？这样矛盾复杂的情况，只能导致孩子产生心理疾病。

5. 过早禁锢思维，创新力缺失

造成孩子们创新能力越来越弱的根本原因在于孩子的思维被固定。

举个简单的例子：一个5岁的孩子看到路边的树枝被风吹得摆来摆去，在他还不知道树动是风的力量时，他有可能会有这样的问题：树在向我们招手；树也想离开这里，在使劲移动；树在跳舞……而当孩子知道树枝晃动的真正原因后，再看到这样的情况，他根本无须再多想，脑子里已经形成了惯性思维，也就不会再动脑筋费心思去探究这个问题了。而相应的，孩子的创新能力、想象力也逐渐在这种思维定式中被扼杀了。

这也正是成年人随着年龄的增长，想象力却越来越贫乏的原因。成年人思维定式，一种思想形成习惯，就很难打破已经禁锢的思维。故而会有畅销书《拆掉思维里的墙》被人们追捧。

我们可以从"小大人"形成过程来展开分析。

每个孩子出生之初都是一样的，孩子后天的发展跟家长教育和生活环境息息相关。"小大人"形成的原因有的是成年人教出来的，有些是跟社会环境学习的……而他们最大的特点是年龄小，但他们所表现出来的样子却像个大人。"小大人"懂得的知识多，思想成熟，能独自处理好一些事情，没有一般小孩所表现出来的幼稚、天真和偶尔冒出来的傻气。

而一个孩子能完成大人们才能做的事，那他首先得知道这些事该如何去做。孩子怎么知道？那就是——学。我们都知道解决一个问题的方法有很多种，而孩子要解决一件事之前，会向父母询问，父母按照自己的思路告诉了孩子解决方法。以后，孩子再遇到类似的事情，就会按照先前的"成人式"的思路去完成，久而久之，孩子的思维形成习惯，这种习惯逐渐变成了孩子的思维定式。这种思维定式的养成是不知不觉的，一旦形成就会很难突破。慢慢地，孩子越来越不喜欢动脑筋，总是机械、惯性地处理事情，自然也就更谈不上创新了。

在养育和教育一个孩子的成本越来越高的今天，孩子们的生活空间和心理空间却正在变得越来越狭小。孩子们没有自由，被成人约束在一个一个框子里：家庭、学校、兴趣班……他们接触不到大自然，甚至是"四体不勤、五谷不分"。孩子们失去了正常的、积极的、自由发展的个性，他们逐渐变得懦弱、依赖与无能。这种个性心理的形成让孩子没有了创造的欲望，处处需要别人的指点与帮助，没有开拓精神，智力发展受到限制。家长对孩子的过分"保护"，限制孩子的言行，画框框，定调调，孩子按父母的认识和意愿去活动，不能超越父母的指令，使孩子缺乏思维的批判性，做事没主意，人云亦云，随波逐流。孩子的认识被父母限制在一个固定的层面上，没有灵气，影响了孩子的创造力。

国外的家长们有着与我们同样的教子烦恼，如孩子任性、不爱学习、早熟等等。国外的孩子里也有"小大人"，但那里的"小大人"的创新力却没有被扼杀。我从自己和周边的同事身上发现，这是因为我们父母的观点就不是创新型的。

观看国外电影大家会发现，外国人家家都备有工具箱，里面有扳手、电钻、斧子等各种工具。家里有什么需要维修的东西，父亲自己就能动手完成，有时孩子在旁边还打打下手。而我们的城市家庭，一旦有生活用品坏了，不是找物业就是花钱找师傅修理。没人肯自己动手去修，孩子也被家长

HOW TO HANDLE THE LITTLE ADULTS

影响着懒得去做、懒得去思考了。这样解决问题的方式一代一代传给孩子们，形成国民的一种思维定式，我们国家的未来会是怎样？又怎能指望出现中国的比尔·盖茨呢？

当下的"小大人"们就好像是只天鹅，翅膀被剪断了，其观念被制约在小小的池塘里，遐想力被无情地抹杀！这难道还不算重大危害吗？

小孩子接触的事物少，思维方式相对更加开放，而我们的家长却偏偏鼓励孩子们的思想像成人一样模式化。等孩子大了，发现孩子的思维习惯已经形成，然后又让孩子多想象，多创新，可这时候的孩子还能想象出来什么呢？这只不过是家长在自食恶果罢了。

6. "小大人"会形成功利的世界观

我问过很多的家长:"为什么对孩子的特长班学习如此热衷?"

他们通常会回答:"就是为了培养孩子的兴趣爱好,有一技之长。"

每每这个时候,我就会想,如果有一个孩子与你的孩子同时学习这项特长,可是他比赛得了第一名,而你的孩子没有取得名次,你的心理感受是什么样的?如果你感觉酸酸的,并开始对孩子强化训练,告诉孩子下次比赛时一定要获得名次,那么你已经让孩子的心沾染上了功利色彩。

我的一位同事小黄,儿子13岁,在班级竞选优秀学生中胜出,小黄听了儿子的喜讯高兴不已。他问儿子关于竞选的情况,儿子却悄悄地说:"这次优秀学生的人选只有两人,我偷偷告诉老师,那个同学昨天跟别人打架了,老师就把名额给了我。"说这些话时,儿子脸上还带着狡黠的得意。小黄大吃一惊,他没想到儿子这么小竟然会使用成人社会中的"背后捅刀子"。我义正词严地对小黄说:"小黄,你的儿子已经变得急功近利了。"

印度诗人泰戈尔说过:鸟的翅膀上一旦系上黄金,它就飞不远了。同样,在孩子的成长过程中,家长刻意或是不经意地给他们加上过多功利目的,孩子也不会健康地成长。

正如开头的现象,如果你因为嫉妒而对孩子进行强化训练,并要求孩子在一段时间达到某个结果,那么我想你这个目的反而会使孩子不再喜欢学习,因为孩子不再是为了兴趣爱好而学,而是为了获得奖品而学。

而以获奖为目的的艺术和文化教育，会使家长急功近利，孩子受父母影响也变得急于求成。我们都知道"吃得苦中苦，方为人上人"的道理，其实"人上人"的结果靠的是家长对孩子的鼓励与劝勉，并不是在家长的逼迫下费力追求得到的。

著名钢琴演奏家托萨说过："如果有一个满怀功利心的家长站在身后，即使孩子是天赋神童，也难成大师，因为家长把音乐艺术作为追求成功的手段，功利心会污染孩子纯洁的心灵，中断孩子的艺术攀登。"

这是钢琴家对家长们的忠告，也道出众多家长对孩子特长班学习和艺术培养的真实目的。许多家长一门心思指望自己的孩子通过学习绘画、钢琴等技能来增加孩子胜过其他同龄人的筹码，即使家长没有给孩子规划他的未来要专攻于此，但仍旧对孩子的特长学习以专业标准来要求，孩子在这种"逼迫"下，技艺难以得到提高，双方心理都不会放松，像一根绷紧的弦，一直处在将断未断的紧张状态。更重要的是，孩子在家长的高压政策下，为了能够"比别人强"而学习，会扭曲孩子纯洁、正直的人生观和世界观。

"千里之行，始于足下"。在我们身边有许多优秀的孩子，虽然他们也身怀各技，成绩突出，但他们中的很多孩子都在平稳、踏实的心态下成长。他们不骄不躁，稳中求胜，步步为营，不因为一次成功而喜形于色，飞上了天；也不会因为一次失败而悲愤交加，摔下了地。只有那些急于求成、急功近利的孩子，不把心思放在如何一步一个脚印踏实地前进，一心想着怎样快速让自己达到一个层次的飞跃。一旦成功，他们会庆幸自己的伎俩成功，倘若失败，他们就会经受不住挫折，自暴自弃。

那么，孩子是如何学会了功利呢？这得把"罪因"归咎到家长对孩子事事争第一的要求上。

我不是说家长要让孩子事事不思进取，得过且过才对，而是我们在给孩子

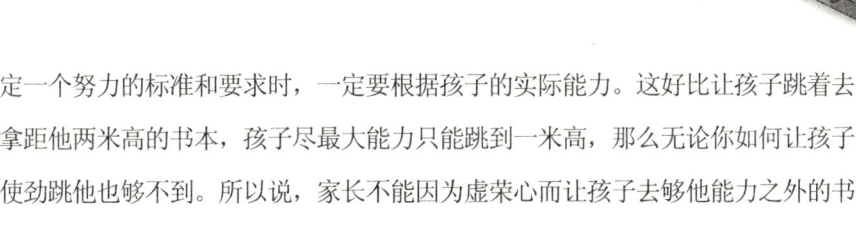

定一个努力的标准和要求时，一定要根据孩子的实际能力。这好比让孩子跳着去拿距他两米高的书本，孩子尽最大能力只能跳到一米高，那么无论你如何让孩子使劲跳他也够不到。所以说，家长不能因为虚荣心而让孩子去够他能力之外的书本，更不能为了让孩子得到书本而采取急功近利的方法。

而如今，很多家长总是要求孩子争第一，只要孩子得第一，家长就满足他所有需求。此种情况之下，孩子自然也变得凡事只追求结果，而忽略了感受其过程的乐趣。须知我们将孩子放入怎样的环境中，孩子就会变成什么样的人。父母功利心强，孩子自然会耳濡目染，变得功利化。一旦如此，孩子就总是患得患失，难以发现生活的美，很难感受到人生的快乐。

有句话叫："家长的功利心，成为宝宝的'催熟剂'。"我觉得这话也是某些"小大人"形成的原因。

前段时间，我的一位表姐打来电话向我请教关于孩子的教育问题，她向我讲了她家孩子徐徐最近发现的问题。

徐徐今年上小学一年级，徐徐同学家里七成都有私家车，而表姐家庭条件一般，家里没车。表姐说："我每次送他上学，到学校大门口外面的小拐角时，他就让我不用进去了，好像生怕同学老师看见我。后来他二姑一来我们家，他就黏住他二姑，一会儿给洗苹果，一会儿又给扒香蕉，还把自己的玩具都拿给他二姑玩。看得出，他是在千方百计讨好他二姑，因为他是有目的的，希望他二姑能够开车送他上学。"表姐接着说，"他二姑是做建材生意的，有一辆丰田轿车。他二姑平时就很宠他，这次他这么软磨硬泡，他二姑便答应了。"

"开始，我对儿子的做法没有感觉到有什么不妥，还觉得孩子挺会讨好人的。可班主任老师打来电话后就觉得不对劲了。这时我才知道，他在学校里四处跟同学说，送他上学的二姑是他妈妈，而我竟成了他家里的保姆。难怪自从他二姑送他上学后，他就再也不用我送了。儿子才上小学一年级，心态竟然发生了这

么大的变化,如果老师不及时告诉我,我真的很难想象。"

通过和表姐的聊天,我发现了徐徐有这样心态的缘由。曾经,表姐常常在儿子面前抱怨没钱的日子不风光,还讲一些人为了让自己活得体面,什么事都可以做的事例。久而久之,徐徐的心态发生了变化,他觉得只要看起来是有钱人,谁是妈妈就无所谓了。可见,孩子有了功利的心态,他们什么事都可能做得出来。

家长都希望孩子能健康快乐地成长,可如果孩子从小就被名利压得直不起腰,被金钱牵绊,那将来更可能会被现实的落差打击,一生都会被功利所累,那还有什么快乐可言呢?所以说,家长们在教育上还是少些功利,多些踏实的态度吧。

7. 早熟，犯罪隐患滋生的温床

儿童早熟有两方面的表现：一个是生理上早熟，指比同龄正常儿童提早发育到完备阶段；另一个是心理早熟，指的是儿童在待人处世方面成熟较早。

10岁以前是儿童性格的形成时期，早熟的孩子会因为自己的体形和外表与周围小伙伴不同，而过早地背上了沉重的思想包袱，从而产生恐惧、不安情绪。比如同龄的男孩还是童音环绕，早熟的男孩却变了声音，长出了胡须，这时他就会被其他孩子取笑，进而产生自卑心理。久而久之，他的性格就变得孤僻，不合群。处在这样一种长期受压抑状态下的孩子，他的思想会慢慢地走向极端，也许生活中某件很小的事情就会促使他们爆发，最终走上犯罪的不归路。

在我曾经任职的农村中学里，有个孩子常常跟已经走入社会的游手好闲的表哥在一起，养成了很多不良习惯。这个孩子才13岁，可什么社会规则都懂，被同学称为"大哥"，被邻居称为"早熟的小大人"。可是，这个什么都懂的"大哥"却为了在生日宴上表现一下慷慨，带几个伙伴去一些娱乐场所喝酒、唱歌，在歌厅领班的安排下，由两名"小姐"陪伴到酒店包房搓麻将。短短几天他们一共花掉了两万多元钱。

可他小小年纪哪来这么多钱呢？原来是这孩子有一次去邻居家玩，偶然看到邻居家放钱的地方，便计上心来。在他过生日前的晚上，这个孩子借帮邻居搬砖的机会，偷走了他们家的钱。当家人了解到曾经让他们放心的孩子真实面目时，他们还在为儿子辩解，不相信自己的孩子为了偷钱，已经学会了如何利用伪

装达到犯罪目的的本领。同时,这件事也在我们学校引起了老师们的关注。我们不禁感叹道:早熟的孩子,懂得比同龄孩子多,连如何才能为犯罪提供便利条件都知道得一清二楚。

苏霍姆林斯基说过:"今天的小儿将成为什么样的人,起决定作用的是如何度过童年。家长在孩子童年时给他们一种什么样的生活态度,在孩子成长时就如实地反馈给家长。"下面从犯罪心理的角度来分析早熟孩子的童年时代对他们未来的影响。

据犯罪专家调查发现:在犯罪者中,有人格障碍的占 10.6%,他们一般在 16 岁时盲目服从,7~16 岁易受外界影响,导致人格发展畸形,这些人主要表现为高度的冲击性和攻击性,对人不信任,抱有仇视,以自我为中心,感情用事并且爱说谎。

早熟儿童大多数在父母过高的期望中长大,家长对孩子倾注了全部的爱,同时也对子女的学习成绩提出更高的要求,处处争第一,而孩子们就是尽最大的能力也难达到家长的这种要求。在这种环境下成长的孩子虽然表面上听话、懂事,内心却饱受巨大的压力。当这些压力有一天终于超出他们能忍受的能力范围时,他们就会离家出走,误入歧途,或是用逆反的心理来向家长反抗。

2010 年,某市的一所小学在对学生进行法律知识问卷调查中发现一个问题。其中一道题目问学生:"如果有人欺负你,你会怎么办?是谁告诉你解决办法的?"学生中竟有一半以上这样回答:"1.打他,以牙还牙;2.这种方法是父母告诉的。"老师问学生为什么这样回答,他们说:"家长说了,人在社会上要厉害些,不能受一点窝囊气。"学生们回答得理所当然的样子,让老师们哑然。

父母期望自己的孩子早日成熟,才不会在将来进入社会后被淘汰。他们教给孩子一些所谓的社会经验,包括尔虞我诈、钩心斗角的心计。这些同龄

孩子不懂的人情世故，被"小大人"实施得得心应手，这也给孩子埋下了犯罪隐患。

美国一所教育机构曾作过一次家庭教育调查，要求被调查者提供一件影响自己一生的童年往事。其中，在几千份反馈中，有两份写的是同一件事情——分苹果。

一个人说，小时候一次母亲拿出几个苹果，有大有小，孩子们都想要大的。母亲就说，好吧，你们去把院子的草剪干净，谁完成得又快又好，这个大苹果就属于他了。这件事让他们记忆犹新，也让他们明白：付出努力才有幸福的回报。现在，他们都有很好的事业，他说这与那样的教育分不开。而另一位女士说，当母亲问兄弟姐妹谁想要大苹果时，妹妹说她想要，结果母亲瞪了她一眼。女士见状灵机一动，撒谎说她要小的。母亲表扬了她，说她懂事，还把大苹果奖赏给了她。从那次分到大苹果的经历中，她似乎悟到了得到"大苹果"的诀窍，而现在她在监狱里服刑。

看过这两个事例，我们是不是该反思一下了呢？两位母亲的出发点都是好的，可是母亲对孩子的启发角度不同，结果却是截然相反。同时我们也发现，用不同方法启发孩子将会影响他的一生。所以，我们教育孩子时一定要慎之又慎。

可见，当孩子把"小大人"的经验"内化"为"成功的法宝"时，其实是一件非常危险的事情，也许会给孩子的一生早早埋下隐患。因此，我们做父母的不要盲目地推崇"小大人"，要慎重对待孩子的启蒙教育，为他们的一生铸下良好的品德基础。

8. 令人担忧的儿童性早熟

如今,关于儿童性早熟现象的报道屡见报端,青春期提前是世界性的趋势,这是由于社会环境的影响和生活水平的提高,使得孩子的性发育普遍提前了。随之而来的是性早熟发病率的显著增高,这已然成为小儿常见的疾病之一,而女孩发生性早熟的概率又较男孩大出4~5倍。

有一个叫小小的小孩,刚满5岁,还是幼儿园大班的孩子,淘气而幼稚。可是最近,妈妈发现她的胸脯日益隆起,还老嚷嚷着胸脯疼痛,下身也像来月经一样出现了流血现象。妈妈满腹疑虑,赶忙带她到医院看病,医生详细地询问了小小的病情,作了初步的诊断,小小患了性早熟。

关于性早熟,专家这样介绍:女孩8岁以前,男孩9岁以前,出现与年龄不相应的第二性征,如周期性阴道流血、乳房增大、阴毛腋毛生长等,并伴有体格发育,如身高、体重、骨骼增长的现象,就叫性早熟。

从医院的诊断结果来看,引起儿童性早熟主要是非疾病原因,具体情况有四点:

1. 家庭生活条件优越、营养改善、疾病减少等因素导致儿童成长发育加速。

2. 饮食不当,环境污染。孩子平日经常吃含激素的食品,如激素催熟的肉鸡、甲鱼等。而洗涤剂、农药、塑料工业排放物及其分解产物,它们会在自然界产生一系列激素污染物,对孩子的发育都有影响。

3. 遗传因素,该原因约占总数的一半。具体来说,如果一个母亲月经过早,她的女儿也很有可能早来月经。

4. 文化开放,一些儿童从影视作品里接触一些超越其心理年龄行为的画面,受到刺激后也会影响生理发育。

在儿童性早熟比较严重的美国，专家发现，8～12岁年龄段的孩子，有的已经开始谈恋爱，有的用手机跟朋友打电话，有的已经像青春期少年那样对父母反叛。他们平常所听的音乐中也充满了性暗示，打的游戏也是成人级的。

美国儿童专家指出，早熟带来的代价可能是巨大的，孩子们和家长或许要面对一些成人才面对的话题，比如避孕和性病等。性早熟会使孩子产生一种融进集体的自然心理需求和攀比心理。美国的一项市场调研表明，8～12岁的儿童具有每年510亿美元的消费能力，家庭每年直接花在他们身上的钱高达1700亿美元。

可见，性早熟不仅给"小大人"带来生理问题，还将影响着孩子一生的健康，对社会造成危害。据相关专家分析，危害表现主要如下：

1. 个子长不高。性早熟儿童的生长周期会明显缩短，没有足够时间发育，最终使其成年后的身高比一般人矮，未治患者最终身高可能为1.55～1.60米。

2. 肿瘤征兆。少部分性早熟儿童的病因可能是因颅内肿瘤压迫所致，如果得不到及时处理，将会危及患者生命。

3. 性行为提前的危害。性早熟儿童的心理发育与身体发育极不匹配，加上患者生理年龄小、社会阅历浅、自控能力差，容易导致其性行为提前，从而引发怀孕和性疾病传播的危险。

4. 性格压抑。性早熟的孩子可能因为自己在体形、外表上与周围小伙伴不同，过早地背起沉重的思想包袱，产生自卑、恐惧和不安情绪，对心理产生长久的不良影响。

5. 埋藏社会隐患。性早熟的孩子身体发育很快，他们更向往模仿社会上的一些东西，比如性爱和暴力。他们也因此比一般孩子更容易发生"危险"，比如早恋，甚至产生堕胎、性犯罪和自杀等社会问题。

看到这些危害，不少父母可能要倒吸一口凉气。我们期盼着孩子快快长大，让他们吃最好的，受最好的教育，却还是存在这样的种种隐患，说不定某一天孩子就已经在父母的"关爱"下成为了一颗被"催熟"的果子！所以我们做父母的

一定要把握好养育孩子"关爱"孩子的度,让孩子正常、快乐、健康地成长。

从以上分析的非疾病性早熟的几种情况来看,孩子性早熟与成人的教育和影响不无关系。"一家只有一个小孩,我们要给他最好的营养。"这是很多父母的想法,而一些厂商也看中了这片市场的巨大潜力,各种儿童营养补品如同雨后的春笋,父母们也在广告的强劲攻势下趋之若鹜。殊不知这些补品正是"催生"孩子早熟的罪魁祸首。

当然,文化影响也不容小觑。影院门口、图书封面上标示的"少儿不宜",实际是欲盖弥彰,勾起了儿童强烈的好奇心,使得他们过早地知道了一些本不该在这个年龄里懂得的事情。家长们,不要觉得所有事让孩子早知道是件好事,"笨鸟先飞"也要选择飞行的路线。

另外在这里还要给父母们提个醒:熬夜也会导致儿童性早熟!

这是由人体内松果体分泌的褪黑激素引起的。松果体位于人体头顶正中的深处,属内分泌器官,主要分泌褪黑激素。褪黑激素能抑制脑垂体促性腺激素的释放,可以防止性早熟。当人在夜间进入睡眠状态时,松果体会分泌大量的褪黑激素,天亮时便停止分泌。人类的松果体一般在儿童中期发育至高峰,抑制性腺的过早发育;7岁~10岁,松果体开始逐渐退化,性机能随之慢慢增强。儿童若受过多的光线照射,会减少松果体褪黑激素的分泌,导致性早熟或生殖器过度发育。

现在许多小学生的课外作业任务繁重,父母怕孩子学习时伤眼睛,就给他们用瓦数很高的灯照明。据研究,非自然光的危害更大,如强照明光、长时间的电视、电脑显示屏光、高楼大厦的装饰灯光等。

其实,灯光并不是越亮越好,应以不刺眼、眼睛感到舒适为佳。在书房内,根据视物距离在30厘米~100厘米选择15瓦~60瓦的白炽灯;视物距离55厘米~150厘米,可选择8瓦~40瓦的日光灯。正常情况下,儿童应保证8小时~10小时的睡眠。

9. 越早熟，越容易陷入早恋

早恋问题并不是一个新鲜话题了，再提起已是老生常谈。

多年以来，早恋问题都是令父母、老师最头疼最担忧却又无力阻止的事。现在，成人们似乎已经被动地接受了"早恋"，只向孩子们提出最低界限——不能有过早的性行为，能够让孩子们在学习期间保持住这个最低界限，好像就是最不错的教育了。像现在的大学生同居、高中男女生合租公寓、初中生开钟点房……这样的事情都已见怪不怪了。

早恋，是孩子们在与时俱进还是倒退，不同的人有不同的分析报告。但是以一个家长的角度去考虑，自己的孩子瞒着大人在外有性行为，甚至同居，我想，很多父母第一次听到这种消息时的态度都是震惊、气愤、悲哀的。不论父母是哪个国家哪个种族从事哪一行的职业，不论自己的小孩是男是女，天底下的父母都希望自己的孩子在这方面清清白白无可指摘。可如今，让我们更为惊愕和揪心的是，早恋孩子的年龄越来越小，有过性行为的孩子也越来越小，而父母在这方面恰如其分的引导就显得尤为重要。

每个人在青春萌动时期都有过羞涩和爱恋，那是人一生中最甜蜜美好的回忆。十三四岁，孩子的第二性征开始出现，这预示孩子已经进入了青春期。这个时候的生理特点决定了孩子们对异性开始产生好奇，进而爱慕。而家长面对这个时期的孩子要做的就是正确引导。可是，由于现在孩子营养过剩，青春期大大提前，孩子早熟现象普遍，早恋年龄也提前了。

有关儿童专家指出，导致青少年早恋的主要成因有三种：

1. 生理早熟。

2. 心理早熟。

3. 流行文化影响。

早熟是"早恋"的最大诱因，它包括生理早熟和心理早熟，生理上的早熟促使青少年性心理早熟，导致他们对异性有好奇因素，伴随着思想上的变化，很多孩子开始恋爱，并偷尝禁果。而心理早熟与孩子的生活环境、家庭教育有着直接的关系，随着青少年青春发育期提前，对爱情的冲动感也随之提前。一些父母因为工作忙，照顾孩子的时间和精力少了，使得孩子在生活上和心理上都感觉孤独寂寞。他们渴望被爱，这种被爱被疼惜的感觉一旦在异性身上得到满足，孩子自然就会不计后果轰轰烈烈地"爱"一场。

至于流行文化，不只让孩子们过早陷入早恋，更是在污染孩子们幼小的心灵。大量成人化的图书、影视作品给孩子们的思想带来了巨大的冲击，引得不少学生争相模仿。家教专家孙云晓不无担忧地说："生理发育提前必然导致心理过早成熟，而且信息化时代也容易使人早熟，现在的孩子复杂就复杂在他们看了大量成人的东西，尤其是电视和网络里泛滥着大量色情内容，儿童从中接收到成年人的语言、行为后，逐渐将这些信息转化为自己的一部分。"就像几年前《色，戒》被炒得沸沸扬扬，成人在娱乐，孩子们却拿来照搬上演街头"色戒"，引起社会各界一片哗然。

有次我坐公交车去上班，就听到这样一段对话：

"哥们，你老婆来电话了吗？"

"不知道她又去哪儿混了，哪天休了她，再找一个。"

"小样吧！你敢吗？你老婆跟母夜叉似的，哪像我老婆温柔贤惠。"

……

听了这段对话，是不是觉得在听笑话？可这些话竟然出自两个10岁男孩之口。记得当时，他们的对话让全车人都哈哈大笑，还有乘客问男孩："小子，你

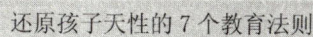

们有养老婆的钱吗？"其中一男孩不屑地说："现在都是老婆养男人。"此话一出，车厢里再次哄堂大笑。

只是两个十来岁的小孩子，他们一口一个老婆叫着，不以为耻，竟然还很骄傲。

可是，孩子们是真的理解爱情、老婆和家庭的含义吗？当然不是。爱情究竟是什么玩意，这个问题就是有了孩子的父母也不一定真正理解，更何况是小孩子呢？

他们的小脑袋瓜里，爱情就是个时髦的东西，它需要天天挂在嘴上，记在心里，"早恋"只是成年人为他们量身打造的词语。在孩子看来，成年人大大方方地谈恋爱，没有恋爱对象还要费劲去找，凭什么他们的恋爱就是不正常的，就应制止呢？

两年前，我曾看过一个真实的报道。香港一名自称基于"母亲的抉择"的14岁女孩"ar.莹"在网络讨论区炫耀多幅自己怀孕8个月的性感照，并直言已决定在玛丽医院待产，这一事情引来网友激烈讨论。

一个只有14岁的未婚妈妈将自己的照片传上网，反映出她表现自我、追求成就感的心态。虽然大部分青少年明白，社会普遍不接受未婚怀孕，但仍有部分身体成熟、心智却未成熟的青少年，希望通过性行为来告诉其他人，自己已经拥有该方面的经验。

花开得太早就是个美丽的错误，早恋问题极易引发早孕，过早夭折孩子纯真的少年生活。一些私人诊所就经常接收未成年少女堕胎，这些事情，父母往往是最后一个才知道。做父母的对孩子早恋问题总是谈虎色变，却很少认真分析孩子早恋的原因，孩子早恋不是他们的本质表现，而是父母亲手利用"催熟"和"精神影响"两大"粮食"双管齐下产生的后果，孩子只是在不自觉的状态下成了最直接也是最根本的受害者。

搞定家中"小大人" | HOW TO HANDLE THE LITTLE ADULTS

10. 还孩子一个童真的世界

本书前面用了九节来举例讲述孩子在主动或是被动地成为"小大人"后，他的心理、身体、思想上的变化。读到这里，我想很多父母都要冷静地反思一下："小大人"们所承受的超过了年龄的负荷，这样的孩子能快乐吗？他的未来一定会是我们期盼的那样美好吗？

有些父母曾经一厢情愿地认为，给孩子提前储备好走入社会的经验、知识就会少走弯路，尽早登上成功的顶峰。事实却并非如此。我们只是看到孩子眼前的前进，却看不到这种所谓的进步给日渐长大的孩子所带来的根深蒂固的危害。

法国伟大的启蒙思想家、哲学家卢梭曾说："大自然希望儿童在成人之前，就要像儿童的样子。如果我们打乱这个次序，就会造成一些果实早熟，他们长得既不丰满，也不甜美，而且很快就会腐烂。"儿童文学作家秦文君也说："大自然不需要早熟的果子，因为那是生涩的，不甜美的。人类需要渐渐长大的儿童，揣着童心的儿童样子的儿童，那才是长久的、健康的、醇美无比的。"

可是说到这里，有些父母可能会提出问题："我都不知道孩子的'小大人'行为跟谁学的，那该怎么办呢？"是的，被称为"小大人"的孩子并不都是家长刻意培养出来的，下面我们来看看"小大人"究竟是如何形成的。

"小大人"现象并非一天两天或是某种因素能促成的，而是长时间受多方面的刺激形成的。这里面有家庭原因、学校原因也有社会原因。单从家庭方面来看，家长对孩子过高要求会使他们不得不把自己往大人堆里推，或者家长的过分鼓励、孩子对自己成长过高的期待，这些都会强化他们对成人言行举止的模仿。

这样孩子很容易吸收到成人世界中不真、不善、不美的东西。请看下面的对话:

还在幼儿园的女儿平日并不喜欢吃口香糖,有段时间她却总是让妈妈买些口香糖然后带到学校,妈妈问她买来做什么,女儿说:"陈老师女儿和我同班,她喜欢吃口香糖,我给她吃了好讨好陈老师。"

妈妈大吃一惊,女儿小小年纪如何就懂得博取老师的欢心了?忙问:"谁教你的?"

女儿若无其事地说:"上次你不也给你们校长送了一件新衣服吗?"一句话问得妈妈哑口无言。

看出来了吧,孩子都是跟父母学的呀!成人们为了请客送礼,却忽略了在旁边"专心"学习的孩子们。

有些父母往往片面地认为,儿童与成人相比,最明显的特征就是无知。而为了让孩子们有知,家长把成人世界的东西硬是搬进了孩子们的脑袋里。在这样的教育中,成人自居为真理的拥有者、价值的评判者,因而他们也是管理上的独裁者,可以操纵与左右孩子,对孩子颐指气使,甚至体罚孩子。他们把成人世界的知识、技能教给孩子,让孩子过一种"小大人"的生活,对孩子进行无理催逼,赶鸭子上架。

许多父母为了维护自己的尊严,也常常要求孩子按照自己的要求做事,而从来不站在孩子的角度考虑问题。这类的"小大人"是家长们"逼"出来的。我原来的同事是名小学教师,她的六年级学生曾写过这样一段话:

我想告诉你们,我的确老了。不然,为什么年轻人应有的红彤彤的脸庞,变得如此蜡黄?不然,为什么曾一步迈上三级楼梯的脚步,变得如此蹒跚?不然,为什么原本活泼吵闹的心,变得如此孤寂?我真的已经老了,虽然眼镜片越来越厚,但黑板上的字却越来越看不清。这不是上了年纪的人才有的"老眼昏花"吗?

该记住的笔记,我虽然背了一遍又一遍,可还是记不住。这不是老年人才有的"记忆力减退"吗？老，老，老了。可是，六年级就已经老了，不是太惨了吗？妈妈，你既然心疼我，那么肯陪我去爬山吗？老师，您既然可怜我，那么能让我大笑一场吗？国家啊，您既然把我们看作早晨的太阳，可六年级的我们，未到"中午"就已经"夕阳西下"，难道您不会有后顾之忧吗？六年级，我已经老了，请帮帮我吧！

　　这可怜的孩子只能用文字来发泄心中的苦闷。孩子外表成人化并不可怕，只是单纯模仿，还不太懂其中的意思，但内心成人化更可怕，这种"心比身先老"的现象更应该引起我们的重视。

　　另外，在学校和社会的大环境，也在慢慢地"熏"出一个个"小大人"来。现在的电视、广播、网络都对孩子形成强大的冲击力，无形中对孩子们产生了极大的影响。很多家长不喜欢孩子整天黏在自己身边，他们把电视机打开，从不管孩子在看什么，而现在的电视节目更加大胆，把成人世界的隐秘一览无余地展示在孩子面前。

　　多元的文化信息让孩子不再纯真，儿童的世界不再天真烂漫。孩子们感到焦虑，无所适从，难以建立起科学合理的价值观。这些外在的原因我们躲不开、避不掉，只能希望父母将注意力从专注于孩子的学习成绩上转移出来，多多用心为孩子摒弃一些不良信息，正确引导孩子，给孩子建立一个纯净的空间，让他们知道什么是他们这个年龄段该做的、该说的，在孩子中间营造健康、绿色的交往方式，剔除孩子们心目中的社会阴暗面和不良风气，帮助他们树立健康的人生观、价值观和世界观。

　　成人的世界很精彩，成人的世界也无奈，孩子终究是要长大的，等他们有了成熟的心智、相当的分辨力再加入成人世界也不迟。那就请成人们还给孩子一个童真的世界吧！让孩子们露出灿烂天真的笑脸，让孩子的心像泉水一样清凉、透彻。

孩子的想法单纯、天真,有时还有点可笑,可我们每个人都是从那个阶段走过来的,那就是童年。童年的时光是美好的,有着我们再也回不去的充满趣味的时光。所以,作为父母,又何必非要去纠正孩子的那份单纯和"傻气"呢?

第2章 引导法则:像孩子一样思考

1. 孩子"受欺负",家长莫着急

孩子是父母的手中宝,他即将要离开父母的保护,独自去一个新的环境,他会和同学搞好关系吗?他能理解老师的意思吗?……太多太多的问题,让一个什么也不懂的孩子如何去面对呢?爸爸妈妈为此担心又忧虑。

怎么办呢?于是,为了孩子能不受欺负,父母有自己的"妙招"。有位妈妈特别有趣,她给孩子自编自导了几部情景剧,让孩子提前感受学校生活中可能遇到的麻烦,然后告诉孩子如何处理才不会吃亏。比如说,有同学不经孩子同意,随意拿他的文具。妈妈来演孩子,孩子饰演同学,"孩子"看到"同学"拿自己的文具,便声色俱厉地说:"不许拿我的东西,想用向你妈妈要去。"一旁的孩子把这句话牢牢记在心上。某天,孩子在学校真的遇到了情景剧中的情况,他就说出了妈妈曾经教过的那句话,语气严厉,想法独特,让人"刮目相看"。

再来看一个孩子,叫鑫鑫,有天他撅着嘴向妈妈诉苦:"妈妈,同桌总踢我凳子。"妈妈一听火冒三丈,大声说:"他再踢,你就踢他。现在社会就是欺软怕硬,咱不能认输。"鑫鑫看到妈妈生气的样子,心里有点害怕,他觉得自己做错了,应该按照妈妈的方法去做才对。

其实,这两位妈妈本意都是出于关心、保护自己的孩子,可是,她们教给孩子处理问题的方式却是某些成人片面的理解和武断。而问题的关键就在于此,孩子的思维方式和成人的怎能一样呢?两位妈妈教给孩子的其实就是成人的想法,"小大人"必然在妈妈的无意识中被引导而成。

那么，孩子在学校的情况，父母就只能不管不问、坐视不理吗？当然不是。其实，家长需要做的是注意处理方式和对孩子的引导。

首先，我们要了解，孩子之间的打闹跟成人之间的打斗是有本质区别的，前者更多的是带有游戏成分，是一种玩耍。在玩耍的过程中，孩子们慢慢学会该如何与周围的小朋友交往，对他们来说，没有"吃亏"与"不吃亏"的概念，很多时候，所谓"吃亏"其实是家长的想法。所以我们常常看到，两个孩子刚刚才打过架，可过不了一会儿又在一起亲密无间地玩耍。

可见，只要能保证孩子的安全，父母没有必要把孩子们之间的打闹看得过于严重。如果只是偶然受到欺负，完全不必理会，让孩子用自己的方式去解决。我们千万不要给孩子传递一种受欺负的概念，那样，会使他原本没有负担的心理变得沉重起来。

当父母遇到这种问题时，理智的做法是：先要管理好自己的情绪。孩子在外受委屈了，做父母的自然心疼，最直接的情绪反应就是想带着孩子气势汹汹地找对方家长理论一番，讨回公道。这样做本无可厚非，实乃人之常情。但是我们要考虑一时冲动的后果，父母是孩子的第一任老师，一言一行、一举一动都牵动着孩子的神经，这样过于冲动的处理方式，孩子以为是正确的，当他再遇到类似的问题时，也会很强势地要做"胜利"的一方。

实际上，如果孩子没把打闹当回事，继续高兴地玩耍，家长也就不必再追究；如果孩子很伤心，很委屈，家长就得先问清事情的来龙去脉，公正客观地帮助孩子进行分析，在这件事上，谁做得好，谁做得不好。在批评别的孩子缺点的同时，也要指出自己的孩子在这一事件中的责任，不要把埋怨都倾泻在别的孩子身上，要让孩子学会宽容、大度。

然后父母要及时和对方孩子的父母沟通，提出问题所在，友好地商量解决方法。当双方父母意见达到一致时，可带两个孩子见面，这时候父母不需要再掺

和，而是让孩子自己去解决，该道歉的道歉，该和好的和好，一场交际危机也就化解了。

这样的处理方式可比教孩子"以牙还牙"好很多哦。

首先，父母给了孩子尊重和理解，孩子们会觉得父母很理解他们，可以给予他们支持和鼓励，这种感受会增强孩子对您的信任以及对家庭的归属感。

其次，孩子们知道处理这件事情有多么"繁琐"，他们也很清楚自己错在哪里，而且也明白了一定要为自己的行为负责，比如道歉。这样可以培养孩子承担责任的勇气。

最后，这样处理"纠纷"的方式，可以暗示孩子："我这件事情做错了没关系，我愿意承担责任就可以了。老师和父母只是觉得我这一件事情做得不对，但不是否定我整个人，他们还是会一如既往地喜欢和支持我。"如此，孩子今后再犯错误便不会因为害怕责备与惩罚而遮遮掩掩。

所以，家长无须担心孩子在校是否被欺负，再说，这件事原本也没那么复杂，这反倒给我们提供了教育孩子的契机。

1. 教孩子学会分享和宽容

孩子受欺负是给孩子上一堂思想教育课，这是培养孩子学会宽容的好时机。打架冲突是孩子进入他们的"小社会"不可避免的事情之一，父母只需告诉宝宝：不要害怕，因为你越怕他，他就越欺负你；不要以牙还牙，因为打人是错误的，如果你也打人，你也就错了。在别人对自己的行为道过歉后不要得理不饶人，要学会宽容和谅解。

2. 教育孩子受欺负时懂得大声呼喊

文静的女孩受欺负时，总是一声不吭，只会呜呜地哭。这样往往招来更多的欺负。所以，我们要教孩子遇到欺负要大声呼喊表示抵抗。当孩子面临欺负时，大声呼喊是一种巧妙的办法。一方面，它能引起旁人注意，获得别人的帮助；另一方面，也是给欺负者一种警告和示威，欺负别人的人毕竟理亏，受欺负的人一喊，他自然心慌，就不敢为所欲为了。

3. 给孩子自信

心理学专家说，帮助孩子练习果敢行动可使他们增强信心。要培养孩子独立的个性、开朗的性格、宽阔的胸怀、勇敢的意志，首先在家里要让孩子学会大声说话，勇于表达个人意愿。很多事情要和孩子商量，让孩子意识到自己的个人价值，知道自己的主权不容侵犯。如果一味强加和约束，只会压抑孩子的思维和信念，让孩子变得畏首畏尾。

4. 培养孩子一颗勇敢的心

勇敢的孩子敢于说不，敢于拒绝；勇敢的孩子才会有胆量直视欺负他的人。让孩子勇敢最重要的一点是家长要学会放手，让孩子敢于做事，如果一点小事孩子都不敢做，那就更别提敢于向欺负自己的人抗争了。

总的来说，很多东西不在于家长刻意灌输和训练，而在于平时潜移默化地培养，让孩子在不经意中健康成长。

2. 父母该教孩子讨好老师吗？

社会中人际关系错综复杂，为了生存，我们有时候不得不做违心的事，这是我们不得不承认的现实，也是我们都不愿意面对的现实。

就因为父母都是过来人，在人际关系中栽过跟头、吃过亏，所以会担心孩子们的将来，想把所有的经验提前灌输到孩子们的脑袋瓜里，那么就先教会孩子如何讨好老师吧！于是，他们带着孩子给老师送礼，说软话，违心地夸赞老师。回到家中还旁敲侧击地跟孩子讲：看看吧，讨好对你有帮助的人就是在帮助自己。孩子懵懂地点点头，他记住了父母的谆谆教导并亲自进行了实战演习，从此孩子也学会了巴结、趋炎附势。看着孩子比其他同龄人更早懂得了这项人际交往的潜规则，父母终于露出了会心的笑容。

可是，有这种想法或是正在这样做的家长们，可曾从教孩子讨好老师这种思维中跳出来，把眼光放远一些，或是进行反向思索呢？

当孩子被动地接受了家长教授的讨好老师的妙方时，孩子们会单纯地认为，只要想尽一切办法让老师或是对自己有益的人高兴就行，其他都是不重要的，这样的做法我们可以用一个词来形容——不择手段。多么可怕的一个词，这是孩子们学到的一种被家长鼓励的处事方法。我们不能称之为是处事经验，经验是亲身经历过失败、胜利后的总结，孩子们直接跳过了经历过后的经验总结，用最直接的方法知道了如何对待周边的人或事，至于这种方法要进行到什么程度才不过分且最适宜，孩子们根本无法掌握分寸，他们只能力求讨好、巴结到最好程度。而

这种只为一个目的的讨好、巴结会使孩子们成为见利忘义、看人下菜碟的小人。

这样来形容咱们的孩子可能父母心中很不是滋味，但是在我们的身边就有这样一些人，他们的心思不用在如何做好本职工作，而整天想着怎样讨好上司、领导，以获得自己的利益。他们踩着别人的肩膀向上，逞一时之快。事实上，我们也深知，这种类型的人并不会笑到最后，从上司或领导的利益来考虑，他们为了自己的公司发展壮大，更需要的是踏实做事、诚实做人的员工，他们才是公司的中坚力量，公司最需要的人才。就像清王朝以巴结、讨好著称的和珅和大人，虽然表面上得到乾隆皇帝的万般宠爱，可乾隆深知他有几分能耐，乾隆一方面利用他，一方面又在压制他。最后，和珅落了个遗臭万年的名声。

为人父母者，自然不会希望自己的孩子将来成为这种浮躁、不踏实且不择手段的卑鄙小人，所以，请在孩子还小的时候以身作则，给孩子一个榜样的力量吧！当孩子习惯于某种人际交往方法和待人待事的态度，他便会养成一种习惯。

美国人哈尼·鲁宾在《友人赠言》中这样写道：

注意你的思想，它们会变成你的言语；

注意你的言语，它们会变成你的行动；

注意你的行动，它们会变成你的习惯；

注意你的习惯，它们会变成你的性格；

注意你的性格，它会决定你的命运。

在孩子的教育中，没有小事，事事都关乎孩子的一生。不要觉得这是在用放大镜观看教育孩子如何讨好老师的事，这只是在列举一门心思想着如何讨好他人可能给孩子带来的危害。

话说回来，老师在每个孩子的一生中，是除了父母、家人以外，更能决定孩子命运的一个举足轻重的人物。我们不赞同家长教孩子如何如何讨好老师，并不是说要让孩子和老师对立，，恰恰相反，我们要鼓励孩子成为老师的好学生和得

力的助手。

这两种说法并不矛盾，看上去结果相同，但实际上孩子达到这种结果的过程、方法不相同。讨好是献媚、巴结，而成为老师得力助手是通过孩子的能力和真诚，通过和老师的朝夕相处后日久生情的一种真情感。这才是人与人之间相处的基石，一种能够使人与人之间良好关系保持稳定的情感积累。

虽然在教师行业中同样也有那些以权谋私、以家长的社会背景来给学生分等级的不良风气，但是我相信大多数教师还是喜欢那种有着真诚、热情洋溢的心，对待学习和班级工作态度认真、踏实的学生。所以，家长要正确引导孩子如何处理师生之间的关系。

有句古话叫：一日为师，终身为父。我们要教育孩子对待老师要尊敬、有礼貌，积极配合老师的工作，切不可当着老师的面是一种态度，在家里背着老师又说老师的坏话。也许说者无心，但孩子或许就会改变对老师的看法。

当然，如果老师犯了错，家长不能一味地指责孩子，要和老师、学校沟通好，谁错谁对要分清楚，要以理服人。

我大学时代一姓赵同学的孩子被老师罚站，回到家孩子累得腿抽筋，赵同学又心疼又生气。她没有表现出对老师的气愤，只是心平气和地问孩子："老师为什么要罚站？"

孩子低声说："上课说话。"

赵同学说："是你有错在先，我带你去向老师道歉。"

第二天，赵同学送孩子进班级，老师看到她很热情，赵同学说："昨天孩子上课说话，我带他来向您道歉。"孩子很诚恳地向老师道歉，并保证以后不再在课堂上讲小话。

之后，赵同学让孩子进班级，并对老师说："老师，我想向您提个建议，昨天孩子回家累到腿抽筋，您看看能不能换个惩罚方式呢？"

老师立刻明白了赵同学的意思,非常不好意思地说:"我当时也是太生气了。不过,这个建议我考虑一下。"这位老师通情达理,以后,她再也没有用这种方式惩罚过班级里的学生。

我觉得赵同学这种处理方式非常好,不卑不亢地表达了自己的建议。如果赵同学不这样做,那还有两个方案:一是送礼,告诉老师以后不要再这样对待自己的孩子了;二是吵架,把老师体罚告诉校长,闹得不欢而散。第一种方法会让家长心里产生怨言,也不能达到教育孩子毛病的目的;第二种方法是最不好的,和老师关系弄僵了,会给孩子造成一种心理负担,孩子会时刻担心会不会因为这件事而遭到老师的歧视或惩罚。所以,赵同学的这种处理方式,给她的孩子在以后的人际交往上也上了一课。

咱们都知道人脉在当今社会中的力量,从孩子和老师、同学之间的关系开始,就要教会孩子如何与人搞好关系,为将来形成良好的交际习惯和较强的交际能力铺路。

3. 请给孩子自由的交际空间

"孟母三迁，择邻而居"的故事广为流传，可是如今房价犹如放在开水里的温度计，噌噌向上涨，能有几个家庭，可以为了孩子有个好的学习环境和交际空间而迁来搬去呢？跨学区的借读费、学校离家远的交通费……太多的无奈让家长止住了为孩子择优入学的想法。也许，有的家长为此而气愤、悲观，觉得因为家庭经济实力而影响了孩子的前途，其实不然。

有句话叫"近朱者赤，近墨者黑"。俗语中也讲："跟什么人，学什么样。"许多家长因此为孩子选择名校，让孩子交好友的原因就是想让孩子从小就能在一个优质的环境中长大。将来社会需要的是人脉关系，让孩子和学习好的孩子在一起，和懂交际的孩子在一起，和家庭富裕的孩子在一起……这样孩子才能在朋友中学到一技之长。

这是很多父母干涉孩子交际的主要原因，从表面上看也不无道理。但是，父母规定孩子交友的范围，限制孩子交友的空间，其实是在不知不觉中让孩子把自己的"朋友"划分为三六九等，哪些朋友对学习有帮助，哪些又对自己的口才有帮助……孩子们会因为不同的朋友而区别对待，这样孩子交友目的不是为了寻找志同道合的知己，而是为了寻找对自己有帮助的人。虽然这种交友目的符合成人社会中的人脉学，但是对于还处在以玩乐为主的儿童来说，却是一种极大的伤害，他们有这样的交友心态会导致一辈子也交不到几个真心朋友。

"千金易得，知己难求"，孩子的人生如果错失了这一大乐趣，将是多么的可怜和悲哀呀！父母为了让孩子们将来的发展可以得到"朋友圈"的帮助，而教会孩子们用虚伪和目的性去交友，反而会适得其反，害了孩子。

父母设定的这种"目的性交友的理论",也未必被孩子看好。

我们都知道:物以类聚,人以群分。别看孩子小,他们交友也是凭着自己的喜好,和谁玩得快乐、有默契,他们就爱和谁玩。

也许成人眼中的坏孩子,他上课不专心听讲,不按时完成作业,但在自己孩子心中,这个"坏孩子"可能是个很好的玩伴,他们在兴趣、爱好上有相同或相似的地方,这些相似点让他们成为了好朋友。孩子能够在这个朋友身上找到乐趣,家长一旦强行干涉或阻止,孩子就会产生逆反心理,你越不让他去交这种朋友,他越要和你对着干。所以请尊重孩子的决定,否则孩子如果对你产生了逆反心理,什么都瞒着你,不与你交流,就麻烦了,而一旦父母和孩子的关系僵到这种程度,那家庭教育也就面临着极大的风险了。

也许孩子在婴儿期和幼儿期,甚至是小学时我们都能给孩子的择友把关,他们可以在我们的眼皮底下和朋友交往。可是,孩子到了初中、高中、大学,或是走向社会,离开了我们的视线,我们还能管得住吗?

因此,父母在孩子交友问题上应该少一些功利心理,让孩子们自由自在地去找与自己兴趣相投的朋友。当然,这并不是让父母对孩子择友完全采取放任自流的态度,毕竟孩子被朋友带坏的事例也有很多。可一方面我们要给孩子一个自由交友的空间,另一方面又担心孩子被不良朋友影响而得不偿失,父母究竟怎样做才合适呢?我的建议是父母鼓励孩子根据自己的意愿大胆开辟交友空间,与此同时,帮助孩子建立正确健康的价值观,加强孩子的自控能力。

举一个团伙犯罪的例子:一帮十来岁的大男孩都爱上网打游戏,常常把兜里的钱花光了才肯走出网吧。这天晚上,这帮孩子还没玩够,钱就花光了,一个男孩说:"没玩够,钱没了,咱去抢点吧!"其他的男孩也玩得正在兴头上,一听这方法可以弄到钱再接着玩,就起哄说可以试一试。但其中一个男孩只爱玩游戏,他知道抢劫是犯法的事,他可以和他们在一起玩游戏,但却不能和他们一起

犯罪。这个男孩趁着其他男孩寻找目标的时候,悄悄地跑掉了。

这个事例说明一个道理,一个人的行为是由他自己的大脑控制的,其他的人最多只能起到推波助澜的作用。

因此,即使父母为孩子选择好该交的朋友,但还是不能从根本上决定孩子是否会走向正确的人生道路。最好的方法,就是家长站在远处,静静观望,适时提出建议,加强孩子的自控能力培养。

女儿的同桌是个调皮的小男孩,上课搞小动作,还常常打扰到女儿。女儿很不喜欢同桌,常常跟我诉苦。我并没有找班主任要求调座位,也没附和女儿数落同桌的不是,而是说:"你的同桌很活泼,他喜欢和你玩。但是玩闹要分时间段,上课的任务是专心听讲,如果搞小动作就会听不到老师在说什么,你可不能向他学习,可以把妈妈说的话跟同桌说,如果他还是打扰你,你也不理他,他自知没趣也就不再理你了。"女儿按照我说的方法去做,几天后,同桌果然不再打扰她了。

在处理这件事情上,我没有和班主任提出换座,是因为我想要让孩子学会和所有人打交道;让女儿漠视同桌,是告诉她遇到这种情况的处理方法。但我没有说不要和这个孩子玩,如果女儿能和同桌在一起感到快乐,并且做到下课可以玩,上课一定不能玩就可以了。这样做,女儿有了自己的交友空间,而且还知道了什么时候该做什么事的道理,提高了孩子的自控能力。

孩子毕竟是童真、纯洁的,他们还没有沾染尘埃和现实的空气,单纯得如同一张白纸。孩子结交什么样的玩伴,用什么样的方式去结交玩伴,其实都是孩子们之间的交往过程,我们大可不必过于紧张。送给孩子一颗平和、热情、感恩的心,让孩子宽容地对待身边的每一个朋友,比给孩子硬性规定玩伴重要得多,孩子需要什么样的玩伴,就让孩子自己学着去选择、去交往吧!

4. 孩子"当官"那些事

现在有权就不缺钱的说法让很多人都成了"官迷",这样的社会风气同样也影响着孩子们。在小学生中就有"我爸是局长"、"我爸是县长"之类的攀比炫耀。一项调查显示,高达 90% 的小学生坦言想当班干部,希望"从小做官"。

孩子为什么爱当官?这与家长对官职的羡慕和渴望是分不开的。

朋友是小学的老师,她给我讲了班级上一个男孩的故事。男孩名叫小可,今年才 8 岁,他爸爸是一家企业的部门经理,所以小可经常收到别人送来的礼物。小可在家里很"霸道",全家人都围着他转。在班上,小可也常常欺负别的同学,但唯独对一个同学"礼让"三分,这个同学,就是爸爸上级的儿子小豪。一次,小可被小豪打了一巴掌,小可一声不吭地忍受了,回来后也没跟家人告状,只偷偷对另一玩伴说:"我爸爸平时对领导就是一副点头哈腰的样子,我也得巴结巴结小豪。"现在,小可也参加了班长的竞选,他立志要当一辈子官,让所有人都来亲近他。

我听了这件事说:"这样的官一定不是清官,早晚都会腐败。"

不光是孩子,很多成年人也有这样的想法,认定了当官就会有权又有钱的硬道理,因而一个个小官迷、大官迷层出不穷。至于没有当上官的父母,就把希望寄托在孩子身上,希望他"从小就当官,长大当大官",而孩子"当官"的确是好处多多啊!

首先,"当官"有助于培养孩子的责任心。"当官"的孩子要比同龄人承担

搞定家中"小大人" | HOW TO HANDLE THE LITTLE ADULTS

更多的责任和义务,比他们做得更好,想得更多,要从他人的角度去思考问题。

其次,"当官"有助于培养孩子的自信心。让孩子当班级干部,给了孩子积极的心理暗示,说明老师看好孩子,孩子就会觉得自己能行。班级里的"官"有更多表现和锻炼的机会,自信心能更大限度地被激发出来。

再次,"当官"有助于培养孩子的沟通能力。"官"是联系老师和同学的纽带,要想当好官就必须具备良好的沟通与协调能力,在与同学的交流中,孩子的沟通能力自然得到训练和提高。

既然"当官"有如此多的好处,望子成龙、望女成凤的父母们又怎能放过这个让孩子历练的机会呢?所以,一个一个都争相给班主任、校长送礼,一定要为孩子在班级争取个一官半职。

其实,班级干部职位只有那么几个,你给班主任送礼了,班主任拿了东西手短,得给你孩子弄个官当;他找了校长,班主任不能不给校长面子,也得给他的孩子安排个官……这个孩子要当官,那个孩子也要当官,怎么分配呢?班主任办法多,既然每个孩子都要当官,那就每个孩子轮流当官。你的孩子当十天班长,他的孩子当十天学习委员……所有孩子都有锻炼的机会,所有家长都不得罪,所有孩子的机会都是均等的,但这样的方法就没法说哪个职位更能历练孩子,"当官"的优势自然也就显现不出来了。

而且即使职位均等,家长的钱没白花,孩子当上了官,可这样做对孩子是有益的吗?家长一厢情愿地为孩子考虑,可孩子的真实想法又是怎样的呢?

有句话叫:世上没有不透风的墙。如果孩子本没有领导才能,家长却用钱硬给孩子"买"了个官来当,一旦这件事被孩子知道了,他会认为自己是傀儡,会渐渐地失去自信心,会觉得自己这官当得不够光明正大。当然,这种"赶鸭子上架"的结果就是,孩子的领导地位受到质疑,会被同学耻笑。这时,孩子宁可从来没有当过这个官,并埋怨父母擅自做主给他买官。咱们经常在电视剧里看到,

古代有钱人为儿子买官后发生的笑话,这其实是一样的道理。

更重要的是,父母执迷于官位,孩子也会受其影响变成一个"小官迷"。太过争强好胜的孩子,心理得不到平衡,就会产生极端的想法。

我的一个学生现在是北京某房地产公司的销售主管,24岁的小伙子,前途无量。当我们老师知道这个事后,都很吃惊地说:"那孩子上学时可没见有什么领导才能啊,看来后天发展也很重要。"我听了摇摇头说:"不对,是他从小就已经有了这个能力,只是没有在学校表现出来罢了。"

这孩子上学时就住在我家对门,我是看着他成长起来的,而他能有今天的成功,不得不提的还是他的父母。

他的父母只是普通工人,家庭条件一般,虽然没有多余的钱为孩子在班级买官,但是他们非常注重孩子自我管理能力的培养。从一年级开始孩子就学会独立完成自己的学习任务,按时作息。他妈妈常说:"先让孩子管理好自己,才能管好别人。"而且他们家非常民主,孩子可以自由发表自己的意见。

记得有段时间孩子爸爸想让孩子学习柔道,这孩子学了一天,回来说不喜欢这项运动,爸爸立刻就同意了孩子的选择。爸爸说:"有自己的主见将来才能帮助他人作决定。"

这孩子独立性强,也想在班级中当官,可爸妈没有送礼,官职都被送礼的孩子占据了,他心里很不服气。有一回,我看见他在路上赌气和妈妈说这件事,我听到他妈妈说:"是金子总会发光,我们要通过自己的能力公平竞争,钱是买不来当官的能力的。"当时,我看到孩子撅着的嘴露出了笑容。这个笑容我至今仍能回忆起来,我仿佛看到此刻已长大的小伙子,站在办公室里从容地、井井有条地指挥着手下人在工作的笑脸。

这对父母在家庭生活中锻炼孩子的自我管理能力是个很好的办法,比那些还不知道进行自我管理就领导他人的孩子反而成长得更快。我们先从孩子管理自己

开始，锻炼他成为一个有主见的、勇敢果断的人，这样的孩子自会在集体生活中"闪闪发光"，用不着父母再刻意"买官"了。

做到这一点其实并不容易，父母不能太溺爱孩子，让孩子逐渐脱离衣来伸手饭来张口的生活。如果什么事都由父母一手包办，孩子根本不用考虑任何事情，那么即使让他当大班长，他也肯定做不好的。因为他不知道从何处着手，自己根本没有独立完成工作、组织同学干工作的能力啊！这样的官，既不被老师重视，也不被同学看好，这么一个尴尬的位置让孩子多难受啊！

总而言之，虽然现在的社会中钱可以完成太多的事，但是钱却买不来决定孩子一生的个人才能和真正立足社会的良好品质。所以，父母们还是不要再痴迷于用金钱为孩子抢夺班级那些有限的职位，以锻炼孩子的领导、组织、管理才能，这些能力在家中也可以锻炼，何必非要用"不正当"的手段去抢那块鸡肋呢？最重要的还是我们对"官"一定要抱着良好的心态，培养孩子当官，也要培养出一个为人民服务的好官。

5. 孩子眼里的天空也是五彩的

童年是什么？

一个踢毽子的小女孩，用稚嫩的童音答道："童年是毽子。我就像这毽子，一上一下，蹦蹦跳跳，非常快乐，永远都没有烦恼。"

一个在青草地上背书的高中女同学说："童年是桑果，紫色的梦幻，紫色的诱惑，让人回味无穷；童年是蝴蝶结，扎出天真无邪的我；童年是……"忽然，她停了下来，眼睛望着远方，"童年是逝去的历史。紫色的梦幻已移植在如今一代孩子的心里，童年的桑果无处寻觅。走出了童年，才知道肩上担子的沉重，知道人生并不总是无忧无虑……"童年已是只留下美好的回忆，那些珍贵的镜头将化为青年奋斗前进的动力。

现在，我们再回忆起童年，会不自觉地发笑，那些美好的画面永远定格在快乐里面，也常常被我们幸福地拿出来与他人分享。而童年趣事总是与幼稚、天真，还有些许傻气连在一起，这些看似无知的行为留给我们一生最美的记忆。那是人一生中最珍贵的时光。

童年是用快乐编织的梦，我们怎么忍心让自己的孩子过早就失去这个美丽的梦呢？何必要用条条框框来约束孩子的想法呢？天马行空，无拘无束才是孩子无穷乐趣的来源啊。

所以，当孩子说河水是粉色的、天空是五颜六色的时候，我们千万不要一本正经地纠正孩子的"错误"，接着给孩子讲一通地理知识或天文知识，其实，让孩子保持住那些想象才是最好的。

下面讲一个关于"黑太阳"的故事。

一所幼儿园举行幼儿绘画比赛,老师要求每个学生用一节课的时间任意作画,谁画得好,就把画贴在走廊里,进行全校性的评比。小朋友们都喜欢画画,有的是风景画,有的是妈妈和孩子在游戏,有的是地球上的小朋友们手拉手……很多画都非常漂亮,老师满意极了。可是,有一个叫丁丁的孩子画的画却很奇怪,他画的是天空中有一轮黑色的太阳,一大群小朋友在黑太阳下拍手、蹦跳。美术老师这火一下子就上来了,她可从来没有教过孩子画黑太阳啊!这要让班主任看到了,不是说明老师没有教好学生对色彩的认识吗?她迅速走过去问:"丁丁,你画的这是什么啊?哪有黑色的太阳?快重画!"丁丁却说:"老师,有黑色的太阳。""什么时候有黑色的太阳了?就知道瞎画,再这样捣乱,不让你参加画展了。"老师生气地命令道。丁丁被老师训得眼泪在眼圈里打转,班主任拿起丁丁的画说:"丁丁,你先别急,跟我到办公室来!"班主任和美术老师还有丁丁一同来到办公室。

办公室里有很多老师,看到班主任拿着幅黑太阳的画感到很奇怪。美术老师还在气头上,一句话也没说,班主任耐心地问:"丁丁,你说说为什么要画黑太阳。"很多老师想:原来是这孩子画的,那他小时候一定受过刺激,心里有点阴暗。可是丁丁却理直气壮地说:"我爸爸给我讲过日全食,那时候就是黑太阳。""对啊,我怎么没想到呢?"美术老师惊奇地说。"丁丁,你说说日全食是怎么回事?"班主任也很兴奋。丁丁得到了鼓励,就拿起办公桌上的地球仪、乒乓球,绘声绘色地解释着日全食的形成过程。最后,全办公室的老师都为其鼓掌。美术老师说:"丁丁,老师错了,没有考虑到这种情况。"丁丁咧着嘴笑了。

那次画展,一轮黑色的太阳被挂在了所有作品的中间,丁丁骄傲极了。

看了这个故事,是不是很佩服孩子的想象力呢?他把爸爸讲过的日全食用在了自己的作品中。可是，如果没有丁丁的解释，很多父母、老师都会指出黑太阳是错的，所以我们在否定之前一定要问清楚孩子为什么要这样做。他说河流是粉色的，我们就问为什么是粉色的？孩子一定会努力去想，把这粉色解释得很形象，而这个过程就大大地锻炼了孩子的想象力。

如果，父母为避免孩子犯这种被成年人看作"幼稚，无知"的笑话，提前告诉孩子们所谓的正确答案，并将它们在孩子头脑中固定下来，那么孩子就很难再想象出另外的情形，这样就是在扼杀孩子天生所具有的想象力了。前面的章节中有详细的介绍，意思是一样的。

那么，为了不把孩子的思维框起来，我们就要引导孩子大胆地去想，大胆地说。不光在画画时要让孩子想怎样画就怎样画，而且平时和孩子的交流中也不要有太多的约束。

天空中飘浮着一朵白云，妈妈指着白云高兴地说："看哪，那朵白云像一头狮子，正张着大嘴要吃东西呢！宝宝，你说那朵像什么？"宝宝想了想说："那朵像个大胡子老爷爷。"妈妈耐心地问："还像什么呢？"孩子又想了想说："像老虎。"孩子说什么，妈妈都会鼓掌表扬，孩子就越说越多，想象出来的事物也越多。

这个训练过程就是在培养孩子的发散思维、跳跃性思维，从一个事物想出更多的事物。但若妈妈给年龄尚小的孩子讲云是怎样形成的，说什么大气层、水蒸气的定义，孩子听得云里雾里，可能也没什么心情再去观赏云彩浮想联翩了。

诚然，孩子眼里的世界一定是神奇、美丽的，哪怕一个小小的角落，他们都会发现意外的惊喜和收获。这个时候，我们能做的就是和孩子一起欢呼，一起兴奋。孩子就如一张白纸，洁白而有自由发挥的空间，我们不应该按照固有的惯例去禁锢孩子天马行空般的思维。就让我们的孩子用自己的眼睛，用自己的方式，去描绘多彩的未来吧！您说呢？

6. 把玩的权利交给孩子

苏霍姆林斯基说:"游戏犹如打开一扇巨大而明亮的窗子,源源不断的有关周围世界的观念和概念的知识通过这扇窗子进入孩子心田。游戏犹如火花,它点燃探索和求知的火焰。"

玩是人类的天性,不论是孩子还是成人,都喜欢玩。偏偏有的父母却不让孩子好好玩,说什么可以在玩中学习,还有人提出建议:男孩子淘气不爱读书,妈妈可以在男孩一边玩时,一边读诗。虽然孩子没跟着学,但是他也会记住诗的内容。这个方法确实能达到让孩子记住诗的目的,可是,家长是否考虑过孩子的感受呢?

假设孩子正在专心致志地搭高楼,思索着这块积木该摆在哪里。可耳边却是妈妈不停的读书声,像只蜜蜂在嗡嗡地叫,那叫一个烦哪!这种情况一次两次没关系,可是如果天天如此,孩子以后再听到古诗,没准会条件反射地逃避呢!

比如,有些家庭非常注重孩子数学能力的培养,吃饭前非要让孩子数明白几个人吃饭,需要几双筷子。孩子明明饿得难受极了,还要去做数学题,这是家长在帮助孩子讨厌数学,因为如果没数学,他就可以痛痛快快地吃饭了。

我们把所有心思都用在孩子身上,结果却适得其反,这又是何苦呢?

假如我们当中还有父母不相信孩子一边玩,也是一边在忍受着父母"引以为豪"的教育方式,那就请父母也感受一下这"别出心裁"的玩学结合的方式吧。

我们不妨设置这样一个场景：我们一边打乒乓球，一边用录音机播放三字经，我们正在为输球而恼火的时候，一旁的录音机却还在不紧不慢地念叨着"人之初，性本善，性相近，习相远……"，这时的你是不是有砸了那台机器的冲动呢？

其实啊，玩就让孩子玩个痛快，这一边玩一边学的方法真不可取，孩子玩得不尽兴，父母也累得够呛。

但是，有些父母还在为孩子怎么玩，如何玩的问题纠结，用自己的观点强行干涉孩子玩耍。

某天，我在广场上溜达，看到这么一位爱较真的爸爸。这位爸爸带着五六岁的儿子在篮球场上玩，小男孩还拿不动篮球，只能抱着向前跑，做向上投篮的动作。我估计这位爸爸应该是很喜欢这项运动，也非常熟悉打篮球的规则，他非常认真地教孩子怎样投三步篮，怎样正确拿球。儿子开始还很听话，爸爸让怎么跑就怎么跑，可跑了几次也没有达到爸爸的要求，儿子就有点不耐烦了，把篮球当足球踢着玩。这下惹恼了认真的"教练"，他大声说："这是篮球，不是足球。你从小就要掌握篮球的规则，养成不犯规的习惯。"爸爸抢过篮球，剥夺了儿子把它当足球踢的权利。儿子一看没得玩了，哇哇大哭起来……

我看着这位爸爸，猜想他的性格也是一板一眼的，他严格要求孩子没有错，但也要看孩子的年龄和场合啊！孩子不懂什么篮球规则，这也不是训练场地，这个年龄的孩子只要能痛痛快快地玩就行，何必知道那么多呢？等到他能懂、想懂得这些道理的时候，再教也不迟啊！

所以，我觉得，父母应该把孩子自主玩的权利交还给孩子，他们想怎样玩就怎样玩，想玩什么就玩什么。当然，必须是在安全的前提下，这自然需要父母的监督。

在孩子玩耍的问题上，我说说自己的教子经验。我的女儿天生性格胆小、老实，小时候就会坐在那儿老老实实地看书，给她买回去的玩具也是被放在那儿当

摆设。女儿渐渐长大,我们陪她的时间越来越少,可孩子除了看书就是看电视,如果停电或是没书看了,女儿就会很发愁,不知道干什么。

我说:"那里有那么多玩具,你就去玩呀!"

女儿摇摇头说:"我不会玩。"这句话真把我吓一大跳,我开始慎重地思考这个问题。

经过我的观察,发现平日我们处处以她的安全考虑,不让她玩这,不让她玩那,到头来她就什么也不敢玩、不会玩了。所以,我改变了观点,带女儿去广场时,鼓励她大胆地去玩,想怎么玩就怎么玩,不再强调那些不安全因素来限制她的玩耍。现在,女儿已经九岁,每天写完作业就自己到小区里玩,玩得大汗淋漓时再回来。这虽然占用了做练习的时间,但是她回回测验还是能得到高分。

从女儿身上发生的改变,我总结出随心所欲地玩更能激发孩子头脑的灵活度。比如玩滑梯,这个游戏很简单,上去下来,没什么花样,父母会感觉重复又无聊。可孩子的想法却不一样,他们可以把这个游戏变出很多样花式玩法,而且每一种都有不同的感觉。那天我女儿就兴奋地说,她知道用什么方法能滑得更远,而且还能立刻跳起来。我立刻热烈地鼓掌,称赞她开动脑筋打破常规。现在的试卷题目灵活又拐弯,如果孩子的脑袋转不过弯就很难得出正确答案,因为孩子光靠学习基本知识是不够的,更多的是用多种方法训练孩子思维的灵活度,而让孩子随心所欲地玩就是最好的方法。

说了这么多,就是让父母明白,别再对孩子的玩指指点点了,每天的那几十分钟就让孩子们自由自在、无拘无束地玩吧。所谓的"小大人"们把玩视为"幼稚"、"无聊",他们会老到地说出人从滑梯上下滑,是受到了人的重力、滑梯的支持力、摩擦力的作用,但是他却感受不到玩滑梯的乐趣。如果我们的孩子连玩都不会了,那岂不是太可悲了吗?

7. 孩子间的比赛，不需大人干涉

小学生参加比赛，最紧张的人是老师和家长。学生比赛排名关系到老师的奖励；孩子的比赛输赢决定了家长的面子。可见，一场比赛关乎的是成人的利益，而孩子们仿佛变为成人获得利益的棋子。

某市举行的一个以环保为主题的创意秀，主旨是培养孩子们的创造力。本应该是主角的孩子却因为父母的干涉而变成了摆设，令现场不少参观者和评委都不禁摇头叹息。

"爸爸，这个纸袋要怎样折叠啊？""爸爸，折完怎么把它们粘上呢？"……短短5分钟时间，10岁的男孩已经叫了十多次爸爸。一旁的爸爸开始还能耐心地给儿子讲解如何完成，可儿子的问题实在太多，他索性拿过纸和胶水，替儿子完成了作品。

手工创意大赛本来是属于孩子们的舞台，可三百多个参赛作品基本都是父母帮着完成的，有的甚至从创意到最后制作都是家长一手包办。这样的比赛还有什么意义呢？归根结底，父母之所以一手包办，一是平时生活中，孩子的生活起居都是父母在打理，自己动手做的事少之又少，动手能力自然很差；二是父母力求孩子在比赛中脱颖而出，可孩子们的作品达不到他们的要求，所以不得不代替包办。

其实，孩子的竞争和生存能力都是需要从小开始培养的，任何形式的比赛，对于他们来说都是一种胆量的锻炼。孩子敢于在众人面前表现自己的底

搞定家中"小大人" | HOW TO HANDLE THE LITTLE ADULTS

气,是对孩子心理素质的考验,也更能激发孩子学习这项技能的兴趣。倘若父母只专注于孩子比赛是否会得第一,为了让他得到更高的名次,偷偷帮助或是包办孩子的比赛,那么就会把虚荣、虚伪带入童真世界。在父母这种心态的影响下,孩子也会只看中比赛的结果而非过程,为了取得一定的成果,孩子学会了弄虚作假,心灵不再真诚和纯洁了。

另一方面,比赛对培养孩子的解决问题能力、抗挫折能力、控制情绪能力都有很大的帮助。

有位父亲和孩子下棋,孩子毕竟年纪小,棋艺赶不上成人,虽然父亲偶尔会故意输棋,让孩子高兴,但孩子还是无法接受输棋的现实,一输就哭,非要赢回来为止。奶奶看到孙子哭,就训斥父亲:"一把年纪了,还和小孩一样,不就是陪着玩吗,多让着他就是了!"奶奶这样说父亲不同意,他说:"孩子输不起,将来怎么能以正常的心态面对社会的竞争?"

罗曼·罗兰说:"跟生活的粗暴无情打交道,碰钉子、受侮辱,自己也不得不狠下心来斗争,这是好事,是使人生气勃勃的好事。"正如草原上的野花,经受烈日的暴晒和风雨的洗礼,反而越发开得灿烂。而现在的孩子从出生起,就被父母的细心呵护包围着,让孩子在鼓励和赞美中长大,唯恐稍有疏忽,伤害了孩子幼小的心灵,所以,父母不让孩子输掉比赛,孩子更不想输掉比赛。但是,在家长帮孩子赢得比赛的过程中,孩子体会不到公平竞赛的精神,只想着用虚假和歪门邪道来达到胜利的目的,这样的个性一旦形成会对孩子的一生产生极大的危害。因此,面对比赛,我们应该告诉孩子:重在参与,对结果不要太在意。我们如果因孩子没达到预期的目标而训斥孩子,或者帮助孩子胜利,那就失去了比赛的意义。

其实,孩子间的比赛结果远没有成人想象的那么重要,我们重视的应该是孩子参与比赛过程中他们的心理、身体和智力的锻炼和提升,是他们进入残酷职场竞争的热身训练。

　　每一场比赛，我们要让孩子懂得竞争靠的是实力，要引导孩子输得起，给予他面对挫折的勇气。当孩子遇挫时，我们不要过分地哄骗孩子，而是要帮他找出失败的理由，让失败变为成功之母。如上文儿子输棋后又哭又闹，爸爸可以这样说："你这么小就可以跟大人下棋，已经很厉害了。当然我也可以假装输给你，可那是在骗你，咱们玩得没有意义了。如果，你一直和我挑战，早晚有一天会真正地赢我。爸爸相信你。"这样的话语定会让儿子信心百倍，面对失败，有勇气再爬起来；成功之时，也会对自己更加有信心和动力。

　　从另一个角度来说，孩子不能面对失败结果的反应，大多是出自父母对失败和成功所赋予的定义。那么成功的定义就是一定要赢过别人吗？

　　2010年我把女儿转到一所新学校，和女儿同时转入这个班级的还有个叫朱晓晓的女孩。朱晓晓是个很优秀的孩子，没几天就被老师选为文艺委员。以后的每次考试、比赛，我都会时不时地问女儿朱晓晓表现怎么样。

　　有时朱晓晓表现得比女儿好，我告诉她你得努力了。有时朱晓晓表现不好，我就跟女儿说，你挺棒的。期中考试时，女儿考得不错，得到了老师的表扬。这次我没有问朱晓晓考得怎样，女儿却大声说："朱晓晓考得不如我，才考了七十来分。"

　　我连忙问："为什么要和她比呢？"

　　女儿反问我说："不是你总在问吗？"一语惊醒梦中人，果真是我把女儿带进了和朱晓晓的比赛中啊！长期以来，因为我有意无意地比较，女儿无形中把朱晓晓当成了劲敌。我突然意识到这样的比法是错误的，如果朱晓晓成绩下降，那女儿会不会就没有了进步的动力呢？

　　于是，我连忙解释说："我们不要和任何人比赛，只和自己比。你今

天表现比昨天好，就是进步了。妈妈保证以后不会再问有关朱晓晓的问题了。"之后，我说到做到，女儿也不再和同学比来比去了。

所以说，有时孩子取得的成果如果没有大人的渲染，他们并不觉得有什么大不了的。为什么会说小孩会有初生牛犊不怕虎的精神？那是因为他们还不懂得失败、紧张、丢人……而现在有很多学生面对考试都不能以正确心态对待，很大程度上是因为从小就把成绩、结果看得太重，害怕失败，经受不住失败的打击。现代的父母们，在孩子今后的比赛中，请至少表面看上去，要保持淡定的心态，不要让孩子从我们这里感受到比赛的压力。

8. 月亮里有嫦娥吗?

孩子小的时候,我们都会给他讲许许多多的童话故事。当有一天晚上,我们带着渐渐长大的孩子在月光下行走,孩子突然指着天上的圆月稚嫩地问:"月亮上真的有嫦娥仙子吗?"

这个问题有两种答案:有或者没有。如果我们回答有,孩子会继续问:"那我怎么看不到呢?那只小玉兔跑哪儿去了?"一个又一个新问题直到我们回答不上来为止。而若我们回答说没有,那么孩子又会反问:"那为什么要编这样的故事?白雪公主和小矮人也是假的吗?为什么要骗人呢?……"这样的问题又会让我们无语。

童话故事的确是虚构出来的,可就是这些"骗人"的故事伴着每一个孩子长大。但是,英国伦敦赫莫顿医院心理学顾问马克·索尔特在一本杂志上撰文说:"创造出'圣诞老人'的想象力,正在被理智困扰的现代社会毁掉。"因为现在的人们太崇尚调查一切事物的真相。比如,一些父母害怕孩子被童话故事蒙蔽,担心孩子不能适应或面对现实社会中黑暗的一面。于是,给孩子讲完了童话故事,他们就直接地告诉孩子:"这样的故事都是瞎编的,在你生活的周围不可能出现,你可别像故事中的人一样,会被别人骗的……"家长在讲完童话故事后说的这段话,像是把童话故事当作了孩子的一个反面教材。

那么我们是否应该让孩子相信童话呢?面对孩子关于童话提出的越来越复杂的问题,我们又该怎么应付呢?

搞定家中"小大人" | HOW TO HANDLE THE LITTLE ADULTS

我所在的小区里,有一个叫陈亚男的孩子从小跟着外婆长大,现在就读于市里一所小学。当他看完《小蝌蚪找妈妈》的童话后,便吵着要去寻找三年未归的妈妈。陈亚男的外婆说,亚男的妈妈三年前到外地打工就完全没了消息,外面传言很多,有人说她找有钱人嫁掉了,有人说她在工伤事故中去世了。但是小亚男寻找妈妈的心却从未停止过,他跟外婆说:"小蝌蚪都那么勇敢,找到了自己的妈妈,我为什么就不可以呢?"

老太太一听着急了,担心孩子真会说到做到,就说:"《小蝌蚪找妈妈》是童话故事,是骗人的。"陈亚男听后很难受,好几天都不搭理外婆。

但是小亚男的父亲不忍心打碎孩子心中的童话梦,陪着儿子到处打听妈妈的下落,尽管没有任何结果,但陈亚男仍旧相信他总有一天会找到妈妈的。

童话故事是每个人心中最美的梦,它会给我们无穷的力量。小时候,我最喜欢看的动画片是《机器猫》,特别希望自己也能拥有一个哆啦A梦,也能进入时空隧道,看看自己的未来。为此,我还在梦里梦到了机器猫的住处,醒来后曾悄悄去寻找过机器猫。现在想起那时候的感受,我会不自觉地发笑,心里很是平静和愉悦。儿时的童话梦是我们一生最宝贵的礼物。

有关教育心理学家研究发现,对于童话故事的幼教意义,可以理解成一种新生的愿望,一种帮助儿童发自内心的改变力量。童话对孩子来说,是心灵的抚慰,一味指责儿童相信童话人物的存在就是逃避现实,会破坏他们对美丽童话的幻想。童话中所传达的思想、言行对孩子的影响是相当长久的,有的甚至是一生的。因此,拒绝童话,实际上是扼杀孩子应有的童真、童趣,对孩子的心灵成长无疑是一种缺憾。

英国《心理学报告》发表的一篇学术论文中也这样论述道:"家长让年幼子女相信'圣诞老人'的存在,有助于培养孩子的道德观,并帮助他们学习和完善社交技巧。"

可见,童话故事对孩子的成长有着多么重要的影响。在孩子和童话故事的问题上,我想父母们已经找到了答案。但是市场上出现的不少肤浅庸俗的童话书,却在反向影响着孩子们。

那天,女儿从同学那里看了一本童话读物,向我介绍说书中的故事都是全新改版的。我拿过来看了看,这本书的编写者竟然把灰姑娘改编成了签约明星。女儿跟我这样说:"灰姑娘是通过打扮才变成明星的,说明童话故事里丑人没好结果,只有美女才会变成公主。"我听了坚决予以否定,说:"《灰姑娘》的故事是告诉我们善有善报,这样的改版不合理。"我让女儿快把书还回去,但是我不敢保证她某一天又拿回一本改版的《海的女儿》。

所以,我们在孩子阅读童话作品时,应做到正确引读,要避免某些不良童话内容对少年儿童身心健康造成不良影响。另外,我们不能忽视的是,低劣童话故事的隐性伤害是持久的,甚至是危险的,所以,家长的引导原则是:取其精华去其糟粕。让孩子看到童话故事中积极而有意义的一面。

童话故事用想象、夸张、拟人、象征等手法,把心中最美好的东西聚积起来,会聚成另一个奇幻世界。它也具有奇妙的幻想、曲折的情节、优美的语言、有趣的内容……我们应从以下两方面来引导孩子阅读。

1. 让孩子欣赏故事

童话往往借助最奇特的想象和夸张的手法,用最鲜明的是非对错观念,绘声绘色地讲述一个个故事:或质朴可爱,如《拔萝卜》、《小红帽》;或优美感人,如《海的女儿》、《七颗钻石》;或讽刺幽默,如《皇帝的新装》。而且童话常常把动物、植物甚至静态的事物比拟成人,赋予它们的行为、思想和情感,这样,猫狗鸡鸭,花草树木,沙石月星,一旦进入童话领域,就"活"起来了,就成为具有喜怒哀乐、七情六欲的生灵。读这样的故事,让孩子们在无限的思维空间里任意驰骋,在感受着故事中的真善美、丑与恶的同时,更会拓展孩子们的

想象空间,为培养良好的语感写好文章打下基础。

2. 让孩子从故事中领悟道理

一篇童话可以包含多层意蕴,对于童话中的哲理和意蕴可以从不同的角度进行思考,获得各个角度的启迪。因为有虚伪贪婪、自欺欺人的人,便出现了《皇帝的新装》。在阅读童话的过程中,儿童随作者进入一个个美妙神奇的童话世界,与作品中的人物一起上天入地、嬉笑怒骂的时候,还应该体会轻巧故事背后那厚重的现实意义,要充分调动自己的生活体验和情感体验来解读。

童话是生活的一面镜子,是人生的一种折光,儿童总能从童话中读到自己的成长。作家毕淑敏这样描述她对安徒生童话《小人鱼》的常读常新:"8岁读到可爱和美丽的人鱼公主,居然变成了大海上的水泡,感到倒霉和伤感;18岁时读出了爱情,小人鱼无私和高尚的不求回报的爱情;28岁时,读出小人鱼早逝的母亲对小人鱼那份深深的牵挂;48岁时,读出这是一个小人鱼寻找灵魂的悲壮而凄美的故事……"

可见,童话故事不仅影响着孩子,同样也影响着不同年龄段的成年人,所以,让我们一起帮孩子留下月亮里的嫦娥吧!

9.童言无忌,有些不必纠正

有这样一个故事,一个年轻的女教师在课堂上问小学生:"你们谁能够说出自己身体上对称的部分有哪些?"

同学们都踊跃地回答:两只眼睛、两条眉毛、两个耳朵、两个鼻孔、两只手、两只脚都对称等等。这时,有个小男孩站起来一本正经地回答:"老师,我们的两半屁股对称!"

全班同学"轰"的一声大笑起来。

老师一愣说:"啊,也对!"

"还有,"小男孩得意地说,"我们的两只小蛋蛋也对称!"

全班同学笑得差点在地上打滚。年轻的女教师沉不住气了:"行了,行了!够了!"

小男孩展开思维,又大声说:"本来嘛,还有,我妈妈的两个奶也……"

他的话没说完,女老师气得大叫起来:"住嘴!你简直是个小流氓,我要告诉你的家长去!"

看老师生气了,小男孩惶恐地坐下,他不知道自己错在什么地方。

其实,孩子的回答并没有错,说的都是事实,本来这些都只是人体的器官,是大人在孩子的语言上赋予了自己的思想而已。如果成人加以阻挠或是解释太多,反而会让孩子产生疑问:我说的是正确的,可为什么不可以说呢?越是被阻止,孩子越好奇。因此,我觉得孩子说的一些话,成人没必要有鼻有眼地跟着

搞定家中"小大人" | HOW TO HANDLE THE LITTLE ADULTS

较真，也不需要纠正孩子的"错误"，童年就应该是无拘无束、思维任意驰骋的年纪。

再比如两个孩子见到一根放置时间太长的香蕉，其中一个大为惊奇地说："香蕉怎么变成了斑点狗？"而另一个孩子却说："不是斑点狗，那是它发霉烂掉了。"第一个孩子用童言无忌告诉我们，他拥有超强的想象力，而另一个孩子却用正确答案告诉我们，他缺乏创意。

也许第二个孩子是个文绉绉的、上知天文下知地理的"小大人"，说起话来头头是道，很少说出被成人笑话的无知语言。这样的孩子看上去会前途无量。但是，他提早通过成人讲授，或是看书明白了一些道理，可他就没有继续去探究为什么会有这样的想法，也没有主动去亲自实践的动力，他只是个被动接受程序的"机器人"罢了。现代社会需要的不是"机器人"，而是能够控制机器人的编程人员。童言无忌，是因为这些孩子对新世界的懵懂，懵懂才会无知，无知便会探查，然后才会有创新。

另外，童言无忌还表现出儿童的真、善、美。

同事小微跟我们讲了件尴尬的事。有天邻居打电话过来说要把女儿送到她家来玩，等孩子被送过来后，小微急忙对自己的女儿说："快去把好吃的拿过来给小姐姐吃。"

谁料女儿反问小微："你不是说要把好吃的藏起来，不让小姐姐吃吗？"

这样的情景我想很多父母都遇到过吧。孩子说得没错，完全是大人的虚伪才使他们自己陷入尴尬之中。这个时候，不管大人多么成熟老练、有城府，在童言面前，都会显得那么肤浅与单薄。

有人这样说：无忌的童言，是大人们得意忘形、为所欲为时最为刺痛的打击；是大人们沉迷于自以为是的"老到"时，抽得最响亮的鞭子；是大人们学会了"两面三刀"、"里外不一"、"虚情假意"、"黑白颠倒"、"是非不

分"、"笑里藏刀"、"明枪暗箭"时,能够最早照见自己"丑态"的镜子。

所以,保护孩子的童真和童言对父母自己而言也是一种鞭策。但是,我们在保护孩子天真可爱的天性的同时,对孩子的童言无忌也不能完全放任其随意说出口,还要对他们进行恰当的品德教育。

某日我的一个学生来家里玩,是个正在读高三的女孩子。我们正聊得起劲的时候,女儿突然指着学生说:"我那天看到姐姐在抽烟。"女儿像发现什么重大秘密似的,还特别兴奋,全然不顾及这个女学生的感受。屋子里的几个人都很尴尬,我没有说什么,连忙转移到别的话题上。

等这个学生离开后,我把女儿叫过来说:"每个人都有自己的隐私,隐私不习惯让所有人都知道。你知道姐姐抽烟不好,可以悄悄和姐姐说。以后可要注意。"

女儿伸伸舌头做了个鬼脸:"那有什么啊?"

我"就地取材",说:"那有一次,我在舞蹈班当众说你有伸舌头的坏习惯,你还不高兴呢,是不是一样的道理啊?"女儿想了想,才点点头。

这样的教育就是引导孩子懂得体会别人的感受,不会因"口无遮拦"而伤害其他人。此外,童言无忌不是没有礼貌地不分长幼,也不是讲些污言秽语博得大众娱乐。我们要正确分析孩子的"童言无忌",采取正确的引导和教育对策。

综上所述,父母和孩子在一起时,要学会忘掉自己的经验,从孩子的视角看问题,用童真的心去体会世界,而不是一味用自己的经验强制性地要求孩子。面对孩子不适宜的童言,我们切不可粗暴对待,要慢慢引导。我们平时也要特别注意自己的言行,不能在他人面前随意批评、指责孩子,孩子做得不对的地方,要平静而坚定地纠正,但注意不要伤害孩子的自尊哦。

10. 不要盲从别人，让孩子只做自己

世界上没有两片完全相同的树叶。可很多父母却一味地羡慕别人的孩子，那家孩子钢琴学得不错，父母就让孩子去学钢琴；这家孩子长笛吹得真好听，父母又让孩子去学吹笛子……这样的孩子一直在模仿别人中成长，最终只能做他人的影子，反而显示不出来自己的个性了。

好比用电脑组合一个超级帅哥，他有着刘德华的鼻子、周润发的眼睛、吴彦祖的脑袋、古天乐的肤色……这些可都是每位帅哥的优点吧，结果把它们组合到一起竟然是个丑八怪。其实，适合最关键，刘德华就适合那样的鼻子，周润发就适合那种眼睛……

鲁迅曾说："孩子的世界，与成人截然不同；倘不先行理解，一味蛮做，便大碍于孩子的发达。"家长让孩子一次次盲从别人，正是在阻碍孩子的自由发展，浪费孩子的学习时光。

朋友小郭对家庭教育非常重视，常常为如何教子咨询我，有天他告诉我说："杨老师，我犯了个大错误。"

小郭很少能自觉发现教子方面的错误，我笑着问是什么事。他叹口气说："有一天，我偶然听说去年咱们市考入上海交通大学的那个学生，从小就喜欢看军事方面的书。我想这一定是他学习优异的秘籍。于是，我从书店买回好几本军事方面的书刊资料，勒令我儿子必须在三天内看完，并且告诉儿子要向考入上海交通大学的大哥哥学习。可那几天，儿子对我敌对情绪特别大，我想我是做错

了。"看着小郭紧锁的眉头，我知道他还不清楚自己究竟错在哪里。

其实，小郭的孩子学习成绩也很好，他喜欢实验方面的书，还常常自己动手去做实验。可爸爸却给他买回一大堆关于军事方面的书，他并不是很喜欢，但迫于压力，他只好硬着头皮去看，当然这样的效果并不会好。兴趣是最好的老师，不喜欢的东西，看了也是白看，对孩子的损失就是浪费了时间。爸爸太过急功近利，觉得为儿子找到了通往大学的捷径，却适得其反，给孩子传达的信息是父母对自己以往的表现并不满意，所以孩子就产生了抵触情绪。

我告诉小郭：不要把别人孩子的优势与自己孩子的不足作比较，这种比较没有任何意义，只能混淆对孩子的正确定位。我们总是让孩子跟在别人的脚步后面，永远也不会走出一条新路来。很多父母，都在有目的地把孩子培养得一个比一个精明，一个比一个世故，比的是哪家的孩子说话办事更像大人，这样的做法很容易让孩子变成"千人一面"。而孩子因为早熟，越来越喜欢安静，喜欢独处，这都是父母盲从别人的结果。

小郭听了我的话，这才恍然大悟地说："不盲从，让孩子只做自己。"

我为小郭说出这样精辟的话而鼓掌。

对，就是让孩子只做自己。人应该去选择和发展自己最擅长的那部分，才能发挥出自己的最大潜能，活出最好的自己。现在一些家教类访谈节目常常请一些成功儿童做采访对象，许多父母便对这样的"样板"儿童感兴趣，却不回头看看自己孩子身上有哪些优势，只是简单地"跟风"、"盲从"。今天吉林出了个哈佛男孩，明天北京又出来个托福女孩……

我们让孩子把这样成功的孩子树为榜样，热烈地期盼着自己的孩子也能取得那样的成功，我们这些当父母的也就可以享受相似的荣誉和花环。可是，我们这样推算，如果人人都是哈佛高才生，那全世界的人接受的教育都一个样，所有的人才长处和优势大同小异，这样的世界还有什么特色可言呢？

在教子观念上，我们一定要保持良好的心态，不羡慕、不盲从，这是一种生活的智慧，它不仅能给孩子带来成功，也能孩子明白什么才是自己最需要也是最适合的，这样才能让孩子的一生更美好、幸福。

有一只小蜗牛，它讨厌背上的壳又笨重又不好看，整天闷闷不乐。它羡慕地下的蚯蚓，有大地为依；它羡慕飞鸟，有天空的守护……小蜗牛的不快让妈妈发现了，它向妈妈说出了自己的追求：想像小鸟一样自由地翱翔天际，像蚯蚓一样在泥土里自由穿行……

蜗牛妈妈摇摇头说："不要盲目地认为适合别人的就是适合你的，每个人都有自己的生存方式，不要不切实际地幻想，要充分认识自己，把握好自己的人生，做自己才最幸福。"小蜗牛似懂非懂地点了点头。

父母是孩子的引路人，我们要像蜗牛妈妈一样帮助我们的孩子找到属于他们的幸福才对。

首先，父母应停止对孩子间的比较。我们不要把眼睛总盯在其他孩子身上找优点，静下心来，挖掘自己孩子的潜能，用正确的方法引导孩子把潜能发挥到更大，才是最明智的做法。

其次，拒绝功利父母对孩子的摧残。对孩子的期望不要太高，我们施加给孩子的压力会让他们难以承受。不如用理智重新审视孩子的能力，否则拔苗助长只会让苗没有存活的机会。俗话说多大的脚穿多大的鞋，适合才是最重要的，我们要按照孩子的实际能力引导孩子规划自己的未来。

再次，作为引路人的父母要保持自己的个性。在各种教育方法层出不穷的今天，不是所有的教育方法都适合我们的孩子。虽然我们的目的都是让孩子得到长足的进步，但是每个孩子发展的过程却大不一样，我们自己首先就要有个良好的心态，保持自己的个性，不随波逐流，盲目地加大孩子成长的步伐，让孩子在一种轻松的氛围下慢慢地、健康地成长。

父母是孩子的第一任老师，孩子像面镜子一样折射出父母的行为习惯。当某一天，我们发现孩子学会了撒谎、讨好人、做事急功近利，这时候，我们要反思自己平时的行为习惯是不是也是这样。父母作为榜样的力量是家庭教育中最有效的，让孩子恢复天真无邪，少些成熟世故，父母就要以身作则，远离社会中的一切不良风气。

第3章 榜样法则：以身作则，做孩子最好的行为标杆

1. "走后门"是跟谁学的?

"走后门"一词由来已久,与之相关的典故最早来源于隋朝,现在多用来比喻通过托情或利用职权等不正当的途径谋取通融或利益。如果我们问小学三年级之前的孩子"走后门"是什么意思,孩子肯定会脱口而出:"就是从后门走进来。"

对呀!孩子回答得真对,从这个词的字面上来解释确实如此。但实际这个词另有更隐晦的意思,成年人说起时都要压低声音,防止别人听见。如果一个孩子都已经知道如何利用这个手段来达到自己的目的,只能说明他是跟成年人学来的。

在小学任教的朋友曾对我说过发生在他们班的一件事。那段时间班级要举行竞选班长投票大会,这次候选人只有两个,分别是小强和小宇。这两个孩子一个是学习上的好榜样,一个有组织能力且人缘好,两个孩子竞争十分激烈,连班主任都不知道该倾向谁,只能由学生投票选出。

投票大会的前几天,小强很着急,他明白这次竞选自己和小宇旗鼓相当,他绞尽脑汁想办法怎样击败小宇。这天晚上,他看到爸爸从银行取回很多钱,把它们装进一个大包就出门了。第二天早上,爸爸显得十分高兴,激动地和妈妈说着什么事,他还跟小强说:"儿子,咱们家的好日子开始了。"

小强十分不理解爸爸,就问他昨晚拿着钱干什么去了。也许是爸爸太兴奋了,随口就说:"走后门去了,这个办事效率最高。"爸爸用手表示数钱的动作。小强豁然开朗,他有办法解决自己即将要举行的竞选大会了。

当天,小强把自己积攒的所有零花钱拿出来,请班上的一多半同学去吃冰糕,当然这件事没有让小宇知道。小强在和同学们吃冰糕的空当说了自己的目的,他们立刻明白了小强的意思,吃着冰糕,高兴地喊:"听小强班长的,听小

强班长的。"这话乐得小强合不拢嘴,他觉得自己实在是太聪明太厉害了,他初次尝到了"走后门"的甜头。

当然,第二天的竞争小强轻轻松松就"赢"过了小宇。但是一个月后,班主任知道了这件事,他严厉地批评了小强,并撤掉了小强的班长职位。

苏联著名家庭教育专家A.马尔库沙指出:"孩子们在各方面都准确地模仿自己的父母,包括模仿父母的弱点,简直达到了惟妙惟肖的地步。不仅模样长得像,就连举止和习惯都像得出奇。"父母好比是孩子的行为标杆,标杆指向哪儿,孩子就向哪个方向发展。

一方面,父母无意识地"指引"孩子学会了这条通过"走后门"而成功的"捷径",一方面,又谆谆告诫孩子勤奋努力才能进步,如此的做法是不是自相矛盾呢?孩子究竟该遵从父母的行为还是与行为不相符的言语?也许,有些父母会说:"现在社会就这样,不请客送礼就办不成事情,让孩子提早知道这个潜规则,就能在未来的社会中更早站稳脚跟。"

的确,当今社会中存在着走后门、办事要送礼等一些不良风气,有关部门也是屡禁不止,但他们的成功并不是光明正大、值得敬佩的,这种行为仍旧遭到人们的唾弃。然而,生活在社会潜规则下的我们正在有意识或是无意识的把这些"社会中的垃圾"传递给我们的孩子,使得他们原本天真、纯洁的灵魂,因为这些杂质而慢慢变得复杂。

从小就知道"潜规则"的孩子,当他们长大成人后,还能分得出是非和真善美吗?他们没有了一个正确和坚定信念的人生观和世界观,他们时常处于迷茫与混沌状态,又何来人生的洒脱和快乐呢?而且"走后门"就会成功,不成功是因为没有"走后门"的观点,会给孩子留下心理阴影,对社会竞争形成扭曲认识,从而危害他们的健康成长。

因此,我们切忌在孩子面前谈论有关"走后门"、请客送礼的事情。不要认

为孩子小什么都不懂,他们可是父母最好的徒弟,我们的一言一行,在他们的小脑袋里都会留下根深蒂固的印象。

让孩子们勇敢面对公平的竞争,才是我们应该树立的正确榜样。竞争是孩子们在今后的人生中时时要面对的,如何竞争关系到孩子的成长。我们要让孩子从小就明白:竞争必须在公平的基础上进行,成功与失败、机会与风险对所有人都是公平的。公平竞争不仅是体育竞争的宗旨,也是一种道德教育,孩子们通过体育活动,树立公平竞争的意识与观念,才会健康、茁壮地成长!

我们不妨从以下几方面对孩子进行培养:

1. 培养孩子的独立意识及能力

独立生活能力是竞争的基础,没有独立性就不可能有竞争意识。家长必须树立孩子"我自己来"的思想,培养孩子"我自己来"的能力。

2. 培养孩子的劳动意识

劳动是培养一个人独立性和竞争意识的最好途径。应该让孩子懂得,只有劳动,才有收获,只有努力,才能成功。通过适量的劳动(比如让1岁的孩子自己扣扣子、自己系鞋带、自己洗手、自己洗脸等),再加上及时的教育,使孩子在幼年时就形成一种劳动意识。这是孩子敢于竞争的根本。

3. 为孩子创造竞争环境

我们可以把周围的独生子女组织起来,让孩子在伙伴中学习、游戏。这样既培养了他适应集体生活的能力,也使他逐渐树立起竞争意识。

4. 树立孩子必胜的信心

创造性人才的一大特点是自信,竞争意识关键也在于培养其必胜的信心。在平时的劳动、游戏中,我们要让孩子充分享受成功的快乐。对于孩子的弱点,不应指责,不能嘲笑,更不能让孩子对自己完全失望。否则,孩子很容易产生自卑或与家长作对的情绪。

2. 父母见风使舵，孩子学得快

苏联作家科斯莫杰米杨斯卡娅说："对子女的教育是在每一件琐碎事情上，在你的每一次举动上，每一个眼色上，每一句话上。"一个孩子能够见什么人说什么话，八面玲珑，见风使舵，究其行为的"老师"就是父母。也许，父母自己都不记得在什么时候"教"过孩子这些。

同事的女儿文文是姥姥和奶奶看大的，姥姥看半个月，再把她转到奶奶家待半个月。文文很小的时候就知道这两位老人都不能得罪，她特别会哄人。看到姥姥就说："还是在姥姥家好，我最喜欢姥姥了。"可是到了奶奶家，她又说同样的话，只是将称呼改成了奶奶。

文文长大了，不再需要奶奶和姥姥看了，她就从不主动要求去看望姥姥或是奶奶。如果姥姥、奶奶来家里玩，文文看见奶奶说奶奶爱听的话，看到姥姥就说姥姥爱听的话，让人觉得这孩子太会看人下菜碟了。

爸爸不免有点担心，妈妈就反思文文为什么会这样。后来，妈妈想起一件事，就是文文小时候，妈妈把她送到奶奶家后，文文却说："奶奶家小区没有滑滑梯，我要去姥姥家。"

奶奶听后说："那你去姥姥家吧。"

妈妈连忙赔笑着对文文说："奶奶家有翻斗车，姥姥家还没有呢！"然后私下里，妈妈告诉文文在谁家就要说谁家的好，否则没人看着她，她就得自己在家吃饭、看电视了，发生危险也没人知道。妈妈的吓唬小文文牢记在心，从此她就

学会了见什么人说什么话，目的就是哄大人们开心。

现在，文文很会哄人，却没有半点真诚之心，她对待亲人都是这样，何况和外人打交道呢？文文都已经五年级了，朋友很少，老师向文文妈妈反映说："我看不透这孩子的心，不知道她整天在想什么。"

文文能够养成这样一种为人处世态度，究其原因是那次妈妈不经意的话语引导出来的。孩子会察言观色、见风使舵，谁对他有利就听谁的，这种说一套做一套的方式肯定会给她的学习、人际交往、工作乃至婚姻带来严重的后果。

所以，我们千万不要以为孩子学会了成人那套所谓"吃得开"的本领是好事，觉得孩子人际交往的起点比别的孩子高。孩子的人生观、价值观一旦形成，他会认为这样做就是正确的，对待任何人都可以用这样的方法，包括自己的父母。如果有一天，孩子因为父母没有利用价值了而以粗言相对，父母可别埋怨孩子不孝，那都是家庭教育的结果啊！一个人是否孝顺和感恩与他的文化程度没有任何关系，关键在于他的人生观里是否存有感恩和一视同仁的思想，而这些人生观是孩子从小一点一滴形成的，与父母脱不了关系。

如果孩子出现了什么问题，我们不要忙着互相推卸责任，而应该好好反思一下自己，是不是自己的言行在潜移默化中影响到了孩子。有句话说得好：孩子面前无小事，事事都是关于孩子的大事。我们不要成天算计着搞些不正之风，而是要一步一个脚印踏踏实实地前进，带着孩子走进一片光明的天空。

另外我们在孩子面前说话、行事一定要慎之又慎，不能随心所欲，忽视了已经拥有独立思想的孩子。

一对父母牵着孩子在街上散步，走着走着遇到一位已退休的老领导，父母立刻停住脚步和老领导嘘寒问暖，把老领导说得心花怒放，乐呵呵地走了。可老领导刚离开，父母立马换了另一种表情，双双指责老领导曾经的不是。凑巧的是，这一家子紧接着又遇到了现任领导，父母即刻笑逐颜开地恭维现任领导，还时不时地小声说起刚才遇到的老领导是多么寒酸。

这对父母在单位混得如鱼得水,可是忘记了旁边还有个孩子。孩子虽然听不懂父母说话的内容,但他们完全能看明白父母的表情。父母在人前说好话,兴高采烈;在人后却是说别人坏话,非常冷淡,这些都一一落在孩子眼中。孩子慢慢地感觉很奇怪,父母为什么要这样对待别人呢?倘若父母还不自省,改正自己的言行,对家里的客人也分出三六九等的方法对待,那孩子不用学,就懂得了"见人下菜碟"的道理。

另外,父母当中如果有一个"霸主"人物存在的话,孩子学会见风使舵的可能性也更大一些。比如在家庭成员中,爸爸在家说一不二,谁也不敢惹,孩子为了让爸爸能答应他的要求,他只能学着适应爸爸的"霸道",在爸爸面前好好表现说好话,至于在其他家人面前就完全无所禁忌,这样孩子早早地就学会了世故,没有原来可爱的天性。因此,家庭成员之间一定要谦和、民主,谁说得对就照谁做,凡事都商量着办,家和才能万事兴,而孩子也会在这种和睦幸福的家庭氛围中快乐地成长。

3. 孩子们各有所长，父母不要比来比去

即使是我已经成家立业，我的妈妈仍旧喜欢把我与其他同龄的人进行比较。"你的同事小刘很会买衣服，价钱不贵穿着还漂亮。不像你，总买些像垃圾一样的东西。"

有时我会和妈妈辩解，有时只能用沉默回应她。但我知道，不论是谁，都不喜欢被人这样比来比去。然而在很多的家庭教育中，父母很喜欢用这种比来比去的"激将法"让孩子进步，可是这样的办法真的会收到预想的效果吗？

有一次春节期间，我在街上偶然遇到两个曾经教过的学生，他们现在已经参加工作，趁假期在一起聚一聚。两个学生邀请我去咖啡厅聊聊天，我欣然答应。在咖啡厅里，我们聊着聊着，话题聊到了他们的小时候。

其中一个男生说："小时候老爸总喜欢在别人面前夸我成绩怎么怎么好，我听了很开心。可是上中学后，爸爸再在众人面前夸奖我，我就觉得特别不好意思。而老爸越是表扬我，我心里越感到自卑，觉得自己根本没有老爸说的那么好，更加找不到自信。有时候，我甚至恨不得能找个地缝钻下去。不过，幸亏我没有辜负他的期望，现在老爸跟别人夸我，我总算能坦然面对了。"

另一位男生听后撇撇嘴说："你老爸夸你，可我爸却总是贬低我。我从小自尊心就很强，我爸可能是抓住了我这一特点，总是拿我的不足去跟别人的长处比较。有段时间，我特别自卑，觉得自己处处不如别人，很是伤心。幸好妈妈看出了我的心思，我才和妈妈说出了心里话。我妈后来告诉我爸，他才知道自己的言行已经对我造成了伤害，于是很真诚地向我道歉，我才又找回了自信。否则啊，真不知道我以后会发展成什么样。"

这两个学生的亲身经历和感触，父母们看后是不是觉得有时我们自以为很聪明的办法却起到了反作用。虽然我们的出发点是为了给孩子一些动力，从中找到努力的方向，但是这种动力是不能以挫伤自信心来获得的。况且给孩子增加动力的方法有很多，不一定只有这种所谓的"激将法"才会达到我们想要的效果，一旦处理不当只会适得其反。

其实，对孩子比来比去，从另一侧面又反映出家长或多或少有一定的心理障碍，他们在社会中的某些不如意想在下一代中获得满足，即使他很有钱或者很有权，也拥有这种想法，因为人的欲望是无限的，想让自己的子女高人一等，最好是比所有的孩子都优秀才好。所有的家长都望子成龙、望女成凤，这虽然体现了天下父母的心情，岂不知方法却是错误的。而家长的本意是让孩子在比较中成长和进步，可是孩子长期在这种自卑、不自信的状态下压抑自己，使得他们内向、老实，只会乖巧地表现出懂事的一面，不敢淘气，不敢做错事。表面上看他们越来越好，越来越成熟，可实际上他们的内心却在压抑中受着煎熬，过重的压力早已让他们对生活失去了信心，反正自己再怎么努力表现，在家长眼里都及不上别人家的孩子。

"从小我就有个宿敌叫'别人家的孩子'。这个孩子从来不玩游戏，不聊QQ，不喜欢逛街，天天就知道学习。长得好看，又听话又温顺，每次都得年级第一，不让人操心……我在我妈嘴里是最差劲的，她恨不得生的是别人家的孩子……"一个小朋友在网上发帖抱怨，很多网友在下面跟帖，表示恨透了这个虚幻的攀比对象。

那么，难道孩子就不需要比较了吗？那他们如何才能有进步的标尺呢？当然不是，我建议家长不妨让孩子和自己比较，今天的自己和昨天的自己进行比较，

上一刻的自己和这一刻的自己进行比较。

例如孩子今天听写对了二十个,在班级排了第八名。孩子拿回成绩单交给家长签字,家长一看乐了说:"好孩子,你有进步啊!"孩子撅着嘴说:"还进步呢,我同桌排到第四名。""不,我们不和同桌比,我们不同任何人进行比较,只和自己比。我还记得昨天你听写才写对了十五个,而今天就对了二十个,这是多大的进步啊!妈妈非常高兴呀!你要继续努力!争取下次听写全对。"孩子听了,受到妈妈的鼓舞,也信心百倍地迎接下一次听写。

俗话说:人比人,气死人哪!连大人都懂的道理,又为何要让小孩子感受被比较的痛苦呢?家长不要再把孩子比来比去,也不要把孩子和家长进行比较,只和自己的今天昨天进行比较,我相信,我们和孩子都会一同进步的。

4. 儿童过度消费是因为于大人的虚荣

我们常常无奈地感慨：现在的孩子不懂挣钱，却最会花钱。他们不考虑家长挣钱的辛苦，也不体谅父母的难处，只是伸手要钱，有钱就花。我们对这样的孩子无奈的同时，是否想过，孩子为什么会变成这样呢？

我在家教期刊上看过一篇报道，某地一温泉浴场来了几位特殊的顾客，都只有16岁，显然是背着父母出来的。他们点了香烟又叫了按摩，花天酒地共消费了1898元后，结账时却让服务员傻了眼：他们没钱付账。

值班经理拿出一条半米多长的账单哭笑不得："这就是这帮孩子在24小时内挥霍掉的。"账单上的消费内容：两天半的时间，5人的消费项目共计90项。其中包括包房一间、局部按摩4次、台球房一次、模拟高尔夫2次、硬中华3包。值班经理说："如果光从账单上判断，简直不敢相信是5个孩子消费的。"

值班经理要求孩子付账，孩子们说9点多会有同学带钱过来。可值班经理等了好久也不见有同学来，于是说要告诉他们的家长，孩子们的脸上才露出慌乱的神情，说出了实话：原来他们才上初二，这次国庆节对家长撒谎说到同学家做作业，便溜出来聚在了一起。其中一个学生说拿2000元请大家到众安浴场玩，玩到中途他家人打电话来就先回去了。临走时他对服务员说，让他们在那里先好好玩，自己来结账，结果到最后也不见他回来。后来，值班经理还是打电话叫来了家长，家长们气愤而又无奈地给孩子们付了账。

其实这样的事例如今已是屡见不鲜，大家可能会不约而同地想到：这都是父母惯的呗！确实如此，溺爱使得孩子不珍惜父母的劳动成果，让他们养成了随意花钱没有节制的习惯。然而，孩子从小就学会过度消费，根源还在于父母的虚荣。

最初，小孩子并不懂得什么是奢侈品，就像孩子的一个文具盒，只要能装下笔、橡皮就可以了，如果这个文具盒旧了或是脏了，父母很快就会给孩子再买一个。因为在父母的观念里，现在的孩子都是家里的独苗苗，再苦不能苦孩子，要让孩子吃最好的、穿最好的、用最好的。当父母把这个思想灌输给孩子后，孩子的潜意识中就会有这样的想法，只要是自己的东西一定要是最好的，至于购买需要花多少钱，反正有父母去挣就是。

由此可见，孩子爱慕虚荣、攀比消费，往往是得到父母错误的支持和引导，孩子由此消费欲望不断膨胀，虚荣心不断增强，心理健康水平急剧下降。父母的言行对孩子有着很深的影响，当我们抱怨孩子花钱如流水，非名牌不穿时，是不是该反思一下：自己是不是常把名牌挂在嘴边呢？

当家里来了客人，我们总是骄傲地把孩子获得的各种奖章让客人欣赏，或是要让孩子在客人面前一展才艺。在学校里，教师为了班级在比赛中获得名次，总是派出个别优秀的选手代表班级"参战"。而且，无论是在学校还是家里，孩子外貌的优越、穿着的时尚都会给孩子的形象加分很多，他们是父母炫耀的资本、同学羡慕的对象。这些成年人的做法和大众的心理不经意地传递给了孩子们，同时也在暗示孩子如何才能让成人为自己感到骄傲，如何才能满足成人的虚荣心，这样会使孩子苛求自己各方面都要比别人强、比别人好。

长此以往，孩子形成了错误的消费价值观，那时他们会为满足自己的消费做出任何事情，包括违法犯罪。因此，要杜绝孩子"花钱如流水"的行为和爱慕虚荣的思想，我们首先要认识到高消费不利于儿童的健康成长，并改变自己无意中表现出来的虚荣的观念，提倡适度消费，对孩子的攀比消费要求不能有求必应。当然，我们也不要时时炫耀孩子的优点，过度争强好胜地拿自己的孩子和别人的孩子比高低，要放弃所谓的虚荣。

此外，我们要注意培养孩子的正确消费理念。美国作家清崎·莱希特撰写了一本名叫《富爸爸，穷爸爸》的家教畅销书，书中以自传体的形式向我们介绍了他的富爸爸是如何用金钱的消费和管理理念把作者教育为成功的商人和作家，这种全新的教育观点受到了国内外家长的热议，很值得我们拿来读读。

当然，培养孩子正确的消费理念，我们也有自己的一套方法：

1. 对孩子的零花钱要"精打细算"。告诉孩子们哪些钱该花，花多少，如何花才合理。如果不趁早对孩子进行这方面的教育，他们就容易养成随意花钱的习惯。

2. 平时多留心孩子的行为表现和心理动态。如果孩子对衣着、文具、玩具等特别挑剔，抱怨父母不能给自己提供优越的物质条件时，我们应该意识到这是孩子过分爱慕虚荣的心态发展的"苗头"。这个时候，我们一定要心平气和地与孩子交流，正确引导，告诉孩子正确的消费观念，让孩子心悦诚服地接受我们的建议。

3. 不向孩子的无理要求妥协。家长的一次妥协，就会导致孩子进一步的任性、执拗等不良性格的养成。所以，面对孩子的无理要求，我们要坚决抵制，切不可在家庭中出现一方保护、一方管制的情况，否则会使孩子觉得有空子可钻，反而助长了孩子的任性、虚荣心等不良性格的形成。

5. 不要在孩子面前发泄不平，口不择言

还记得齐秦的那首歌"外面的世界很精彩，外面的世界很无奈"吗？虽是一首老歌，可是不论何时听到它，都能让我们感慨不已。因为，外面的世界有精彩，然而带给我们更多的是伤感和无奈。面对无奈怎么办呢？总不能站在大街上去发泄吧？这时，家就成了我们避风的港湾，我们可以肆无忌惮地痛骂这无奈又现实的世界，痛恨我们遭遇的不平，然而，我们也只能用这种方式发泄一下，逞一时之快，第二天又照常挺起胸走出家门，去接受那些精彩和无奈。

我们偶尔会听到某些孩子很老成地说："现在的社会太黑暗，不公平的事太多。"听到这样的话，我们大为吃惊，小小年纪，什么都还没有遭遇过，怎么会说出这样的话呢？他们是从哪里得来的这套消极理论？答案很明显，孩子们是受了父母的影响。当我们在痛骂社会的阴暗面时，站在一旁的孩子看到了，也记住了这一切。

父母借此畅快地消解了心头之恨，但是孩子会怎样想呢？他看到的、理解到的只是父母生气，是被外面的人给气的，他幼小的心里会觉得外面坏人太多、太可怕了，自己这么强大的父母都被气坏了。他们会产生莫大的恐惧，一种对成长的恐惧。

有个叫小伟的孩子，聪明好学，生活在一个幸福美满的家庭。这一切，却因爸爸被公司辞退后彻底改变了。被辞退的爸爸整天喝酒买醉，麻痹自己，逃避现实。老婆看他不争气的样子，和爸爸离婚走出了这个家庭。从此，爸爸更

是每天借酒消愁,一边喝酒一边抱怨社会、抱怨其他人,似乎全世界的人都对不起他。爸爸的消极情绪严重地影响了小伟,小伟觉得学习也没什么用,就背着爸爸上网打游戏,和一群不三不四的朋友混到了一起。后来,小伟辍学了,成了派出所的常客。

其实,每个问题孩子背后都有一个问题家庭。小伟的父亲对生活、对周围的人、对社会的消极抵抗态度使得家庭分裂,同时更深深地影响了孩子的一生。的确,生活中会有很多不如意的事,这些事并不能掌握在我们手中,在命运的大江河里,我们只是不起眼的水滴,任风浪吹来荡去。可是,不论何时何地,我们都要相信自己,在挫折面前,不断给自己力量。我们是孩子心中的支柱,支柱倒下了,孩子的天空也就坍塌了。

任何困难、任何风雨都有熬过去的时候,重要的是我们能坚持自己的信念,坚守自己的理想和人格尊严,这才是孩子心中不倒的精神榜样。当然,我们对待生活的态度不是讲空道理,而是要将道理贯彻在平日的一言一行之中。

同事小李曾在某村当了十多年的小学班主任,他给我讲了曾教过的两名学生的事。

开学不久,他发现一个孩子穿的衣服很脏,脸似乎也很少洗,每天愁眉不展,甚至装病不上课。他到宿舍去看孩子,孩子只是躺在那里,两只无神的眼睛直直地盯着天花板。他苦口婆心,跟孩子谈理想、奋斗、事业、成功,可孩子根本听不进去。其他学生告诉小李,这个孩子贫寒的家境让他产生了强烈的自卑感。

小李利用周末到了这个孩子的家里,弄清了事情的真相。这孩子家里比较穷,但是,在班上50多个学生中他可以排在"富裕户"的前10名。问题不在于家境贫困,而在于他的父母对待生活的态度。

孩子的父亲是村里的羊倌,每天在山上放羊。羊倌的工作虽然辛苦,收入

搞定家中"小大人" | HOW TO HANDLE THE LITTLE ADULTS

却很可观。然而他对生活的态度很消极，只求把羊放好就行，至于孩子上学，上学之后干什么，他基本不闻不问，也从来没有想过。他认为，一切都是命，他这一辈子就是放羊的命，孩子也好不到哪儿去。更糟糕的是他的母亲，每天出了东家进西家，不干农活且不说，家务活也不想干，地不扫，桌子不擦，穿的衣服能不洗尽量不洗，连碗也是到下一顿要吃饭时才洗的。走进他们家，连放脚的地方都没有，满地都是厚厚的尘土。孩子的母亲原来并不懒，年轻时因为不想在农村受苦，一心想嫁到城里去，可自己又没有文化，最后只好嫁了个羊倌。从此，她感到自己这一辈子完了，不会有幸福可言，于是对生活失去了信心，人也变得懒惰起来。

戏剧性的是，同事班上还有一个学生，父亲同样是村里的羊倌。这位父亲对待生活的态度和前面那个羊倌父亲完全不同。他不仅乐观，而且很有理想。他有3个孩子，希望把他们都培养成大学生。有了这样一个理想，他生活得很快乐，每天一边放着羊一边唱着山歌。他的山歌唱得还真不错，中央音乐学院的老师下来采风时还专门找他录过音呢。这个学生的母亲也是一个乐天派人物，和煦的笑容总是挂在慈祥的脸上。父母这种对待生活乐观向上的态度在孩子的心目中所产生的积极力量是无法估量的，3个孩子都很优秀。大孩子更是考上了中国科技大学，后来又去德国和美国留学，是县里的第一个留学生，也是第一个博士生。

讲完这两个事例，同事又继续说：两个孩子的父母处在同样的生活环境之下，对待生活的态度却截然相反，从而导致了两个家庭孩子的成长轨迹也大不一样。第一个家庭的父母给孩子营造了一个很坏的、没有热情的灰暗世界，他们的一言一行告诉孩子生活没意思，人生就是受苦，再努力奋斗也不会有结果，孩子在这种消极的环境下消磨了朝气，变得心灰意懒，丧失自尊。而第二个家庭的父母，很阳光，对生活充满了战斗力，对未来充满了信心。这样的力

量同样感染了孩子，让孩子建立了战胜困难的信心。所以，这两个家庭孩子的未来大相径庭也在情理之中了。

家家都有一本难念的经，作为父母，我们不能把这本经每天都给孩子念上一遍，让他过早感受到成人世界的纷纷扰扰。我们要改变对生活的消极态度，给孩子树立榜样，同时也要学会调节孩子的消极情绪。

首先，我们应约束自身的消极态度。孩子是最易受感染的，如果父母受到一点挫折就如同大祸临头，这种情绪必然会影响到孩子。其次，我们要会制造气氛。比如看到孩子心情低落，我们要会调节孩子的情绪，鼓励孩子能正视和应付生活中的事情，特别是在危险、困难、痛苦时，父母的支持与鼓励是对孩子最大的支援。

6. 别带孩子参加过多应酬活动

很多父母都喜欢带孩子参加成人的应酬活动，带着他们在酒桌上拼酒，去KTV唱歌……他们的理由是：这些都是孩子早晚要接触的，什么事都赶早不赶晚，现在带着他们见识见识，将来进入社会才不会感到陌生。再说，父母在这种环境里指导孩子，让孩子现学现用，这样的课堂再好不过了。

表面上看来父母这样做是在给孩子未雨绸缪，可实质是为了自己，孩子被迫成了父母争面子的工具，成人聚会中一些不雅的、虚假的东西也会一览无余地展现在孩子面前。甚至有时候家长在聚会中表现的各种丑态，会让平时尊重父母的孩子产生严重的心理错位，破坏了父母在孩子心目中的高大形象。这样的结果与父母的初衷是不是截然相反呢？况且，世界上最难控制的就是人，我们又有谁敢保证孩子过早地接触这样的社交场合就一定会按照我们的计划去发展呢？

我原单位的一位老校长有个儿子叫小峰，这孩子从小就聪明调皮，长得也帅气，他一来学校我们就逗他玩。这孩子也不怕逗，敢说敢做，常常逗得我们哈哈大笑。后来我们去老校长家中聚会，小峰已经上初中，变得更帅了，在酒桌上和我们夸夸其谈，讲他在学校的趣事，我们玩麻将时，他也能凑上手，一手码牌，一手在桌旁打着节奏，一看便知他在麻将桌上是个老手，让我这个还不会打麻将的人惊叹不已。据说，这孩子小学时就能替爸爸打牌了。当时，我们都觉得这孩子将来一定有出息，关键是人家孩子聪明啊！

可谁知，小峰到了初三竟然开始不用功读书了，抽烟喝酒，打麻将。我有次

竟然在麻将厅里遇到他，我问他为什么不上学？

他咧着嘴说："这样多舒服啊！学习还得点灯熬油的，太累。"后来，小峰去读技术院校，书没读完就辍了学，现在不知在哪儿混荡。听说，至今还总给老校长惹出祸事来，老校长还要为其操心。

知道小峰情况的同事都觉得不可思议，都说小孩子三岁看到老，可是小峰小时候多聪明机灵啊！长大却变成了这个样子，还真应验了"小时了了，大未必佳"这句古话。

谁又能够准确地说清楚小峰的人生是从什么时候开始转变的呢？人生中总有几处十字路口，拐向哪边，人生就朝哪个方向发展。而一旦拐错了方向，想回也回不来了。从小到大，小峰的聪明才智更多的是体现在麻将桌上、交际手段上，他的这些"光芒"掩盖了他的知识文化和做人的修养，父母也被孩子所谓的聪明蒙蔽了双眼。其实，每个孩子都很聪明，关键是看他的聪明劲用在了哪里。有的用在成人成才上，而有的却用在不学无术上。

一个人的精力是有限的，在人生的某个年龄段，我们就应该做我们在这个时期该做的事。就像孩子的儿童时期，他们的任务就是扎实学习文化基础知识，为将来步入社会打基础，至于成人间的应酬和交际并不是他们有必要了解和掌握的东西，等到他们真正需要的时候再去了解、去感受也为时不晚。

当然有些父母并不是主动带孩子参加聚会，有时是孩子非要跟来。这样的孩子一般都在十岁以下，他们对饭店的热闹劲儿很感兴趣，也是他们对父母依赖的表现。而随着孩子渐渐长大，他们会慢慢不再参加这种聚会。因为在聚会时，孩子们的穿着、长相、成绩是大人们谈论的重点，作为孩子只能任由他们点评，没有反驳的余地，而父母往往都比较谦虚，总是夸别人的孩子好，挑剔自己孩子的不是。大人的谦虚却让孩子误认为这就是父母心中对自己的评价，从而让孩子产生心理负担，变得不自信，孩子就更加不喜欢在公共场所出现了。

换一种情形,倘若在聚会过程中,大人们都在聊些孩子听不懂的话题,待在这里的孩子只能被动地接受成人言谈中所带来的信息。我们都知道酒劲上来是什么话都敢说的,都会借机抱怨社会,咒骂朋友……这些都被孩子们尽收心里,他们的思想就会从对成人行为的好奇而发生变化,随之而来的是孩子行为和性格上的变化,无形中就给孩子打上社会的印记。

那么,孩子参加聚会就真的是"有百害而无一利"吗?当然不是,其实孩子也可以有自己的聚会,这种聚会并非纯粹的成人聚会,而是以孩子为主的家庭聚会,这样才能够达到训练孩子交际能力的目的。

值得注意的是,参加这类家庭聚会,我们做父母的要做足功课:要有计划,具体安排大人、孩子或者是双方的互动活动;事先要了解清楚都有哪个年龄段的孩子参加。另外,还要和孩子沟通在聚会中应该注意的礼节和规则,鼓励孩子大胆主动地与他人沟通和交流。

7. 家庭战争避开孩子

苏联医学博士斯·亚·多列茨基指出:"精神上的熏陶对人的个性形成影响很大,这种熏陶来自与儿童生活密切相关的成年人的全部生活。"在和谐幸福的家庭成长起来的孩子身心会更健康,会有更大的热情去拥抱生命、感恩他人。而自幼没有得到父母关爱和体贴的孩子,永远不会懂得什么是爱,也不会去热烈地爱他人。可见,由夫妻关系的基调决定的家庭氛围,是影响孩子身心发展的重要条件之一。

五年前,某乡镇一名高中生因抢劫杀人而入狱。当我听到这个消息后,甚为吃惊。因为据说这名学生虽然学习成绩一般,可也是懂礼貌,尊师重道的啊!他竟然去抢劫杀人,怎么可能呢?可是事实摆在眼前,当我看到警车拉着他去指认现场的时候,不得不相信他就是那名杀人犯。而他杀人的动机,竟然只是想偷辆摩托车卖了钱后去上网。

这名学生为什么会走上犯罪之路?有人说是网络惹的祸,可是痴迷网络的学生有很多,也没见他们狠心去杀人获得钱财。后来,有人说了这名学生家里的情况:孩子的爸爸嗜酒成性,喝醉后就打老婆和孩子。有一次,老婆和儿子实在受不了男人的折磨,趁其喝醉酒,把他绑起来狠狠地打了一顿。这孩子连爸爸都敢打,何况其他人呢?我们似乎找到了孩子犯罪的原因,可见,一个家庭对孩子的成长有着多么大的影响啊!

在孩子心中,他希望自己的爸爸妈妈永远年轻、漂亮,永远恩恩爱爱。温暖

甜蜜的家庭氛围，可以让孩子感受到父母那绵绵无尽的爱，这种爱是任何人都无法给予的，它会给孩子最大的前进动力，是孩子心里最强有力的支柱。

有句话叫"夫妻没有隔夜愁，床头吵架床尾和"，婚姻中夫妻吵嘴打架本是平常事，但孩子并不懂得这个道理。他看到的是最亲最爱的父母都在用最刻薄的话骂对方，甚至大打出手，他会觉得自己的父母感情不好，不会再爱自己了。

有个朋友曾说起她小时候父母吵架时的感受："我每天都胆战心惊地度日，总是担心他们不知道什么时候会因为芝麻绿豆的小事吵起来。有一年过年，我和妹妹正在外面玩耍，突然听到屋里碗摔碎的声音。我们跑进屋，看到准备用来包饺子的肉馅全都被扣在地上，爸爸妈妈在互相瞪着眼对骂，他们根本没有在意春节一家子应该其乐融融，也忘记了不知所措的瘦小的我们。那件事让我记了一辈子，我发誓长大结婚后决不在孩子面前和丈夫吵架。"朋友说这段话时，眼睛里带着泪，仿佛又回到那个令她终生难忘的春节。我想，童年时留在她心中的隐痛，会是她一生的噩梦吧！吵架的时候父母是不会考虑到孩子的感受的。两人正在气头上，只要能狠狠地发泄自己心中的怒气，再难听的语言都可以用上，哪管身旁的孩子在干什么、想什么。吵一次架，夫妻俩就得生气好几天，孩子也间接受到冷落。更有甚者，父母吵架拿孩子当出气筒，孩子究竟有什么错，何必要受这份罪呢？孩子如果长期在这种担惊受怕的环境里生活，会变得敏感、没有安全感，心理压力大，很难再像同龄孩子那样发出阳光般快乐爽朗的笑声，看上去沉默又懂事。而这种表面上懂事的"小大人"实际上是经常吵架的父母压迫出来的。他们内心也渴望父母恩爱，渴望有个幸福的家庭，渴望单纯、自在地傻笑。可是，孩子不敢这样做，他们小心翼翼地说话、做事，唯恐一不小心惹怒父母，成为父母吵架的导火索。

所以，喜欢吵架的父母们，请在我们想发泄情绪的时候，顾念一下身边的孩子，我们怎么忍心看到孩子那双泪眼汪汪、孤独无依的眼睛呢？既然因为爱生下

了孩子,那就要对孩子的健康成长负责任,不能因为自己一时情绪不快而忽略孩子的感受,给孩子的心理留下阴影。

科研专家作过一项调查,母亲怀孕时的心情直接影响了孩子的智力发育和孩子的性情。在一个和谐、快乐的家庭中长大的孩子,他的抗挫能力、交际能力等综合素质都比较高。

还有一种现象需要我们父母注意。我们在上文提到的影响孩子身心发展的是孩子生活在一个父母吵架的不和谐环境里。至于不论是什么原因造成的单亲家庭,只要爸爸或是妈妈仍全心全意关爱、呵护孩子,孩子同样可以健康快乐地成长。他们不会感觉自卑孤独,也不会因此而不思进取。让孩子们在单亲家庭中有着无穷前进力量的源泉就是爸爸或妈妈给予他们的爱。这种爱不是溺爱,而是恰到好处的、正确的爱。

8. 父母待人做事要真诚

当今社会充斥着种种失信现象：政府官员的瞒上欺下，执法部门的知法犯法，企业做假账，商人卖假货，教授剽窃科研成果，学生考试作弊等等，这是诚信教育面临的最恶劣的环境。

在这样的环境下，父母的诚信教育往往会被环境的负面影响抵消，但我们不能因此而放弃教育责任，必须尽力为之。我们要告诉孩子，追名逐利，是社会人的本性，不足为怪，但"君子爱财"必须"取之有道"。这个"道"就是人们获得名利的公正公平、合情合理的途径与方法，正直诚信是每个人的立身之本。

我女儿的同桌是个八岁的小男孩，她常常提到这个小同桌。"今天老师说谁没做写字卡就站起来，他没站起来。"过了几天，女儿回来又说："同桌的妈妈没来参加学校活动，老师问谁的妈妈没来，他也没举手。"女儿跟我讲同桌的几件事，都是这男孩不诚实的表现。

缺少诚信的孩子，谁也不会相信他，他的行为会遭到朋友们的唾弃，因此，我们不能停止对孩子的诚信教育。苏霍姆林斯基说："人的全面发展取决于父母在孩子面前怎样做人，取决于孩子从父母的榜样中，怎样认识人与人的关系和社会环境。"因此，对孩子进行诚信教育，父母首先要做个讲诚信的人。

双休日，孩子终于可以有玩的时间了，他开始和妈妈讲条件。"妈妈，我一会儿想出去玩，可以吗？"妈妈说："你把作业全写完，然后保证都做对，我就同意。"孩子得到妈妈的保证后，认认真真地把作业写完。妈妈检查时，孩子的

作业果然一个也没错,但是她却变卦了,说:"你看你们就快考试了,我们再做十道题然后出去玩好吗?"孩子一听,不高兴了,心想妈妈说话总是不算数,以后再也不要听了。而妈妈不守诚信,于是孩子学样,也变成了一个出尔反尔的不讲信誉的人。

有些孩子的个头已经够买车票了,可是家长却让孩子在过检票口时弯着腿走路。虽然这样的行为,是省了些钱,但是这些不经意的做法已在孩子纯洁的心灵上播下了不诚实的种子。当有一天家长发现孩子不诚实时,恐怕怎么也不会想到罪魁祸首恰恰是自己。

孩子小小年纪接受了不诚实,习惯用谎话来达到自己的目的。他们编谎的技术像某些成年人一样老练,从他们身上完全找不到孩童的天真和透明。这样的孩子从小热衷此道,那么他就像童话书里喊"狼来了"的孩子,不会得到任何人的信任。一个让人不踏实,没有信任感的人,领导不会给他分配重要工作,朋友不会找他寻求帮助,他四面楚歌般在自己的谎言堡垒里自怨自艾。

因此,对孩子诚信教育的首要一点是:父母要以自己的诚信给孩子作示范,须知失信于孩子,害处相当大。第一,让孩子觉得,一个人说话可以不负责任,答应的事也可以不做到,于是从小就养成了"轻率承诺"的坏习惯;第二,父母会因此失去自己在孩子心目中的威信。我们的威信从何处来?主要基础就是自己的言行。说话算数的父母,会使孩子重视他们所说的每一句话,让孩子从小向我们学习"言必信,行必果"。

其次,孩子说谎时,父母一定要正确引导。美国前总统林肯说:"你能欺骗少数人,你不能欺骗大多数人;你能欺骗人于一时,你不能欺骗人于永远。"孩子年龄小,他们还没有形成正确的世界观人生观,说谎较之成人更是容易,但他们说谎的原因也比较单纯。作为父母,我们不要因为孩子说谎,就大动干戈或棍棒相加,而应冷静分析,区别对待,引导孩子勇敢承认错误,主动承担因自己的

错误造成的后果。我们要让孩子知道：欺骗，只会让你暂时感到成功。只有诚信的品质，才能成就你永远的事业。

再次，教育孩子答应别人的请求之前要考虑自己能否做到。我们应该告诫孩子，承诺了他人的事情，就要千方百计地去做好。因此，在许诺之前一定要慎重，要三思而后行，要考虑它的可行性，不要随便许诺又随便失信。考虑自己确实能够做到的再答应别人；这样你才能不失信于人，你才能值得别人信任。轻易就承诺别人的人往往是没有信用的人。没有信用的人很难有朋友，也很难取得事业的成功。

最后，父母要给孩子营造一个诚信的环境氛围。在家人、朋友、同事之间，成人都要做到以诚相待。孩子长期在这样的环境氛围熏陶下，诚信的品质就会逐渐形成。

9. 家长更要勇于对自己的行为负责

美国前总统杜鲁门在自己的办公桌前，郑重其事地放了一块"推卸责任者，到此止步"的牌子。这个举动显而易见地告诉人们：推卸责任，不知道担当责任的人，请停住你的脚步，言外之意就是没有责任感的人，是不受杜鲁门欢迎的。

其实，做人应如此，做父母者应如此，教育小孩亦应如此。责任心是个人对自己和他人、家庭和集体、社会所负责任的认识、情感和信念。责任是健康人格的基本素养，是健全人格的基础。敢于承担责任更是一种优良品德。

而如今在家长眼里"一个比一个精"的"小大人"们，责任感却在一点一点减弱。有一次，同事的女儿来找我的孩子玩耍，这孩子比我女儿大几个月，但是那孩子早熟，身体发育很快，个头高出我女儿一大截，我女儿在她面前就像一个幼儿园的小朋友。她们俩在卧室玩布娃娃，我在客厅看电视。

突然听到"砰"的一声，我急忙跑过去，看到卧室窗台上的鱼缸掉地板上摔碎了，小鱼在地板上挣扎着。我连忙把鱼捞起来放到水果盘里，同事的女儿跟在我身后说："阿姨，小妹妹太不小心了，小鱼多危险哪！我看那个鱼缸很漂亮，一定很贵吧！真是太可惜了。"她一边看我收拾碎片，一边发出啧啧的感叹声。

这时，我的女儿大声说："是我和姐姐给娃娃盖被子，不小心碰掉的。"

"小妹妹，妈妈没有要批评咱俩，你别着急。鱼缸碎了，也不可能再修好了。是不是阿姨？"

搞定家中"小大人" | HOW TO HANDLE THE LITTLE ADULTS

　　从开始到现在,我没有说一句话,所有的话都被这女孩给说完了,可是她说的每一句话都不是要负责的话,都是在推脱自己的责任,并且试图把责任嫁祸给他人,而她还只是个9岁的孩子。

　　"小大人"缺失了儿童本能的正义感,他们现在学会不负责任,将来他们也无法对自己的人生负责。俄国著名作家列夫·托尔斯泰曾经这样说过:"一个人若没有热情,他将一事无成,而热情的基点就是责任感。"

　　那些责任感不强的医科学生,不愿花更多的时间学好技术,结果做起手术来慢手慢脚,让病人冒着极大的生命危险;那些责任感不强的教师,不认真备课,简单粗暴对待学生,让学生们不能快速掌握好文化知识,还给学生们的心灵带来伤害;那些责任感不强的律师,在读书时不注意培养能力,办起案件来捉襟见肘,让当事人白白浪费金钱;那些责任感不强的建筑工程老板,建筑房屋时偷工减料,在"5·12大地震"中因校舍倒塌而丧生的孩子有千千万万;那些责任感不强的财务人员,在汇款时不认真写错了一个账号,给公司带来莫大的损失;还有那些责任感不强的父母,生下孩子后却不管如何正确教育他们,让孩子们走向黑暗的人生。

　　责任感不光是一个人重要的品质,它还可以创造奇迹。当一个人拥有了责任感后,他的自我才真正开始形成,同时,他的影响力逐渐扩大,义务感逐渐增加,并能最终取得突出的成就。

　　举个简单的例子,一个小朋友看到妈妈繁忙没时间洗衣服,他觉得自己有责任帮妈妈分担家务,这种强烈的责任感让小朋友第一次洗起了衣服。虽然洗衣服是件非常简单的事,但对于一个从未做过任何家务的孩子来说,在没有任何人教授的情况下,只有责任感让他迈出了人生一步。

　　另外,责任感还是孩子战胜生活、学习中诸多困难的强大精神力量。它使孩子们有勇气排除万难,可以把任务完成得相当出色。而失去了责任感,即使是孩

子最擅长的工作，他们也会做得逊色，一塌糊涂。

老师让一名学生记录每天迟到的学生名单，这名学生刚刚转来这个班级，有些人他还不认识。但是他觉得老师把任务安排给自己，就一定要负责任做好，虽然他还不太认识本班学生，但他可以通过询问，或是记住迟到同学的外貌再向老师反映，来把迟到的人名记下来。他还可以更用心地去记同学的名字。若是这名学生没有责任心，他可能只做一天就以不认识班级同学为由把任务交还给老师。

综上所述，家长要培养出一个有责任感的孩子，敢于承担责任，那么家长首先也要是个敢于承担责任的人。

有这样一个故事：两个孩子把路边的高级轿车划得伤痕累累，这些车的修理费要七八千元。小区通过监控却无法定位孩子的真实长相。但是一位妈妈通过看视频，发现竟然是自己家的孩子。她没有逃避责任，而是带着孩子亲自去给每位车主道歉，并交上修理费。她对儿子说，叔叔阿姨都很包容，原谅了你，但是，你要记住，千万不要把别人的包容当成自己犯错的借口，你要敢于担当，知道什么叫责任心，学会感恩。一场危机，被这位母亲成功地化解了。作为犯错孩子的母亲，自始至终，她没有推卸责任，没有逃避，也没有雷霆大怒。事情圆满解决，车主都很满意，更重要的是，孩子认识了错误，学会了担当责任，获得了原谅，孩子这辈子都不会忘记这次教训，更不会在心灵上留下难以弥补的阴影。

一位当事车主说，孩子的妈妈这么做，我很佩服。说句实话，遇到这样的事情，不是每个家长都能处理得这么及时、果断，这么勇于承担的。这位母亲，非常了不起。

我想到这个故事中，妈妈的做法让孩子终生难忘，妈妈带着儿子去挨家挨户道歉，妈妈勇敢地接受别人的批评，同时也让儿子敢于承担自己该负的责任。

而逃避现实是人们逃避责任的一种表现，尽管逃避现实可以在短期内缓解内心的压力，但时间长了，会使自己陷入更大的困境。因此，我们要教育孩子勇敢正视现实，积极解决面临的问题，告诉孩子们：这是对自己现在和将来都负责的态度。

另外，家长要有意识地培养孩子的责任感。父母可以主动交给孩子任务，锻炼他们的责任意识，告诉孩子这件事就由你负责，家长什么也不要管，就让孩子独立完成。在完成任务的过程中，家长要鼓励他，告诉他做事要有始有终，培养孩子持之以恒的好习惯。在家庭中，父母要给孩子一些权利，让孩子感受到他也是家中一员，对家庭也要负起他应尽的义务和责任。

书包越来越重,课后班越来越多,孩子们赢弱的肩膀早已不堪重负。"望子成龙"的自私想法,"不让孩子输在起跑线上"的扭曲观念,成年人对孩子们的无情施压让原本活泼的孩童时代失去了光彩,心比身老的"小大人"们却只能独自叹气。

第4章 减法法则:卸除我们强加在孩子身上的负担

1. 兴趣班：家长在"拍卖"孩子的童真

关于孩子的"减负"，这虽然并不是一个全新的话题，但它已经受到了家长和社会各界教育人士的高度重视。综观当下，成人对孩子的所谓"减负"完全形同虚设，书包的重量没变，孩子们被动接受成人安排的人生道路还在继续走着……

孩子们在沉重的书包下，肩负厚重的希望时，他们的身体和心灵都被压得喘不过气来，他们没时间去体会童年的快乐，他们也没精力能做出童年的趣事……一个个"小大人"就这么"压迫"形成了。

我们要还孩子一个童真的世界，那么首先要对成年人提出的"罪行"就是兴趣班。

本来，让孩子适当参加兴趣班的学习可以丰富孩子的业余生活，开发他们的潜能，使孩子能有一技之长，这是一件对孩子非常有意义的事。可是，家长们错就错在，他们想把自己的孩子培养成一个"超人"，让他们什么特长都要会，都要学。

在我曾经任职的镇子里有个远房亲戚，她的女儿和我女儿同岁也在同一班。那时候，镇子上还没有什么特长班，亲戚为了让孩子增加些特长，每个周六、周日带孩子去七十多里外的市里学习，学习结束后再回来。且不说这来来回回的路费和花销，就说这孩子每周和妈妈来回的奔波，常常在客车上就睡着了。晚上的时间孩子还要赶作业，根本没有玩乐的时间。

我的这位亲戚开始时只让女儿学跳舞，后来她说："反正双休日也是去一次，我又给她报了琵琶班和速算班。学费不贵，就是来回跑我都受不了。唉！

没办法，为了孩子呀！"亲戚自顾自地说着，像是解释给自己听似的。其实，她女儿虽然去市里学习这么多兴趣班，可在课堂上的表现并不好。班主任说她爱说话，注意力也不集中。我觉得，她除了正常上课的五天，双休日两天还要来回奔波于镇和市之间，她哪有时间休息啊！这样形成的恶性循环使孩子根本没有精力去听讲了！

在城市的周边乡镇，这样的父母和孩子还很多，他们为了培养孩子的特长，不惜花费大量的人力和精力。

同样，在市里生活的同事对孩子的兴趣班学习也是烦恼多多。在市里居住，送孩子学习兴趣班方便，可是家长们希望孩子可以学习更多的特长兴趣班。像现在的孩子双休日平均都要学习三个班，英语班、舞蹈班或琴类班、棋类班或跆拳道班……每个班到放学时，家长们在外面翘首企盼，孩子们一窝蜂地跑出来后，家长们问长问短，买零食和礼物让孩子们高兴，好像这特长班的学习是在给家长完成任务似的。

一位负责接送孩子的老年家长说："不学咋办？将来会特长的人到处都是，你不会就要落后。"这话说出了很多家长的无奈。

记得小时候，谁要是会弹电子琴就把我们羡慕得不得了，只有极少数家庭中的孩子才能有些乐器。而现在，什么电子琴、扬琴、钢琴……每一个孩子都是五六级的水平。而孩子们小学以前马不停蹄，赶场子一样参加的兴趣班，在进入初中、高中后却戛然而止。那时候，孩子们的全部任务就是学习，学习，再学习。什么特长班、兴趣班统统被家长们视为影响学习的罪魁祸首。这时候，家长也忘记孩子小时候曾被逼着去练钢琴了。而长久没有练习，不论孩子考过几级的乐器，再演奏什么也不会了。

从孩子的角度来讲，当初是父母让自己培养的特长，可是后来又被当作影响学习的因素，你说，兴趣班学习到底有什么意义呢？而教育专家指出，对孩子的

培养，应该从情感、态度、能力、知识、技能几方面入手。其中，技能知识是排在最后，而现在的许多兴趣班则大多只传授技能，这是在培养偏才。

另外，家长对孩子去兴趣班有浓厚的热情，这就衍生出一个兴趣班的商兴群。在学校的四周，有各种各样的兴趣班。几乎是一家挨着一家，让家长们都不知道该把孩子往哪家送了。

其实，兴趣班衍生的商机是不言而喻的。每个兴趣班在这种经营的商业形式驱使下，其师资力量就会很薄弱。比如一些以辅导孩子家庭作业为主的"学后班"的老师，他们没有在学校一线教过课的经验，只是凭着参考书和资料来授课。不要觉得小学那点内容谁都会教，因为孩子小，接受能力差，一个老师能把成年人一看就懂的事给孩子讲明白，可是一个优秀教师的本事啊！

因此说，孩子穿梭于众多兴趣班中，他们学生时代的快乐时光，都在某些商业性质的兴趣班里浪费掉了。在本该是孩子无忧无虑的童年时代，他们只记得疲于在各种兴趣班里奔波，根本感受不到玩的快乐。因为兴趣班的劳累，耽误了正常的课堂学习，这样过重的兴趣班剥夺了孩子的童真和未来。

当然，我认为，兴趣班的存在对孩子来说并不是坏事，而要使兴趣班成为对孩子有益的事，有两点原则需要家长注意。

一是兴趣班一定是孩子感兴趣的。兴趣班，顾名思义，就是感兴趣的学习班。若是孩子对其不喜欢，没有兴趣，那么这个兴趣班的学习对孩子来说就是个负担，孩子不能从中感受到学习的乐趣，那就失去了培养孩子的意义。

二是兴趣班的时间安排要合理。这就是告诉家长兴趣班的学习要看重的是质量而非数量，孩子不可能成为一个全才之人。

因此，家长不要把孩子的课余时间排得满满的，要留给孩子充足的时间玩乐，这才能让孩子充分得到休息，而不会被各种兴趣班压得喘不过气来，变成一个个叹气的"小大人"。

2. 特长班种类繁多，想爱哪个不容易

现在的特长班的种类实在是太多了，电子琴、钢琴、扬琴、脚踏琴、手风琴培训班……只是琴类就有这么多种，在这里我还没有列举其他的特长选项。

人生最彷徨的就是选择前的思考。我还记得当初为女儿选择特长班时，在电子琴和钢琴中我不知道选择哪个班。我问女儿说："宝宝，你喜欢哪个呢？"孩子还小，只是甜甜地说："我什么都喜欢。"等于没回答的答案，最终决定还是要落在大人身上。可见特长班啊特长班，想爱哪个真不易呀！

同事小李家庭条件非常好，只有一个女儿，从小就被打扮得跟公主一样可爱漂亮，在对女儿的特长培养上小李更是不容落后。她在女儿四岁时为其报了舞蹈班和美术班，可是小姑娘画画没有天赋，学了一个星期后，一个苹果也画不出来，画纸还被弄得脏兮兮的。对舞蹈班学习也不那么热情，在舞蹈班上乱蹦乱跳，被舞蹈老师称为"小猴子"。

小李看着女儿犯了愁，可她仍旧没有放弃，又带孩子去学习钢琴。小家伙开始时对钢琴特感兴趣，兴奋极了，表现出极大的热情。小李更是高兴，立刻把两万多元的钢琴搬回家。可是女儿的短暂热情过去后，对每天枯燥的基本功练习失去了兴趣，说什么也不学钢琴了，才买回家一个月的钢琴就落上了灰。

三年里，小李被女儿折腾得筋疲力尽，她叹口气说："唉！孩子不努力，家长干使劲也白搭呀！"现在小李的女儿已经七岁了，可是，小李仍旧不死心，她还在为女儿找到合适的特长班而努力。

HOW TO HANDLE THE LITTLE ADULTS

其实像小李这样的烦恼，许多家长都遇到过。每个孩子不同，他们的性格爱好当然也不相同，谁又能慧眼识珠，一下子就出孩子具有哪类潜能呢？而且更多的孩子并不能过早地表现出对哪类特长有浓厚的兴趣，我们只能抱着试试看的态度去培养他们。这个不行再换一个，那个不行再换。可是家长这样帮着孩子换来换去，会使孩子养成无法坚持、"见硬就回"的坏毛病。到最后，孩子什么也没学会，什么特长也没有，还浪费了那些美好时光。若是家长一味地将选择进行到底，孩子对此特长没有兴趣，那硬着头皮继续学习也是在浪费时光，根本挖掘不出什么潜能来。家长的这种逼迫，只会使孩子压力越来越大，把孩子推向一个个未老先衰的"小大人"了。

那么，如何帮孩子选择特长，家长可以尝试下面的方法。

孩子虽然小，大都要从四岁开始选择特长班，但这个时候的孩子们也有了自己的喜好。我们不妨耐着性子陪孩子去每个特长班看看，让孩子简单了解一下这些特长班到底是学什么的。这是让孩子选择特长班的第一步——感知，通过简单感知让他们选择出自己喜欢的特长班。

如果孩子的选择太多，他们也无法判断，那就要进行第二步——简单体验。每个特长班都有几天的试学课程，家长可以陪孩子在模棱两可的特长选项中去简单体验一下，其实仅一堂课就能看出孩子是否感兴趣了，然后再作选择。

而在进行第二步的操作后，孩子对特长班的选择就更少了，下面家长就要以成人的角度考虑周全，以家庭条件和孩子自身的条件及素质来决定到底学哪个特长班。比如说，我在女儿选择电子琴还是钢琴上就考虑了很多。首先，学习钢琴家中一定要备有钢琴，我们当时没有这个经济条件，所以不适宜选择钢琴。另外，我只想让孩子能够弹奏出曲目，并不打算让孩子在这方面有所造诣，而电子琴在日后的表演中更为方便和灵活，所以我帮孩子选择了电子琴。

经过这三步的操作，我想你的孩子选择什么样的特长班心里应该有个数了。

总之,告诉各位家长的原则就是:宁缺毋滥!否则浪费的是金钱和你的希望,而对孩子来说,错失的却是再也找不回来的时间。

确定好了学什么,家长这个时候仍旧不能放松,不是把孩子放到特长班你就对其听之任之了。不论是孩子还是大人,在学习某项专业时都要经历从热情高涨到激情退去的过程,而更多的时候我们把它叫作瓶颈期。

孩子学习某项特长后,他们首先会把全部的热情投入进去,可是在学习进入更深一步的层次时,他们会因一时无法接受和重复的枯燥而退却,甚至有弃学的想法。这个时期的孩子不是他们学够了,而是到了这么个阶段。这个时候,家长的作用就是鼓励和鞭策孩子们坚持住,告诉他们只有勇于攀登高峰才能成就美好未来。

如何鼓励孩子也是个学问。家长首先要理解这个时期的孩子,他们的心理反应是正常的行为。家长更不能因此而粗言相对,而是要以极大的耐心帮助孩子度过这段时期,给他们增加信心,用各种有效的方法提高他们的兴趣。

只要家长和孩子坚持挺过这段时期,孩子一般都会对所学习的特长重新燃起火一样的热情,当孩子对这门特长的学习成为一种习惯的时候,家长也无须再用太多的精力去督促孩子们了。

3. 孩子不爱上学是谁之过

曾经听到一个小学六年级的孩子老气横秋地说:"活着真累!我看不到希望,整天就是混日子。"听到孩子们说出这样的话,成人们会感叹现在的孩子真是早熟,已经看透了生活的无奈。可实际上,正处在学习和玩乐最好年纪的他们,何以能发出这样的感慨呢?他们没有工作的烦恼,也不用为吃喝用发愁,按理说他们根本不可能会有这样的感慨。

其实,六年级的孩子能说出这样的话,并不是他们为赋新词强说愁,而是成人们的确让孩子感觉到了活着的艰辛。这种艰辛不是生活上的劳累,而是精神上的压迫。这使得一些孩子说出的话像没有活力的老人一样无奈和颓废。

我是20世纪70年代末出生,上学那阵还真没感觉到有什么压力。父母整天忙着挣钱养活孩子,没时间总盯着孩子的学习情况,我们作业留得也不多,放了学吃过饭就跑出去疯玩,一直到晚上七八点钟,天已经黑了才回到家。那时候父母也不会惦记孩子晚回来会出危险,不像现在,十来岁的孩子父母还不放心他自己出去玩。上初中时,我们仍然没有感觉到学习累,下了课还像小孩子一样在大操场跑着玩。

再看看现在的学生,下课时能在操场上跑着玩的只有低年级的学生,稍大一些的孩子就整天坐在座位上发呆,如果学校没有课间操,他也不去厕所的话,孩子可以坐一上午不换位置。而现在的学校为了安全问题,班主任也深知学生安全责任重大,有很多班主任甚至不允许学生下课出去运动,只让他们在座位上待着。所以导致现在的学生越来越懒惰,业余生活越来越贫乏,每天除了上课就是上课,一点生活的乐趣也没有。

还有,家长和老师看不到他们生活的无聊,每天重复的话就是:好好学习,天天向上!从幼儿园念叨到大学。我们也都是从那时候过来的,当时的烦、厌,真是无处申述啊！但幸好我们那时候的兴趣班少，家长对我们的学习管得也不那么紧，还有喘息的时间，哪像现在的孩子连下课出去玩的权利都被剥夺了，还美其名曰是为了孩子们的安全着想，真不知道这种得与失是否值得。

一家只有一个孩子，全家人的希望都寄托在这一个孩子身上。就像孩子站在高高的舞台上，台下是家庭成员们热切期盼的眼神，就是这种"备受瞩目"的压力也让孩子们受不了啊！他们担心自己考不出好成绩，而越是担心的事越容易发生，考出坏成绩后，他们心里也很难受，但是家长们除了成绩，其他事都可以惯着孩子，又让孩子们表现出对坏成绩无所谓的假象。看上去他们对学习成绩好坏放任自流，实际上他们比谁都希望自己的成绩能让父母高兴。而成绩好坏与很多方面有关，孩子们努力了却并不能达到满意的效果。更多的孩子是不良学习习惯已经养成，使得他们已没有能力去改变成绩。他们只能用颓废和无奈来表达自己的感情。

你可以设身处地地想一想，孩子们对学习失去了兴趣，却还要被家长寄予厚望，还要整天坐在硬板凳上听讲，还要一次次拿着低低的分数让家长签字……这些事情都加在孩子身上，才让他们说出活着没劲的话呀！越来越多的孩子开始厌学、逃学、辍学，他们把学校比喻成人间地狱，厌恶至极，就连那些学习好的孩子也这样认为。但是，学校是孩子们接受文化知识的最佳场所，每个家长都不希望孩子对学习产生抵触心理。所以，家长们可以建议学校或是班主任，不要总是重视学生的成绩，多开展丰富多彩的课外活动，学校中的音、体、美等课程要重视起来，充分利用这些课程使孩子们体会到多彩的生活。班主任担心学生的安全，那家长可以协助班主任去野外活动，让孩子们在一起感受野外生活比单个家庭的郊游要有趣得多呢！

另外一点更为重要的就是家长要彻底改变观念。我女儿的班主任曾经引以为荣地向同学们介绍说："班长小青同学的学习之所以这么好，是她回到家根本没

有玩的时候,她妈妈每天都给她卷子做。"

女儿回家向我重复了老师的话,我立刻反驳说:"你们现在不玩,什么时候去玩?像妈妈这么大了,还能去坐滑梯吗?想去玩也支持不住我们的重量啊。"其实就是这个道理,有些事只能在那个时间段去做,过了那个时间一切都是枉然。

你让孩子的生活里只有学习,就像老板让你成天工作一样,兴趣越来越少,效率也越来越低。对待孩子的学习,特别是小学阶段,你当然不可能不管不问,就是你急得满嘴起泡,那你也要忍着,让孩子看上去还是风平浪静,你要让孩子看到你对他的信心,并且你还要帮助孩子找到学习的症结。只要家庭从小就给孩子营造一个学习的氛围,那即使你不给孩子压力,孩子对学习有所松懈后,他自己也会给自己压力。而这种学习氛围,是需要家长起到表率作用的。如果家长一边上网打反恐游戏,一边指着孩子说:"看什么看,快去写作业。"那这种情况就不可能打造出一个好的学习环境。这在前边的榜样法则中有过介绍。

如果孩子已经开始厌学,那家长就要让孩子重新在学习方面拾起自信,让孩子们在学习中找到乐趣,他们才有兴趣继续挖掘乐趣。著名教育家魏书生老师很有方法,他对那些厌学孩子的办法就是让他们做想做的事。有的孩子喜欢看大书,魏老师说:"你可以看,但是看完后要给同学们讲一段。"这项任务太简单了,孩子在向大家讲故事时得到表扬,他获得了认可,自信心一点一点被唤醒。接着,魏老师又向他提出要求:"你讲了这么多故事,我现在要求你写一个故事。"孩子想想也是,便开始动笔去写。而不管孩子写得怎样,他们能够从不写作文到能写作文这就是一个质的飞跃。

其实,教育是一个环环相扣的大工程,其中哪一个环节出了问题,都能在孩子身上体现出来。我们家长读教育类的书籍,看到的是理论,更多的还是需要家长们认真体会和反思,想想自己孩子的问题出现在哪里,再根据孩子的特点改变教育方式,这样才能转变孩子的教育现状。

4. 轻松面对孩子间的竞争压力

物竞天择,竞争对于人来说无处不在。孩子阶段有学习竞争,长大以后面对的是工作竞争、能力竞争……在如今人才济济、竞争异常激烈的年代,家长们都意识到要让孩子从小就学会勇敢面对人生中的竞争,培养孩子参与各种竞争的能力。正如大庆铁人王进喜的话:"井无压力不出油,人无压力轻飘飘。"

有天中午,还没到下班时间,同事小梅匆匆收拾好东西,准备向主任请假回家。我随口问她:"这么早回家有事吗?"

小梅兴奋地说:"下午,儿子要参加全市举行的数学竞赛,我得给他准备一顿大餐,让他吃得饱饱的去迎接比赛。"

我提醒小梅:"你对竞赛这么紧张,孩子会感觉到压力的。"

小梅却说:"对,我就是要给他压力,没有压力就没有动力。我对竞赛这么重视,儿子也不会掉以轻心了。不跟你说了,我得抓紧买菜了。"

一个星期后,小梅儿子的数学竞赛成绩发下来了,小梅无奈地说:"唉!儿子这次考得不理想。他们老师都说,孩子平时不错,一考试就糊涂。像这次竞赛试卷中,有些题都是儿子原来会做的,结果却又做错了。你们说我儿子'晕考'这毛病怎么能改掉呢?"

我说:"改掉毛病非常简单,只要在他考试前,你别给他做大餐。"

小梅不理解地看着我,我笑笑说:"有压力就会有动力,可是孩子的心理压力过重就成了负担。"

不论是孩子还是成年人，一旦压力超过了他心理承受的负荷，就会让他们会感觉到崩溃，产生心理疾病。就像小梅的儿子，每次考试前妈妈都会给他施压，儿子因此对考试越来越紧张，而越是紧张，心态越不平和，考试时脑袋里只想着要考出好成绩，面对题目却是一阵阵发蒙。而类似小梅儿子"晕考"的孩子并不在少数，这样的考试不是考他们的知识水平，而是在考他们的心理素质。

孩子在学习阶段，他的考试成绩、比赛成绩已经成为衡量孩子是否能成才的标准，在这种情形下，家长为了孩子的前途，都希望孩子的成绩脱颖而出。为了这个愿望，许多家长想尽办法努力、再努力。不让孩子做家务，不让孩子为其他事而烦恼，只要孩子们能给家长拿回好成绩，家长就表扬孩子，反之就是批评。

正是家长这种做法给孩子带来了沉重的压力。就算是尖子生，他们也有遇到困难无法解决的时候，而家长却人为地为孩子们输送令他们无法呼吸的压力，这样非但不利于学习，还可能对孩子的成长带来伤害。

曾获得过诺贝尔物理奖的杨振宁之父杨武之是名数学教授，虽然小时候的杨振宁学习成绩非常优秀，尤其在数学方面的成绩更加突出。但作为父亲的杨武之却没施加压力强迫儿子学数学，而是理智地创造条件让儿子博览群书，全面发展。

为此，杨振宁曾给处在教育矛盾中的父母说："让你的孩子像正常孩子那样成长……不要过于急迫给他施加压力学数学或其他科学。因为人生是多方面的，我认为最重要的是在这个年龄要让他在心理上、学习上平衡发展……"可见，在孩子的成长道路中，家长首先要轻松面对孩子间的竞争，不要给孩子制造紧张空气，更不要人为地给孩子施加竞争压力。

1. 家长不要在孩子面前谈来自生活、工作、人际交往等方面的压力

我的一个朋友前段时间被学校选送去省里参加讲课大赛，讲完课回来，她紧绷的神经放松下来，她病倒了。我去看望她，和她聊了很多有关工作压力的话题，表现出成人的无奈。

没想到我们的谈话被朋友的儿子听到了，他慢慢走过来，满面愁容地说："阿姨，工作真的那么辛苦吗？我看到妈妈这样子，我真有点恐惧将来的工作了。"

我听了孩子的话，突然意识到我们做错了，不该把工作的压力和无奈在孩子面前倾诉。我急忙说："工作有压力，也有乐趣啊！你妈妈桃李满天下，她辛苦也值得了。"但是孩子还是叹着气地走了。

因为压力具有传导性，把压力传给孩子，会增加孩子的焦虑、担忧和不安。所以，在孩子面前，我们还是尽量聊一些轻松的事，让孩子有对生活的积极和热情。

2. 真实面对孩子的能力，切莫拔苗助长施加压力

童年生活是天真烂漫的，有很多家长太过于看重孩子成绩。为此，家长给孩子报满了辅导班、特长班，如奥数、珠算等，占据了孩子所有的玩乐时间。所有孩子都在进行这样的训练，那孩子就被置于竞争激烈的比赛中。来自学校内部的竞争压力以及家长们的自我加压，使得越来越多的孩子不堪重负，备感无奈。

在我校曾有个学习特别好的学生，在一篇作文中写道："老师，请不要用信任的眼睛看着我，班级的荣誉不能只靠我一个人的力量；爸爸、妈妈，请不要用期待的眼睛看着我，面对无休止的比赛我也很厌倦……"

这篇作文是校长在教工大会上为我们读的，校长最后说："我们学校举行各种比赛的目的，是为了锻炼孩子如何正确面对竞争，不是单纯地为了考核教师的业务素质。有些老师为了自己的个人利益，向孩子施加比赛压力，这样的做法是不是太自私了？"校长的一席话，让有些老师无地自容。

孩子们在不同的成长阶段有着不同的身心发展规律，尊重孩子就是让孩子自由地、轻松地成长，而非一定要背着重重的压力艰难前行。家长和老师对孩子们层层加压，只会适得其反，使孩子出现许多心理障碍，剥夺了他们快乐的童年。

5. 分数不是检验孩子的唯一标准

看到这个题目，我猜很多家长都会嗤之以鼻地想：又要批判考试的分数了，那你家孩子门门功课考零分，看你上不上火？我的回答是：如果我孩子这样，我肯定着急又上火。

分、分、分，孩子和家长的命根！孩子的各类考试，工作中的笔试，分数的确是决定他们未来走向的重要标准，这是国家教育体制决定的，是我们不可能改变的事实。虽然多年以来，国家对教育也在进行改革和完善，但是以分决定胜败的方式仍旧无法得到彻底消除。因此，我们不能一味地逃避分数在孩子人生当中的重大意义。但是，我在这里要说的不是批判以分数来决定孩子的人生是否有意义，我要提醒家长的是：分数固然重要，但分数不是检验孩子的唯一标准。

家里有刚刚入学的孩子，你会发现孩子因为不适应老师讲课方式，或是不适应用答卷的方式来回答问题，往往无法得到高分。但孩子得不到高分并不能说明他没有掌握这个问题，如果换一种提问方式他也许就能答对。

那么，这种情况下，你就不能以分来判断孩子是否聪明或是近段时间学得好还是不好。低年级孩子考试分数忽高忽低，排名忽上忽下是一件非常正常的事，家长不能只注重孩子试卷上的鲜红分数，看到高分就奖励，看到低分就批评。这种简单对待分数的方法只能使孩子对考试越来越抵触，进而对学习失去了兴趣。同时，家长只注重那一纸试卷，从来不关心孩子努力的过程，也会让孩子重结果轻过程,这样急功近利的想法会给孩子们的成长之路带来障碍。

因此,我们要让孩子在一生的记忆中,有个美好的童年,那么家长一定不要在孩子分数上斤斤计较。

那么,家长首先要做到面对孩子的低分,不生气、不瞪眼,保持平淡和冷静,家长要和孩子一起分析做错题的原因。家长要耐心让孩子说出他解题的思路过程,只有了解孩子错误的思考方式是什么,家长才能对症下药,帮孩子解决问题。

在这个问题上我很有发言权,因为我就是这样陪女儿走过来的。我的女儿刚入学时,我觉得一年级上学期的内容在幼儿园都学了不少,对她应该没什么问题。可是第一次考试女儿的数学只得75分。

说实在的,看到分数,我心里咯噔一下:一年级的数学她就打了七十来分,那以后可怎么学数学啊!我再仔细看她做错的题,都是些非常简单的内容,她怎么就弄不明白呢?那一次,我特别生气,觉得女儿太不争气了,对她进行了严厉的训斥。我承认,那一次我是做错了。因为在以后的学习中,她要进行考试前都会很小心地问我:"妈妈,如果我打分少了,你会不会打我?"

我意识到问题的严重性,她已经对自己没有信心了。我只得耐心地一遍一遍地告诉她:"不会的,不会的。"然后,我对女儿进行了强化训练,第二次测验她得了95分。这一次的题目其实很简单,但是我为挽回女儿的自信,很高兴地表扬了她。让她再次露出自信的笑。

以后的考试,女儿有时分数高,有时分数低。虽然我没有再对她进行训斥,但是她忽高忽低的分数只能说明她学得不够扎实。我暗中帮她寻找原因,我尽量用她能听懂的方法去解释,可是她遇到稍微再变动的题目就又不会做了。

有一次,我很奇怪地问女儿:"你到底是怎样想的呢?为什么会得到这个答案?"女儿说出了她的想法,我知道后立时纠正了她的想法,她恍然大悟地

说:"原来是这么回事啊!"

看着她豁然开朗的高兴劲,我也为自己找到她的症结而高兴。以后,我常常会问女儿同样的话:"你是怎么想的呢?"然后再纠正她的思路,这样的方法使得女儿的思考能力进步很快。现在已读二年级的她,数学分数一直保持在九十多分的阶段。

我觉得,对待孩子的学习我们也要进行平等的沟通。家长不要总是如老师一样只讲问题,我们也要听听孩子们是怎样想的。只有在某个问题上,有效的沟通,才能真正解决问题。

所以说,家长不能只注重分数是多少,而要看看孩子学习的过程,分数的数值只能从侧面反映出孩子在某个问题上的理解和表达能力的高低,并不代表孩子的全部甚至是未来。而只关心结果,不关注过程,这也是现代社会功利心理、急躁心理的表现。

我们低年级孩子的家长,除了做到耐心了解和正确引导孩子思考问题思路外,更重要的是帮助和约束孩子养成一个良好的学习习惯。

三年前,我教过的一个高中生叫小齐。这男孩懂礼貌,性格开朗,也很聪明,就是学习习惯不好,上课无法集中精力,爱搞小动作,和别人说话。但是他很聪明,他在小学、初中、高一都能够顺利通过各种学业考试。可是到了高二,他的学习习惯严重地影响了他的进步,他发现再用边玩边学的方法根本不可能取得好成绩,于是他选择了重读高一。但是,养成习惯很容易,想改却很难。小齐读到高二时,又遇到了同样的难题,这一次他选择了退学。

临走时,小齐来跟我告别,说是要到邻市去打工。我问他就不能再坚持一下。他摇摇头苦笑说:"老师,我都习惯了改不过来了。初三考试时我只复习了一个月就考上了高中,可是高中的内容太多了,我无能为力。"

我叹了口气说:"可是你很聪明,真是可惜了。"

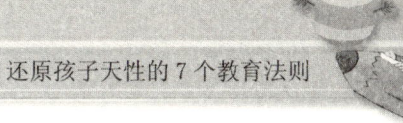

小齐说:"就是这聪明害了我啊!我也觉得自己聪明,课本上的内容自己看看就会,长期以来都是边玩边学,做题不认真,写字丢三落四,这些不良的学习习惯可害苦了我呀!"

看了小齐的例子,家长应该知道我们如何指导孩子学习,监督和帮助他们的是什么了吧!就是正确的解题思路和良好的学习习惯。家长只用分数来评价孩子成长中的表现,是家长给孩子最大的压抑,让成绩差的孩子觉得自己学习不好就一无是处,这辈子也没什么作为,对生活和人生都自暴自弃了,只看重分数给孩子带来的影响是非常恶劣的,我建议家长们改变错误的做法吧!

6. 世上没有绝对的差生

  暂时的成绩不能代表孩子智力的全部和未来，那么家长和老师更不能因为孩子的学习成绩差就给孩子扣上"差生"的帽子。而古今中外一些所谓的"差生"，最终成为发明家、企业家的，我相信大家也是耳熟能详。"差生"这个词现已被各大院校严令禁止，但是这种形式上的禁止，并不能真正让老师或是家长改变对成绩不好学生的看法。他们嘴上不说，可是心里仍旧把学生划分为优等生和差等生，他们还是会用不同的方式对待这两种学生。

  很难想象，一个孩子被父母呵斥为无可救药的差生，并常常接受父母的恶言恶语，他的心里会是多么无助和悲哀呀！这样的孩子在学校得不到老师的喜爱，在家里得不到爸妈的喜欢，在学习上也找不到自信和乐趣，他的天空一片灰暗，他能在这个环境里坚持着长大，心理得承受多么大的压力呀！而更有多少孩子因为无法释放压力，走上了极端。整天泡在网吧里上网打游戏，用各种方式寻找刺激，甚至吸毒犯法……新闻报道经常出现孩子怒杀老师，暴杀亲生父母的案件，而且有些孩子被警察抓后，在监狱里仍旧没有一丝悔意，还愤恨地说："我就是恨他们，我就是要杀了他们。"

  看到这样的事件，我们都为家长生下这样的冷血孩子感到气愤，可是有没有人反向思考一下，孩子和父母、老师之间又是有多么大的仇恨，让孩子举起明晃晃的凶器呢？

  不论是父母还是老师，你们就因为有了个成绩差的孩子，或是班级里有成绩差的学生而看不起他们，用世界上最狠毒的话诅咒他们，这么做才应该叫冷血呢！

孩子毕竟还是孩子，不论是小学生还是高中生，他们做错事一样会表现出害怕和担忧，同样希望自己能做一个人人都喜欢的好孩子，好学生。可是，他们被成年人扣上了差生的帽子，他们只能用"无所谓"来为自己撑起自尊。

可是，他们为什么成绩会差？他们为什么容易被成年人扣上"差生"的帽子呢？这要从成年人定义差生的标准说起，所谓的差生就是学习习惯不好，学习成绩特差的孩子。

在前文"分数不是检验孩子的唯一标准"中，我已经解释了孩子不能考取高分的原因是什么，那么在这里我不再赘述。但有些孩子，不论老师和家长怎么耐心讲解，成绩就是不能提高，那只能说明孩子在考试的书面表达上没有优势或者说是在这方面表现得要差一些。可是这也不能就对孩子的一切作全面的否定，孩子对考试的形式没有优势，孩子却有可能在语言表达上有优势。

我同事家的孩子就是这样一个例子。她家孩子是女儿，现在是小学六年级的学生。长期以来数学成绩处在中等，最头疼的就是语文当中的作文。同事愁眉苦脸地说："一个作文题目让我女儿讲，她可以夸夸其谈地说出个长篇小说，可是她一下笔就不知道从哪写起，该写什么。"同事也将女儿送到作文班去学习，可是进步并不大。这个女孩就是书面表达能力要比语言表达能力差得多，但你不能只凭着她作文分数低而认为女孩不聪明，是差生。

其实，世上没有差生，只有差异。

正如美国哈佛大学教授加德纳创立的多元智能理论中解释说：人类的智能是多元的，这些智能包括语言智能、数理逻辑智能、音乐智能、空间智能、肢体运动智能、人际智能、内省智能及自然观察智能。

加德纳认为，每一个人因身体结构不一样，生理功能不一样，所接受的教

育不一样，形成的智能结构就会不一样。这种不一样不仅不会给人的生活带来麻烦，恰恰是这些不一样，使每个人都能过着独特的生活，拥有不同的人生，使人类社会充满了可贵的多样性。孩子之间的不一样，我们不必过于担心，也不必想办法让他们变得一样，而应该去尊重，去挖掘，去发展。

脑科学的研究发现，一个人的智力潜能是很大的，生活环境和教育会塑造我们的大脑和智力。特别是在低幼儿时期，通过丰富的刺激能够塑造一个具有多元智能的大脑。因此，家长应该给孩子提供更多的自由空间，并且给孩子以丰富的生活，孩子的智能空间发展就会更大。关于如何挖掘孩子的优势，我建议家长要注意三点：

1. 努力了解孩子的独特性在哪里。通过观察了解孩子的优势所在，留意孩子的表现，你就能发现孩子和别人不一样的地方，从而了解孩子的优势所在。如孩子语言智能强，他的口语表达能力就强，对语言的理解快；而孩子的空间智能好，则喜欢堆积木或是画画；人际智能强的孩子，天生是领导者，善于和人打交道；而节奏感强的孩子，喜欢唱歌跳舞。

2. 尊重和珍惜孩子的独特性。家长千万不要因不喜欢孩子的这种特性，就非要改变孩子这种独特性。孩子喜欢乐器，家长偏要让孩子去跳舞，这不是南辕北辙吗！

3. 鼓励孩子的优势，尽量为孩子创造可以发展优势的空间，让孩子做自己最擅长的事，也是一种快乐呀！

7. 我们的嘴中也有巴掌

有句话叫："打人不打脸，说人不揭短。"为人处世是需要注意很多禁忌的，特别是说话，稍不留意，嘴巴也能伤人于无形之中。

有一对夫妻，男的老实木讷，女的泼辣刻薄。女的经常为男的挣不来钱而打骂，砸东西。男的从来不反抗，只是用沉默对待。女的脾气越来越大，有时在外人面前也不给男人面子。

有一次，男人在朋友家多喝了几杯酒，女的就找上门来把朋友家的饭桌掀了，还当着朋友的面指着男人骂他是孬种，就知道喝酒，这样的人不如死了算了。女人撒泼后就气哼哼地独自回家了，男人帮朋友收拾完砸碎的碗筷，说了句对不起就离开了。男人没有回家，而是纵身跳进了河里，他用死对女人进行反抗。

女人后悔不已，抱着男人尸体哇哇痛哭，可是，说出去的话如泼出去的水，男人就这么悲伤地走了，留给女人一生的痛苦。

一个大男人都无法承受语言的伤害，那何况一个孩子呢？而孩子因为父母的话而选择死亡的极端事例也屡见不鲜哪！

我不知道家长们是否听说过"语言暴力"。语言暴力就是使用谩骂、诋毁、蔑视、嘲笑等侮辱歧视性的语言，致使他人的精神上和心理上遭到侵犯和损害，属精神伤害的范畴。而低龄语言暴力，就是限定了施暴者或受暴者是青少年。很多情况下，语言暴力源自不平等的相互关系，受害者通常缺乏自卫的力量，未成年人遭受的语言暴力就属于这一类。成年人用嘴里的"刀子"剥夺孩子们的快乐，让他们用沉闷或是以暴制暴来反抗，是家长们用"刀子"逼迫出了一个个"小大人"。

HOW TO HANDLE THE LITTLE ADULTS

可千万别以为孩子小没有什么面子问题，他们同样有一颗容易受伤的自尊心。我曾经陪孩子去一家舞蹈班试学，那里大都是五六岁的小孩子，舞蹈老师对孩子们的基本功要求很严格，有几个孩子在压腿和翻跟头时摔倒而掉眼泪，舞蹈老师也不去安慰，只是冷冷地说："吃不了这个苦，就别来学跳舞。"

我想老师对孩子严格要求是对的，可是在孩子们练习舞蹈的时候，舞蹈老师因为几个孩子做不到位，或是不听指挥就很大声地骂："你是不是把脑袋忘在家里了？你没带脑袋思考吗？这个动作是绷脚，绷脚！"过一会儿，舞蹈老师又提着棍子把另一个孩子拉到一边说："你站一边好好看看，如果看不会就不让你参加表演。你都学了三年舞蹈了，还能犯这样的错吗？"老师的痛骂惹来其他孩子的嘲笑，我看到被骂的孩子脸红红的，紧张地盯着老师，眼睛里流露出恐惧。

看了这一堂课，我没有把女儿留在这个舞蹈班。因为，我不希望我的女儿在学习舞蹈的过程中，还要忍受这样魔鬼般的老师。老师说话伤人让孩子和家长都接受不了，而有些家长觉得孩子是自己的，用语言伤起孩子来更是觉得再平常不过。

开家长会，老师分别给家长们发下刚刚做完的数学练习册，被发下练习册的孩子都是出现问题的。在众多家长面前，领到练习册的家长觉得很没面子。我女儿的后桌家长是某幼儿园的老师，她一定对儿子进行过有关数学指导，当她打开练习册后，"啪"就给了儿子一嘴巴说："这题我都讲过多少次了，你怎样才能记住呢？真是世界上第一号大傻蛋！"儿子被打得一句话也没说，教室里短暂的安静更让儿子无地自容。不过，幸好她儿子还算"久经沙场"，这么伤自尊的事没有影响到他的情绪，过了一会儿，他就像忘记了那一巴掌的事，又恢复了轻松的表情。

可是我觉得，像这位妈妈如果经常这样不顾及孩子的心理，儿子对妈妈的教训持不以为然的态度，那以后不就成为我们经常说的"脸皮厚"的人了吗？不论别人怎么批评指正他，他仍旧我行我素，无法听取意见，当然也无法进步呀！

所以说，成年人对孩子施加的语言暴力，要么使孩子更加自卑，要么使孩子更加自我。这样的教育方式使得家长和孩子无法进行顺利沟通，孩子们在父母这里找不到爱和温暖。

其实，哪有家长不盼自己孩子好的，家长对孩子刻薄的话绝大多数是恨铁不成钢的气话。可是，很多家长认识不到"语言暴力"对孩子的伤害，觉得自己一时解了气，却在无形之中做了错事，如果这种错得到了无法挽回的结果，那么世上是没有后悔药可寻的。

而家长恨铁不成钢，用最伤人的话刺激孩子，目的无非是想让孩子有悔改之意，日后更加努力进步。可是，想用语言刺激孩子进步可不是用伤人的话，而是鼓励的话。就像一位名人说过："鼓励和挖苦都可以激励别人成功，前者留下了感激后者留下了仇恨。"

鼓励孩子不光是用语言说出："你真棒！你是妈妈的骄傲"之类的话，还可以用身体语言来表达。如摸摸小脑袋，用你温暖的大手摸摸孩子的小脑袋，这是带点溺爱意味的行为。通常这种单纯的肢体行动会伴随着语言一起出现，爸爸可以抚摸着孩子的脑袋说："好，做得好！"当孩子情绪沮丧的时候，摸摸他的头还带有一种"无声胜有声"的安慰意义，孩子肯定能真切地感受到。

还有就是鼓掌，掌声是有力量的肢体语言，当孩子表现良好的时候，适时地给予掌声并配合称赞的话语，比如"进步真快呀！""做得太棒了！"等等，这样对孩子的激励会更大，孩子能感觉到更多的认同和成就感。同时还可以教导孩子，要懂得适时地去鼓励别人。

最后就是微笑鼓励。和孩子亲密接触的时候，单是甜蜜的微笑就能让孩子感到快乐。当孩子早晨睁开眼睛时，当孩子背着书包走向教室时……爸爸妈妈记得要用"微笑"鼓励他，肯定他；当孩子跑赛时摔倒后又站起来时，家长还是要用微笑告诉孩子，我们支持你。微笑会给孩子无穷的力量。

8. 孩子也有发言权

美国前总统尼克松曾经指出中国家庭教育存在的弊端："中国的教育制度从小把他们训练得十分驯服，从小灌输要听大人话的思想，不允许有独立见解，更不允许像爱因斯坦自称的'离经叛道'，这种教育方式只能培养出守业型人才，但却失去了中国的达尔文和爱因斯坦。"的确如此，我们确实得向美国人学习家庭成员之间民主平等的关系。美国的父母尊重孩子的人格和主权，把孩子当作一个独立的、平等的家庭成员相待，崇尚与孩子建立民主平等的关系。

民主关系的家庭主要表现为：孩子在家里有发言权、参与权。美国父母鼓励孩子保留意见，固执，不听话，允许孩子不听话主要是指思维上的不听话；美国孩子有选择权。美国父母在孩子的认知能力有了初步的发展时，就很重视让孩子自己去进行选择，作出决定，他们可以选择游戏、图书，长大了自己选择朋友、职业、婚姻对象等。美国父母不会代替孩子选择，父母主要是引导孩子怎样进行选择，或者站在孩子的身后，给孩子信心，鼓励孩子；美国父母是孩子的朋友，他们之间可以平等交流。

而我国的大多数家庭中，家长并没有意识到家庭民主平等的重要性，从来没有在意过孩子的感受，只是觉得家长是实施者，孩子就是被动接受。孩子没有任何提出意见的机会，只能在父母的安排下，不停地学习，参加各种补习班，而有可能这些都不是他们喜欢的。比如说有个孩子问爸爸，怎样才能练好篮球。爸爸却严厉地说："学那有什么用？你长大又不去打NBA，你学习的内容就是文化知识。"

　　这位爸爸完全剥夺了孩子的喜好，并且凭他一个人的想法，规划出了孩子的未来。而且这种压抑只能让孩子越来越沉默，老老实实地听父母的话，做个乖孩子，看上去是父母教育有方，可事实却是孩子没有个性，没有创意，是个办事不果断、没有能力的人，将来也承担不了什么重任。

　　前面提到过的教育家魏书生写过一篇文章《商量、商量，再商量》，文中提出家长与孩子常在一起商量对孩子的确是十分必要的。一家人在一起商量，大人和孩子把各自的观点表达出来，家长把自己的想法耐心地告诉孩子，让孩子思考判断，进行取舍。家长还要耐心地听取孩子的意见，孩子的想法正确，家长就要支持孩子。注意的是，商量不是父母发号施令，是平等对话，相互了解。压抑孩子的发言权，势必会压抑孩子的个性成长，他们在家庭中都无权说话，对自己的事也无权选择，导致他们不相信自己，在自己的人生中也做不出什么果断的大事来。

　　让孩子主动说出想法，你可以故意制造些情境。举个简单的例子——早餐的选择。你问孩子："你想吃炒鸡蛋还是煮鸡蛋？""你想吃面条还是米饭？"这样的问题传达给孩子一个信息：他要根据自己的喜好作出选择，他要对自己的事务负一定的责任。孩子从父母的态度上获得清晰的信息，我们给你提供了很多选项，选择是你自己的责任。

　　又比如说在买玩具上，既然你答应让孩子随便挑，那你就不要发表任何意见。孩子挑了个玩具，在买之前你要问："这个玩具买过后是不能退的，你既然选择了就不要后悔。"这样孩子会对自己的选择负责任。

　　另外，除生活中纯粹的大人之间的事没有必要让孩子知道，家庭中有很多事完全应该让孩子也参与讨论的，别以为孩子小，什么也不懂，有时候他们同样可以给大人提出意见。

同事的一位朋友——王女士,她家要买楼盘,可她对凯悦和阳光城两个楼盘都比较满意,不知道如何选择。她回家问老公,老公听了王女士的分析也觉得都不错,他们两个还在继续审时度势时,正在写作业的儿子走过来说:"妈,别买阳光城,我同意买凯悦。"

老公正在深思,随口说了句:"小孩子懂什么,快去写作业,大人的事不用你操心。"

儿子撇撇嘴继续说:"阳光城地处闹市区,我同学的舅舅在阳光城买下一个大面积,说是要开一间大的KTV练歌厅。那样的环境太吵了,不适合我们家。"

王女士一听忙问:"是真的吗?"儿子点点头说是。第二天,王女士又去阳光城物业打听,确实有一家正在装修KTV。当天,王女士就在凯悦定下了楼盘。回到家后,她对正在看报的老公说:"看来,我们以后有什么事还真得和儿子商量商量。"

孩子看问题常有与成人不一样的视角,也常有成人想不到的新奇发现和想法。有些事征求一下孩子的意见,这不仅对我们成人有益,对孩子的个性成长也是非常有好处的。

最后,我不得不提醒家长们,在我们的教育中还有另外一种现象,就是孩子的发言权太有"威力"了,家长的娇惯和纵容,使得孩子们的发言权超越了属于他的范畴。孩子说什么就是什么,孩子向家长下达的命令,晚一分钟都不可以。我们说家庭教育的平等,是父母和孩子关系的平等,不是让孩子敢于发言了,父母却成了懦弱的接受者。所以说,任何教育手段都有两个极端,父母们要掌握好这些手段的平衡点,才不会使教育走向偏颇。

9. 生活再苦，也要让孩子学会快乐

这一点是说给像我的家庭一样正在向小康生活努力攀爬的家长们的。这样的普通家庭大多是房奴、车奴、卡奴……你为了家庭的生计奔波于职场中，你的钱挣得很辛苦，可是城市生活中必备的消费又让你常常捉襟见肘，你不得不在家庭开支中节约经费，而孩子的消费也是一定要经过严格计划的。

夏天到了，广场上热闹非凡，有卖玩具的，有电玩游戏机，一些商家搬来了游乐场的器材，这些好玩的大玩具吸引着小朋友们的眼球，此时的小朋友想把所有的玩具都玩一次。可是，想玩是要掏钱的。小朋友们可怜巴巴地站在玩具旁，身边的父母们冷若冰霜；小朋友用企求的眼神看着父母，父母假装没看到带着孩子到了别处。

其实，身为父母能不了解孩子的想法吗？可是那些玩具，玩一次就几十元钱，在家庭预算里几十元能买一桶金龙鱼油呀！

看到这里，你可别笑话我计算得太抠门，反正我是不舍得让孩子每晚都可以去玩那些玩具的。这就是你不得不承认的现实。而现实的困境大都相同，可家长在经济拮据情况下，对孩子的态度不同，那对孩子的影响也是不一样的。

同样还是在广场上，孩子央求着家长想玩一玩水上大转轮。家长立马火冒三丈地说："你就知道玩！咱家这个月的房贷还没交呢！我们没钱吃饭了，不玩这个又不影响你长高。"站在一旁的孩子被家长机关枪的火力说得一句话也没有了，他觉得自己真不幸，为什么自己的父母不像别人那样有钱。在他小小的年纪

里就会认为:世界上只有钱是最重要的。

像这类家长不光在大庭广众下让孩子感觉到与别人不同,在家里也常常用生活困难、没钱来刺激孩子。"你爸爸天天起早贪黑地工作容易吗?你从不体谅他,只知道要钱,花钱。""昨天才给你二十块钱,今天又要钱,你这么大了也太不懂事了。爸妈养活你容易吗?如果没有你,我们可以天天吃香的喝辣的。你将来考大学要花钱,参加工作,娶媳妇都要用钱。"

这样的话孩子听一次两次会有体恤家长的感觉,可是如果家长天天像复读机一样重复地唠叨,孩子听烦了听够了。不仅如此,这样的话还会给孩子带来逆反,反而会越来越不体谅父母的苦。而且孩子整天被父母的语言挤压着,不敢提任何要求,他们会有强烈的自卑感,在这样的家庭中他们感觉不到快乐,只能感觉到钱给家庭带来的压力,爸妈只是金钱的奴隶。孩子的人生观里就会一切向钱看,导致了人生观、价值观的扭曲。

其实,我倒是觉得家庭生活是否快乐与金钱没有任何关系。

首先要问家长一个问题,什么才能让你快乐?是舒服的豪宅?花不完的钱?高级轿车?如果是这些,那香港的李嘉诚是最快乐的人了吧!按理说他的钱肯定是应了小沈阳那句话:人死了,钱没花完。可他为什么还是在努力地工作?他和他的几个儿子同样会出现不快乐事情的新闻报道。

其实,人对于物质的奢求永远没有止境。当你没房时,你想有个自己的房子就够了;当你有了房子,你又想要是能开着车上下班就不用挤公交车了;当你有了车,你又会想要是能环游世界该多好!所以说,你不要觉得自己的生活达到了某个阶段,就一定会快乐,你的欲望永远也不可能满足,那你永远也觉得不快乐。

我觉得快乐不是你达到某一个生活阶段,快乐是全家人齐心合力向那个预定目标努力的过程。在这个过程中,全家人共同感受了酸甜苦辣,共渡生活的种种

难关，当你胜利时，那是全家人共同努力的结果。当然，这个过程中不能少了孩子，家庭生活是民主平等的，孩子也要为家庭的前进付出力量。

所以说，你切不可在家庭节约开支时把孩子当作借口，如上面父母说的话："若不是因为你，我们就……"这样的话就是直接否定了孩子是这个家庭中的一员，让孩子会有沉沉的负罪感。你要把家里的实际情况，所要面临的困难如实告诉孩子，当然这不是抱怨，这是告诉孩子要面对现实，要鼓励孩子勇于接受现实，要约束自己的开销同父母闯过难关。

而快乐，孩子会在与父母一同努力的过程中感受到。因为孩子也为家里贡献了自己的微薄之力，他能够忍受住玩具的诱惑了。这样的约束力对孩子日后能禁得住社会中的不良诱惑会有很大的作用的。

当然，孩子毕竟还是会对一些游戏有着浓厚的兴趣，因为玩乐是他们的天性。但是能让孩子在玩中得到快乐也并不是一定要用钱来买。孩子喜欢玩水上漂，那家长可以在浴缸里放上水，用旧轮胎也可以自制一个水上漂的工具呀！父母多带孩子去山上、野外，这都可以玩得快快乐乐的。但是，我还是建议家长们，有些对孩子身体有益的玩具还是可以买来的，爸爸少抽几盒烟，妈妈少用一盒化妆品的钱也就够了。为什么家长对自己可以狠下心来买，对孩子的需要却是一省再省呢？但要遵循的原则是买玩具不能浪费。

总之，你再苦也不能让孩子感觉到苦；你再累，也不能让孩子感觉不快乐。只要父母用心，任何家庭中的孩子都会愉快长大！

搞定家中"小大人" | HOW TO HANDLE THE LITTLE ADULTS

10. 不做孩子的"压迫者"

父母和孩子之间到底是一种什么关系才和谐？是朋友，是知己？

有人说父母和孩子之间不可能成为朋友。因为父母的智商和情商都决定着孩子的未来，父母也不可能像对待朋友一样去对待孩子，孩子从小到大是在父母的庇护下成长，孩子的一举一动都牵扯着父母的每一根神经，父母对孩子的要求远远要比对朋友的要求高很多。父母希望和孩子谈的更多的话题是关于学习，而如果孩子和父母如知己一样交心，说出自己的隐私，那说不准会给自己惹来什么麻烦。但是，很多家长又希望自己是孩子的朋友和知己，那样就可以了解孩子的真实想法。

我觉得有些家长要当孩子的朋友本来就目的不纯，你只是想探听孩子内心的私密事件罢了。请不要立刻否定我说的话，如果你十几岁的女儿跟你说她已经有了男友，你还会泰然处之地跟女儿对男友评头论足吗？即使你很有耐心，但是你心里一定不会像对待真正朋友一样对待女儿的。

那么，我的建议是，父母做不了孩子真正意义上的朋友，那么也请不要做一个"压迫者"。

提到"压迫者"，任何父母都有做过。孩子的一次考试没考好，父母着急又上火，下令孩子近段时间不许看电视，不许出去玩，让孩子做一张又一张的试卷。父母觉得只有让孩子在这种高压的训练手段下，才能获得好成绩。这种自以为是，觉得自己做的是正确的父母，强制孩子的人身自由，这不是"压迫者"，是什么呢？

网上有一篇题为《一个孩子受父母压迫的话》的文章被大量转载，现截取其中的一部分，来听听孩子们的心声：

说自己父母是恶魔的人，他也已经是一个恶魔了。恶魔的儿子，不是恶魔是什么？我已经疯了，是你们把我逼疯的！！！

自从初中以来，每次考试考得不好，回到家，我从来都听不到一句小小的安慰，一句小小的鼓励，每次都只是你们的骂！长期以来，我都生活在这样的环境下，每次考试我都很害怕，因为每次考得不好，得到的是你们非常难堪的话语！所以我才很害怕考试，不是普通原因，而是你们这样对我！

对他们长期以来的骂，我都习惯了，我当初是这样想的，他们工作上的不顺利发泄在我身上，我可以理解，他们对我发火，我都一直只是沉默，我一直都没有顶撞他们，作为儿子的我是这样理解他们，但是他们呢？他们有没有理解我？他们有没有想过我的感受？就这样对我发火，无端端地骂我，我都只是忍耐，但这种忍耐已经很久很久了，3年了！他们根本从来就没有理会过我的感受，就只是认为我没有好好读书，什么都只是读书读书，只是看待成绩，理会过我的心情吗？把压力全部放在我身上，我只是一个人哪！一个普普通通的人哪！一个只有16岁的心灵啊！再这样下去我会死的，我会疯掉的！！！

从几段文字中，我们看到的是大量的感叹号和问号，我猜想孩子写这些话时一定是泪流满面的，我甚至能感受到孩子当时的无奈和悲哀。一连串的问号是孩子提出的质问，这个问题让孩子是多么彷徨和无助呀！他弄不明白，父母生下他来的意义是什么？难道就是为了折磨他吗？

而如果这孩子的父母看到这封信，是感觉到委屈还是悔恨？孩子不理解家长，家长不理解孩子，到底孩子和家长之间有着怎样不可逾越的鸿沟呢？这是沟通出现了问题吗？不是的！这是家长的主观意识决定的，在他们的思想里，孩子

就是要听大人的话,家长的管理方法只有专制没有民主。

这样的专制换来的是什么呢?是孩子和家长越来越远的心,当他们有一天逃脱了父母的管制,他们将永远也不再回来了。到那个时候,家长不要怨恨孩子无情无义,想当初孩子小时候,你也曾对他们绝情寡义的呀!

不可否认,父母都是爱孩子的,也是真心希望孩子们好。但更多的家长希望孩子健康成长的方式存在着"专制思想",而且根深蒂固。在这里所谓的"专制"就是仗着自己是家长,有家长的权威,孩子必须无条件、无理由地绝对服从,习惯对孩子发号施令,指手画脚,而不是尊重、信任、商量着沟通。这是家长根本没有把孩子当成一个"平等"的人看待,在"压迫"型家长那里,孩子探索新知就是任性;孩子敢于发言就是顶嘴……家长把孩子当成操控在手中的棋子,孩子就要唯命是从。

我建议家长们从根本上改变自己的观念,在个人兴趣、学习成绩、对待孩子的弱项、家庭成员关系上,都不要再给孩子施加任何压力,不要做孩子的"压迫者"了。

11. 宽松的教育环境，孩子的心理才健康

"给孩子宽松的环境，多给他们一点自由。"这是法国家庭教育专家们从成功与失败的家教中总结出来的经验。

据法国媒体报道，法国家庭"望子成龙"的愿望与有些中国人相比并无区别，他们常常给孩子安排一系列课外课，孩子们的学习负担因此而加重。

一位叫科尔内的家长反省说："我的女儿卡尔尼刚刚5岁，她从托儿所回来后，每周还要上三次业余课：星期二学舞蹈，星期三学体操，周末学滑冰。后来我发现她累得不愿从冰场上站起来，我这才决定停了这些课，让她喘口气。"

宽松教育的优点主要体现在两个方面：

1. 有利于创新精神的培养。宽松是激发孩子创造力的重要条件，在高压下孩子的创造精神将受到压抑，只有在平和、愉悦的家庭气氛中才能激发孩子对知识的兴趣。而创造宽松的环境，必须与孩子建立民主平等的关系。

2. 有利于健康人格的培养。孩子在家有发言权，则主动性、自主意识强，胆子大，有自信心和责任心。另外，亲情关系和睦使孩子愿意把秘密告诉父母，父母也理解孩子的情感世界，这能使孩子形成良好的性格。而专制的教育方式表现为一种管束教育，压抑创造性，束缚个性发展。

那么，为孩子营造一个宽松的成长环境，父母具体该如何做呢？结合相关教育专家和个人经验，我觉得可以从以下几个方面着手：

1. 家庭成员要保持和谐愉悦的关系

家和万事兴嘛！特别是父母之间的和谐，是家庭稳定和温馨的基础，也是孩子们心理稳定和健康的保障。家庭成员之间感情不和，言行冲突，直接影响到孩子的情绪波动，会使孩子产生心理上的不良反应。父母之间关系紧张造成了不正常的家庭氛围，那么最大的受害者就是孩子。所以，在前面提出了"家庭战争要避开孩子"的观点。

2. 家人对孩子的教育应达成一致

对子女的教育保持一致性，这是建立良好的家庭教育环境的又一重要原则。所有的家长，包括父母亲、祖父母、外祖父母等，在教育孩子的问题上，有共同的目标，在方法上互相配合，协调一致，形成教育合力。家长就教育子女的话题要经常交流、探讨。在教育内容、方法、进程等具体问题上，要互相通气，取得共识，在实施教育时，使孩子感到家长在这些地方是一致的。如果有分歧，也不能在孩子面前表现出来。

3. 顺其自然，孩子的未来计划不能强求

不要将孩子硬列入某一种类型，你能给孩子的最大帮助是：站在一点，让他把内在的自我充分表现出来。对孩子只能影响和引导，不能专横和强迫。提倡宽松的家庭教育环境，鼓励孩子充分地发掘潜能，增强创造力，自主发展，形成独立的人格和个性。

4. 提供良好的学习环境

利于孩子学习的家庭氛围，是教育的软环境。潜移默化是家庭教育的最大特点，因此，真正起作用的家庭教育，是以自然而然、潜移默化的方式进行的。良好的学习环境需要家长的配合，绝不能家长一边大声地打着麻将，另一边指责孩子让其安心写作业。

家长要在家里选择一处光线最好、最僻静的地方专供孩子学习。在那里摆设书桌和高矮适当的凳子，最好再配备一个小书架。孩子是这一块领地的小主人，他可以有条理地安排自己的书籍、学习用具和心爱之物。

5. 家长以身作则，给孩子榜样的力量

家长从我做起，这是家庭环境教育所要坚持的重要原则之一。"正人必先正己"。鲁迅早就说过，父母"许多精神上体质上的缺点，也可以传之子孙"，这"便是子孙灭亡的伏线，生命的危机"，"而且久而久之，连社会都蒙受着影响"。这在本书的第三章里有详细的介绍，而这一点同样也是营造宽松学习氛围的重要环节。

6. 让孩子感觉父母是有趣的人

在家庭生活中，幽默也是最好的调和剂，合理运用幽默不仅可以化解矛盾冲突，还可以培养家庭成员的创造力，从而使每个人都保持积极乐观的心态。家里幽默常在，则笑口常开，烦恼溜之大吉，怒气烟消云散。幽默也是给孩子营造一个宽松、舒适的成长环境的有效表现方式。在这样的环境中，孩子会觉得父母是个非常有趣的人，能有效地进行亲子交流。

鱼缸中的鱼要到更宽大的海中才能跳跃。家长从这六个方面来给孩子营造一个宽松、舒适的环境，能让孩子感受到父母关怀的同时，觉得自己是家庭成员中的一分子，他会自觉负起自己的义务和责任。而且，这种宽松的氛围使孩子自信满满，乐观豁达，那么在他日后的生活中任何困难都会迎刃而解。但需要家长注意的是，宽松的教育环境中也要遵循宽而有限的原则，松而有度，度也是要以能保证孩子的健康成长为基础，并且在教育过程中要加强对孩子的引导。

不可阻挡的网络暴力、不可躲闪的电视媒体、不可避免的成人化服装，一股成人化的势力正在不可商量地侵入孩子的童年世界。孩子们满嘴是网络热语，懂得如何穿得性感，早恋的年龄更是愈来愈小。这个时候，家长们难道只能无奈地摇头吗？不！如果你改变不了世界，就只能改变自己。家长们需要用心去教孩子如何规避"成人化"，把童真还给孩子

第5章 接纳法则：无法改变环境，那就教孩子先改变自己

1. 孩子不是"展览品"，穿金戴银不合适

孩子成为"小大人"最明显的外在表现，就是孩子们穿衣打扮更加趋向于成人化。在大商场里，儿童服装区的吊带裙、皮靴、短裤……应该说每一件衣服都是成人的缩小版。

在我所教学的这个城市，大多数高中生的穿衣打扮就非常不合时宜。在他们看来，化浓妆、穿成人服装是非常正常的事。我曾经与一名高一年级的学生聊过天，我问她为什么要画这么浓的妆，她忽闪着长长的睫毛说："这样多漂亮啊！"还冲我做了个可爱的笑脸。

我看着她脚下穿的高跟鞋说："穿这样的鞋子，方便运动吗？"

她说："上体育课时，我就撒谎说腿受伤了或是每个月的那几天。体育老师也不好意思多问。嘿……"女孩自以为很聪明的样子。

班主任曾经为这女孩化妆的事找过家长，但是教育的效果并不好，女孩依然我行我素。我问女孩谁教你化妆的，女孩自豪地说："我妈妈，在我很小的时候她就给我烫头发。上初中时，我自己买的衣服，妈妈不喜欢就给我扔了，她买的衣服时尚。"我一下子明白了这孩子如此穿衣打扮的原因，看来想改变她的想法真的很难。

当然，这女孩学习不好，每天早上化妆就得弄半个小时。粘睫毛，选择喜欢颜色的隐形眼镜，抹粉……然后还要选择穿什么衣搭什么鞋；上课时，她也要随时照镜子，看看贴双眼皮的胶带还在不在，睫毛膏掉没掉……你说她哪还有心思学习呢？这样打扮的女孩走在大街上，谁能看出她是个学生呢？

而这女孩服装观念的形成原因，来自父母的言传身教。某个孩子喜欢打扮，那在这孩子的父母中肯定也有一人爱打扮。不光是高中生如此，在幼儿阶段孩子打扮的模仿表现更严重。

搞定家中"小大人" | HOW TO HANDLE THE LITTLE ADULTS

大街上小女孩穿着时尚凉鞋，吊带裙，梳着复杂的头型，够酷，够"风光"。可这些都应该是用来形容时尚潮人的，服装的成人化已经让他们进入了"成人时代"。而对这些孩子的"成人范儿"，有些家长觉得很有面子。

某位妈妈带着四岁的女儿出去玩，妈妈给女儿套上了小跟的皮靴，公主裙。看着镜中的小美女，妈妈自豪极了。妈妈带着孩子走在街上，引来行人的注目和鼓励。别看女儿小，她也能感觉到注目的眼光，她不自觉地挺胸抬头，同样感觉到这身衣服的重要性。于是，孩子选择衣服的眼光也越来越成人化了。

这种不正常的审美观点，虽然得到一些家长的鼓励，但是也有些家长很担忧。我的老师现已退休，我们坐在一起提起孩子选衣的事时，她说："我们都是过来人，孩子小的时候都渴望自己早点长大，所以在日常生活中偶尔喜欢模仿大人的举止、穿衣等。但是，这是来自孩子内在的想法，童装成人化则是一股外在的力量，无形中进一步促使孩子童稚的心理进一步早熟。我个人认为从孩子全面发展的角度来考虑，这种现象对孩子健康成长是非常不利的。"

老师的话让我也陷入深思。家长们为孩子买些成人的衣服，会让孩子被动地走进成人的世界中。5～12岁儿童是人生观、价值观、世界观等形成和塑造的关键时期，而服装过于成人化不仅与孩子们的肢体语言不相符，容易使其产生审美误区，而且还会给孩子带来心理暗示，使他们产生早熟心态。所以，从孩子全面发展的长远角度来看，童装成人化对他们的健康成长是极为不利的。

其实，儿童服装增加时尚元素虽然无可厚非，但是我们要把握好"度"，尤其是做家长的，给孩子购买服装，对孩子进行外在的装饰一定要适可而止。如今儿童早熟现象比较严重，不能不说现在的童装成人化也应该是这些外在因素的一个重要方面，是导致孩子心理及生理早熟的直接诱因。

我在多年的教授高中生实践经验中发现，高中生里不讲究穿戴的孩子学习往往都能排在前面。那么，家长在孩子小时候只顾着往孩子身上套些成人衣服，却不

考虑这样做给孩子造成的不爱学习,只爱打扮的严重后果,不把眼光放得更远一些,那家长的做法可是大错特错了。

那么为什么高中的学生们爱穿衣打扮就学习不好呢?我分析还是这些学生在校把自己的重点放错了位置。这些学生打扮的目的就是为了引起别人的注意,可是总有些学生会比他们打扮更入时,这就引起了学生之间的嫉妒。现在高中女同学间的斗争也不比男生的少呢!

而男生也是如此,在我所教授的班级中,有男生早早就做了双眼皮手术。我问他为什么,他自豪地说:"长大了我要当歌星,得提前作点准备。"可是这个男生文化知识并不好,我想他的心思放在了容貌外表上,那没有真材实料,当歌星的路可要难走一些。看电视中的男明星们,虽然一个比一个帅,可是他们一个比一个能吃苦。成名之路并不只是靠外表就能成功的呀!

说了这么多,希望家长不要让孩子迷失在成人的世界中,呼吁商家们,让儿童的服装回归到童真的本位。

而若是面对孩子周围同学的穿戴,家长首先就要有个平衡的心态。告诉孩子,服装要合体,简洁干净即可。不能让孩子觉得只有时尚另类才是漂亮服装的本质。而且家长在为孩子选择服装款式上应尽量避免紧身、时装化的服装,因为孩子正处于快速生长发育期,成人化的服装不利于孩子的运动和成长。

现在学校都统一为学生订制校服,在一定程度上约束了孩子在服装上进行攀比的心理。家长对学校的要求,一定要积极配合。不要觉得孩子穿着简朴就是给家长丢面子,孩子时代的穿衣打扮干净大方就是时尚。教育孩子不追求名牌,漂亮的衣服以后有很多机会穿的。

另外,家长要让孩子自信地保持自己简朴干净的穿衣个性,不要纵容孩子在校攀比穿衣的坏习惯,不要让孩子觉得不穿"成人化的时尚衣服"就自卑,要让孩子有正确的穿衣打扮的标准。

2. "要嫁就嫁灰太狼"引起的反思

动画片《喜羊羊与灰太狼》深受广大小朋友,甚至是大朋友的喜欢。动画片的内容诙谐有趣,每一集讲的都是羊村的小羊们与灰太狼、红太狼斗智斗勇,最终好人得胜,坏人失败的故事。

而成人在观看这部动画片时,角度不同,发现的闪光点也不同。动画片中灰太狼非常喜欢自己的老婆红太狼,它为了老婆可以上刀山,下油锅,还能忍受老婆没有原因就飞过来的铁锅。这样的老公上哪儿去找啊?于是,满大街就流行开了那首叫《要嫁就嫁灰太狼》的歌。

这首歌的流行与动画片的热播是分不开的,在被成人传唱的同时,因为内容与动画片有关,许多才上幼儿园的孩子也跟着哼哼起来:"他是他们的狼,是我温柔的郎,认真、执著、顽强,要嫁就嫁灰太狼,这样的男人是榜样……",让人听着不免有点别扭。

也许,小孩子们知道"老公"指的是谁,却无法懂得什么样的老公最好。他们只是觉得这歌有灰太狼,但是唱的是什么内容,他们无法真正理解。孩子们的简单模仿,让他们看上去好像懂得了歌中的含意,满嘴"老公、老婆"地叫着,仿佛也感受到了老公老婆的甜蜜。

不光是音像制品,有些青少年的图书也充斥着校园恋情的内容,不是你情我爱,就是灰姑娘和多金王子的故事。孩子们捧着这些理想的爱情,天天做着爱情的春秋大梦,梦想着自己也能遇到心目中的白马王子,没心思学习。这样的书刊为了吸引青少年读者群,里面甚至会出现一些关于性爱的露骨描写。

别看一些杂志表面上写着为青少年积累作文素材，实际上是在用文字毒害孩子们。这些商家为了挣钱不择手段，从来不考虑看过这些内容的孩子们思想会有什么变化。而很多家长对稍大一些孩子的读物从不过问，给了孩子钱，反正孩子买了书，家长就会很高兴地认为他们在读书。家长们却不清楚，读书是孩子的表象，实际上孩子们就像在"吸毒"一样被淫秽内容牢牢地吸引住了。

我很不清楚为什么这类青少年杂志还可以在市面上流传，它们正不着痕迹地腐蚀着我们的孩子，这些不良杂志正在一步一步教孩子走向成熟，夺走了孩子们的天真和可爱。

现在，家长们还会认为孩子正在读的书都是有益的吗？你还会放心孩子自己去选择书吗？所以，我建议家长一定要对孩子的图书阅读内容重视起来，帮孩子去选择对他们有益处的图书。

选择图书阅读的前提首先是要选书的质量。正规出版社出版，并且是名家名人的书为宜。盗版书虽然便宜，我们翻翻看感觉和正版没什么区别，其实，里面有很多错字、错词和语法错误，而正规出版社是经过认真校对的，对孩子的语文学习能起到真正的帮助作用。

另外，孩子在不同年龄阶段看书的内容也有很大区别。低龄幼儿以图画为主，三岁以上可以看些图配文的书，再大一些就要看文字比较多的图书了，内容的选择也更广泛。

对于幼儿园和读小学的孩子，我觉得订阅杂志比较合适，偶尔带孩子去新华书店买些书也可以。像三岁到七岁的孩子可以订阅《幼儿画报》，这本杂志的发行量已突破百万，每期为三本，还附带小礼物，孩子非常喜欢。最重要的是里面的文章都是由著名儿童文学家，用小学一年级必修文字组成的，读起来朗朗上口。对幼儿的书面用语表达起到关键性的作用。关于幼儿的书还有《我们爱科学》、《小爱迪生》等，这些发行量大，口碑比较好的杂志都会给孩子带来益

HOW TO HANDLE THE LITTLE ADULTS

处,而且杂志期刊每月都不同,孩子们兴趣十足,甚至会期盼下一期的快快到来,阅读兴趣将大大提高。

还有,我觉得《青年文摘》也很适合青少年阅读。《青年文摘》的发行量也居全国首位,里面的体裁非常广,有小说、诗歌、散文、故事。每篇文章都有很深刻的道理,积极向上的寓意,对青少年人生观、价值观的形成有很大帮助。

而对于古今中外一些的名著,我觉得如果孩子能看进去,那我们当然要支持。若孩子对名著不感兴趣,那我们也不必硬往孩子跟前塞。不感兴趣的东西对孩子来说就像在看天书,看过和没看过的效果是一样的。

随着孩子渐渐长大,他们选择图书有了自己的倾向性。像女孩越来越喜欢看言情小说,男孩喜欢看武侠和玄幻类的。既然如此,家长不能强硬干涉阻止,你越是阻止,他们对这些书的内容越是好奇。如果孩子在你面前什么也不看,自己偷偷从网上下载些非正规出版的垃圾电子书,里面的污秽内容简直是不堪入目,那样的话,我们可就得不偿失了。

因此,孩子既然喜欢,那你就帮孩子获得这些书,让他们看个够。当然不论是言情还是武侠,家长的选书原则还是以名人的为主。另外家长可以直言告诉孩子:"我们看书的目的不是消磨时间,而是要从书中让自己的语文素质有所提高。网上一些电子书的作者一天能更新一万字,大多是口水话,还有些不健康的内容。我们不能让自己水平和他们一样差吧!"这样的警告是告诉孩子们什么才是他们该看的。

法国哲学家笛卡尔说过:读一本好书,就是和许多高尚的人谈话。孩子如同一张空白的画纸,接受什么样的颜色,他们的天空就是什么颜色。据统计,中国父母对孩子的教育投资很大,该项支出已占到家庭收入的30%。可是,这样的数字仅代表家长的一厢情愿付出,和孩子那里收到的有效回报成正比吗?家长可不能只看重结果,而轻了过程,到底孩子在看些什么书,你可要把好关哪!

3. 帮孩子寻找大众传媒里的宝藏

我觉得电视和网络是世界上最好的保姆！从老人到孩子，它们都可以让人瞬间安静下来。不论哪个正在哭闹的孩子，只要家长一挥手："去看电视吧！去玩电脑吧！"孩子抹着眼泪也会露出笑脸。家长终于得了个轻闲，可孩子呀，一个个过早地戴上了眼镜，成了电视迷，染了网络瘾。

我们的孩子被"毒害"得不思学习，可不能怪电视、电脑网络的发明者。人家日日夜夜地工作发明出这些科技产品，是为了帮助人们提高工作效率的，可没想到它会成为孩子们的一颗毒瘤。而要说这毒瘤啊，归根结底还是家长给孩子种上的。

为什么这么说呢？看吧，有很多家长，孩子才几个月大的时候，他们就把孩子往电视跟前一放，孩子被电视画面吸引住，不哭不闹，安安静静地待着，家长就可以去做别的事了。婴儿期的孩子眼睛还没有发育健全，被电视画面闪来闪去，眼睛能不受到伤害吗？小电视迷就这样被动地形成了。

而电视中的内容有几个是适合孩子们看的啊？除了家庭伦理电视剧就是讲解得再详细不过的广告。

先来说说电视剧，现在的剧情中除了一夜情就是第三者，为博得观众的眼球，电视剧中的露骨台词和不堪入目的床上镜头一部电视剧也没有错过的。曾经风靡一时的电视剧《蜗居》不就因为台词露骨，受到网友的抨击吗？你说孩子整天看这些内容，他们学到的是什么？

再说说电视中的广告。像化妆品、牛奶、服装之类的广告几秒钟时间就过去

了,而最吓人的就是地方台的一些丰胸、整容、补肾壮阳、医药的广告,那广告简直就是一个小纪录片。它们用真实的照片、详细的讲解、夸大的广告语,把产品"吹"得出神入化。

像我们小时候也不懂得身体发育的知识,面对自己身体的变化紧张又害怕,走路都含着胸,生怕被别人笑话。可是我记得我侄女,8岁的时候,她竟然说:"也不知道我的胸能不能长得大,做个'挺'女人多美。"女儿有天竟然也说:"妈妈,我眼睛是单眼皮可以去整容,就能变漂亮了。"

如果说不健康的书籍给孩子的只是文字的遐想空间,那电视剧和广告就是一部生动、活灵活现的教材,孩子该知道的,不该知道的,全部都给教会了。

有堂课是我给高中的孩子们讲用演示文稿制作广告。有一个小组都是男生,他们几个做完后就互相掩着嘴偷笑。我问他们是不是做得非常成功,一会儿可以演示给同学们看。可负责制作的同学却红着脸说:"不用了,不用了。"其他看过演示文稿的同学却起哄似的说:"看,看!"

他们的怪异行为让我感觉很奇怪,我用教师主机切换到那个同学的电脑屏幕,只见上面写着电视广告中经常播放的"××壮阳药"的大字,下面还有一些广告词,还有男人和女人的图片。

当时,我第一反应是想要教训一下制作者,可是我看那男孩平时表现不错,此时脸也涨得通红,就打消了念头。当然,他还不知道我已经看过幻灯片内容,他正在快速地删除那些文字,眼睛还时不时地瞟向我,害怕被我发现。可见,这男孩也知道壮阳药是干什么用的,他也知道这东西不适宜在同学们面前播放,但是他的制作作品围绕着这个东西又说明男孩对它很好奇,有很大的兴趣。好奇的动力就会驱使他们去实践,而这样的东西在他们长大后自然就会明白,这个时候去好奇就是在不对的时间里做正确的事。

那么关于网络,上面的内容要比电视内容丰富得多。对孩子的消极影响,我

也不再在这里举例了。孩子的网瘾、游戏瘾也早被广大家长和老师重视起来。

张爱玲说：出名要趁早。我说：教育要趁小。那么在你的孩子还没有被电视剧、网络这些大众传媒"毒害"之前，请家长们及时预防，把那颗侵害孩子们童真的毒瘤拔掉。我的建议有以下几点：

1. 规定孩子看电视时间和内容，切忌和大人一起看成人电视剧

一切的行为都是一种习惯。并不是所有的孩子都离不开电视，家长从小给孩子养成什么样的习惯很重要。电视节目再好看，家长也要按时关掉电视，孩子也不会对电视有太多的留恋。我个人不太喜欢看电视剧，因为女儿的爸爸眼睛近视的度数很高，我担心女儿会有些遗传，所以打从女儿小时候就严格控制她看电视的时间。当然，在孩子看得正起劲的时候关掉电视，她很不高兴。可是当习惯一旦养成，不用我督促，女儿自己也会把电视关掉。

另外，家长不可贪恋电视节目。大人看得兴高采烈，却让孩子去别的屋里待着，这样做谁也不会服气。所以，切忌让孩子陪着家长看电视剧。孩子看电视可以适当选择中央电视台少儿频道的内容，像《芝麻开门》《新闻袋袋裤》等科技类节目，对孩子的知识扩展都有很大的帮助。

2. 让孩子熟练掌握电脑网络是可以的，但是要由家长监督着来操作

不要让孩子只知道电脑就是用来听歌，玩游戏的。家长也要减少在孩子面前玩游戏的时间和次数。电脑网络的最大作用就是资源共享，家长要让孩子知道电脑是用来帮助人们解决问题的，要让孩子学会利用电脑为自己工作。

我女儿对游戏痴迷时也常常寝食难安，那东西太有吸引力了，女儿玩一天就能上瘾。我制止她时，她很强烈地反抗。最后成功的方法就是榜样法，我说："电脑游戏累眼又累手，你看妈妈从来不玩。妈妈只是用电脑来打字，写出故事给大家看。电脑是为人们工作的。"然后，我教会女儿用拼音打字，那时她刚刚学习拼音，打起字来很费劲，可是她兴趣十足，渐渐地对游戏也淡忘了。

4. 让孩子体验没有网络的生活

现代孩子的的相伴大多是玩电脑、看电视和煲电话，这是他们的通病。如果有一天突然停电了，闲置在家的孩子们会觉得坐立不安，心生烦躁。而若是孩子染上网瘾，那是他们太寂寞了。

研究发现，孩子上网成瘾与他们的某些心理因素有关，而性格内向敏感，在现实社会中人际交往困难的人，比较容易沉迷于网络。还有一些在生活、学习遭遇挫折的孩子，家庭生活不和谐，得不到家长和老师认可的孩子，因为在现实中不太容易成功，而通过网络的形式进行心理补偿。这样他们才可能忘掉现实生活中的不快，在网络中却可以有些成就感，渐渐对网络产生了心理上的依赖感。

因此，孩子对网络产生依赖的直接原因，还是家长对他们的忽视。缺少关爱和重视的孩子，只能寻找其他方式找到自我的存在。可以这样说，很多孩子上网成瘾不是心理疾病，也不是生理疾病，其实是一种特别强烈的习惯。他们习惯了在网上找回自信，习惯在网上展示自我，习惯在网上找到成就感。所以说，家长对孩子的网瘾不用动不动就看心理医生，甚至看精神病医生，家长先审视一下自己对孩子的教育方式就能找到问题的症结。

还有，如今手机上网方便快捷，它正在用更快的方法掠夺和侵蚀着孩子们的童真。现在，手机网络是孩子们最大的危害。小小手机握在手，掌握天下所有事。

现在的小孩，哪怕是小学一年级，对手机都不陌生。特别是从初中阶段，家长为了方便联系孩子，大多数孩子都有部自己的手机，而手机上网消费低，孩子手机上网办理不需要通过大人就可以完成。上课时，他们躲在课桌下，一会儿上

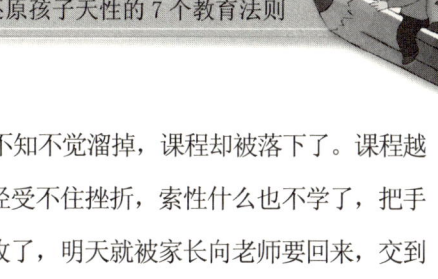

QQ，一会儿上微博。时间在网上闲逛中不知不觉溜掉，课程却被落下了。课程越赶不上，被落下的越多，现在的孩子又经受不住挫折，索性什么也不学了，把手机拿到桌面上来玩。今天手机被老师没收了，明天就被家长向老师要回来，交到孩子手中。家长的想法是：手机是通信工具，有了它就知道孩子在哪里。可家长却不知道，有了手机，孩子还能上网，在课堂上听不懂老师讲课时用来打发无聊的时间。

成年人的生活很丰富，有工作需要去做，所以对网络没有太多时间去留恋。但作为一个孩子，他的自控能力本身就不高，就很可能沉溺于网络无法自拔。而像这种网络成瘾的人，不能与其他人正常交往，不能正常生活、正常学习和工作。再看看我们的童年，没有电视，没有电脑过得却非常开心，因为你可以尽情地玩。现在的楼房冰冷冷，人与人的关系也冷冰冰，独生子们在冰冷的环境中没有任何乐趣可言。

因此，家长想让孩子脱离电脑网络，首先就得让孩子们找到朋友，让孩子保持正常的社会交往活动，而不能让网友代替现实生活中的人际关系。这得需要家长的大力支持，帮孩子寻找朋友，给他们创造出一个安全的玩乐场所。

我记得曾经看过一个报道：说是某城市的一个小区，经家长和小区物业商量，在小区广场里特设了一块儿童幼儿场。里面有沙堆、水和泥土，孩子们可在里面随便玩；还有，家长可以主动帮孩子找玩伴，把朋友、同事家的孩子约出来，一起去爬山，一起去公园。大人之间可以交流感情，孩子们还玩得痛快。

另外，我建议家长要使孩子的业余生活丰富起来，他们就不会感觉到无聊。其实，孩子们除了上学之外，也就双休日有些空余时间，可是这些时间有时候也被家长安排很多课外辅导班，孩子根本没有自由的时间，整天除了学习就是学习。

在日本，有一个活动非常有意思。孩子上一年级了，老师说让孩子们每人都带粒花种，种下后，让大家观察种子如何发芽如何开花。孩子们当然都很有兴

趣,种子种下后,总要过一段时间才能发芽。这期间,大家都很着急,你的发芽了吗?你的浇水了吗?全班都来进行经验交流。终于有一天,某个同学们说:我的发芽了,同学们都来我家看吧。同学们看过后,回家再赶紧去看自己的种子,研究它怎样才能快速发芽。这些事对家长来说是无趣的,可是对孩子们来说可就是大事了。从这些事中,孩子们能感受到劳动和收获的乐趣,从而丰富了他们的生活。而不至于每天闲着只能去上网。

我建议家长要还给孩子一些自由,可以利用课余时间,带孩子去图书馆看书,和孩子骑单车,或者和孩子共同干家务……只要家长自己别懒散地窝在床上看电视,孩子也不会坐在电脑前一动不动的。

还有我比较喜欢带孩子去旅游。旅游可以开拓孩子的视野,增长见识。一提到旅游,肯定会有家长说:"没时间,也没有钱。"时间是挤出来的,而旅游也不一定要花多少钱的。带孩子出去看看,哪怕只是一座普通的山,那上面还有绿绿的青草,美丽的小花呢!这总比网络上那些虚假的种花、种菜的游戏有真实感吧!其实,还是那句话,就看家长有没有心思陪孩子了,即使是多陪孩子聊聊天也会帮孩子脱离网络的控制。

最后,家长帮孩子体验没有网络的生活,还要注意两点:

1. 不能简单粗暴地阻止孩子上网

俗话说:得不到的东西往往是最好的。家长越是强制孩子与网隔绝,越是在激发孩子上网。同时会造成孩子的逆反心理,不让在家上网,他们可以在外面偷偷上网。

2. 开始时可以适当控制孩子的上网时间

说句实在话,断网和成人的戒烟一样困难。对于孩子来说也是如此,如果孩子上网已经成瘾,那家长要有耐心,先让他们从减少上网时间开始,时间一点一点减少,慢慢来,家长要给孩子信心和鼓励。

5. 孩子的青春萌动家长要猜准

尽管你对孩子的图书、网络进行了强有力的制约，减少了成人世界中不良信息对孩子们的辐射，但是你不能逃避的是：现在的孩子聪慧、早熟，青春期提前是一个不争的事实。

好友的女儿玲玲是小学三年级的学生，她学习好，长得漂亮，是班级的大班长。玲玲和我很合得来，常常把一些心事告诉我。最近，玲玲说，她遇到了麻烦事，原来是她的同桌总是偷偷地把写着"玲玲，我喜欢你"的小字条放在她的书包里。玲玲很担心这些字条会被父母和老师发现。可是玲玲隐隐地又感觉接到小字条的激动心情。虽然玲玲知道同桌写字条的意思，可是她还是不知道自己该怎么办。

其实像小学三年级的男女生，开始正式以男女朋友交往的事并不足为奇。孩子爱情世界的大门早早地被打开，爱情这两个字，他们随时都可以为之赴汤蹈火。青春偶像剧的热播和大肆宣传，让校园爱情似乎更加"光明正大"地进行着，在青青校园、在大街上、在公园里，随时都可以看到手拉着手的男女生们，他们无所畏惧地接受着成人的"窥探"，他们勇敢地尝试着情侣间可以做的所有事。而成人看到这一幕，只会说现在的孩子啊，胆子越来越大。剩下的就是成年人的无奈、担心和要加强对自己孩子管束的决心。

2010年，某市某镇的一所中心小学校爆出一个新闻——小学六年级的一对男女生偷偷离家出走，要私奔。事情是这样的，这两名学生的"恋爱"被老师和家长发现后，家长为阻止其继续交往，男孩子家长把孩子转入市里小学。但是距离并不能让他们分开，相思之苦却折磨着两个孩子。他们终于作出决定，为了能在一起，他们偷拿家里的钱一起"私奔"。一个星期后，双方家长才在邻市的公园

搞定家中"小大人" | HOW TO HANDLE THE LITTLE ADULTS

里找到他们。据说,两个孩子是硬被各自的家长带走的,那场面就像法海拆散许仙和白娘子一样惊天地、泣鬼神般壮烈。

爱情,在孩子们的世界里一定要轰轰烈烈才行,他们的类似行为就像那些青春偶像剧里的俊男美女一样,在校园的生活并不是以学习为重,而是以谈情说爱为主了。

其实,谁还没有过青春萌动呢?不论是哪个年代的年轻人,都曾经为自己的小心事而迷乱。情窦初开的午纪,有过喜欢、暗恋都是人之常情。可虽然这种青春期的萌动是人的正常心理过程,但是现在的孩子在这个年龄段里的爱情观太过猛烈,又太过随性。在他们心理世界中,爱情来得快,去得也快。爱时轰轰烈烈,不爱时也会伤心欲绝;爱情再来时,他们还是会付出全部的情感,然后又要接受一次伤害。

孩子的爱情来得如此迅猛,家长是不是有点措手不及?其实,我们可以发现如今孩子的特点:一是胆子大,想做什么就什么,不考虑后果。曾经的我们常常把喜欢埋在心里,但他们就一定要说出来。二是社会风气和成年人对感情越来越不负责的行为,影响着孩子们的情爱观念。爱情在他们眼里已经不再那么纯洁和高尚了。三是有些家长对孩子恋爱的事不足为奇,默认的态度更助长了孩子的胆量。

学生谈恋爱能不影响学习吗?有过这样经历的家长在这方面是有发言权的。

人的精力是有限的,学习本来就是要付出很多的时间、体力和脑力才能有所收效的"体力活"。而若是把时间都浪费在谈情说爱上,那学习的时间肯定会减少些。有的孩子说:"我们俩互相帮助,共同进步。"是的,有这样想法的孩子是不错,可是,实际上,孩子们真的就能做到不分心吗?那边正在上课的女生突然趴在桌上了,男生立刻会投以关注的目光,她为什么不高兴?我做错什么了吗?就在这样的心思中,老师的讲课已过了一大半。又一天,那男生和别的女生说说笑笑地在一起,这女生醋意大发,她还会集中精神复习功课吗?

成年人都很难掌控自己的感情，更何况是孩子们呢？所以，我觉得，说爱情能成为学习进步的力量，完全不可能。可能在现实中也有些特殊的实例，但我想这特殊案例中的男女生如果没有恋爱，他们的成绩一定会更好。

孩子过早地接触的爱情，都是些不成熟的果子。他们把爱情的憧憬，初恋的美好统统浪费在不懂爱的年龄里。而且他们经常爱来爱去，必定会影响到成年后的爱情观，将会影响一生的家庭幸福。

因此，现代家长要在心理上及早地接受这些事，不要觉得我孩子还小，不可能去恋爱。当如果有一天，你在街上亲眼看到两个手拉手、卿卿我我的孩子竟然是你的女儿或儿子，那可就有点晚了。只能说明你对自己孩子太不了解了。

其实，心思缜密的家长从孩子的一言一行中是能够发现些蛛丝马迹的。这时候，你就要快速及时地给孩子打上预防针。

家长可以先从某部偶像剧的剧情入手，让孩子说出自己的爱情观。然后家长一点一点地说明爱情是一件纯洁、高尚的事，不能随随便便就付出感情，跟孩子说明恋爱对学生的危害。

孩子的爱情都是从崇拜开始，而且多变，家长可以让孩子把崇拜的心思写在日记上。家长可以送给孩子一本带锁的日记，向孩子保证里面的秘密谁也看不到。也可以引导孩子把感情转移，可以写诗、写文章的方式来抒发自己的感情。而适合男孩的教育方式就是让爸爸和儿子谈，告诉儿子一个真正的男人要怎样对待自己喜欢的女孩，要对女孩负责，不能随意地就向女孩说出爱。告诉儿子，只有男人有了充足的能力时，才能够让喜欢的女孩幸福。这样的教育就会使孩子的爱转化成为前进的力量。

孩子们的"爱情"是短暂的，只要家长耐心地陪他们走过那一段路程就过去了。让孩子们长大后，再回忆自己的青春萌动时都是些美好的记忆，而不是些伤痕累累的幼稚"爱情"。

6. 性是潘多拉的盒子

关于性，现在的孩子比起十年前的孩子那可懂很多。曾经的孩子的确是不懂，和别人发生了性关系都不明白是怎么回事，等大肚子了才知道怀孕了。而现在的孩子可厉害了，小学高年级阶段就知道如何避孕保护自己，我觉得，现在的性教育不是太封闭，而是孩子们知道得太多了，他们因为懂所以更敢去做。

有很多高中女生经常和我聊天，她们最爱谈论的就是发生在学校里的桃色新闻，这些话题她们是怎么也不敢和自己的父母说的，我现在把这些内容透露出来，让家长们可以了解一下现在高中生关于性的态度。

"老师，×××请假不来上课了。"一女生跟我说。

我点了点头，随口问："怎么了？生病了吗？"

"是吧！"几个男生坏坏地笑。

下课后，这名女生悄悄跟我说："老师，×××不来上课是因为在家里休息呢？"她说时眼神飘移，话里有话。

我点点头，她又继续说："她和五班的一个男生发生关系，不小心怀孕了。上周日才做掉，花了一千多元钱。你说那男生真不是东西呀！×××向他要钱去医院，男生说没有。唉！×××只好东借西凑才凑够的。"

我大吃一惊，怎么也没想到那女孩会玩出火来，现在是冬天，孩子是住宿生，在那潮湿的环境里不得生病啊！可是，我知道这个话题极其隐晦，这女生跟我说是对我的信任，我不可能到处宣扬。但是我还是要作些评价，说："你们这么做是不是有点过头了。"

"那有什么啊！"女孩不屑地说，"老师你太传统了。现在学校里一夜情怀孕的事多着呢？"然后她又跟我说另一个女孩和高三的男生发生一夜情后怀孕，据说，这已经是女孩的第二次堕胎了。而高三那男生我也教过，学习不错的一个人，很有礼貌。可这女孩撇撇嘴说："他风流着呢！女友换一批又一批。"

以上这段文字里，我没有加入半点夸大和文学渲染。我不能透露孩子们的真实姓名，但是这些事确实是发生在我国某所高级中学里。在这里发生的这些事，我觉得也可以算是学校里个别学生阴暗生活的代表吧！可能有些家长看到这些，会大为吃惊或是不相信，而我把这些真实情况表述出来的目的，就是让家长们真切地看到孩子们对性的了解程度。

孩子对性的了解可以不夸张地说，甚至比有些家长都清楚。网络、电视、书籍等大众传媒中，关于性的文字教材、视频演示、"专家"指导，各种各样的方式在向孩子们传授这些知识。再加上孩子青春期对性的好奇，更驱使他们主动地寻找答案，甚至是亲自体验。现在，我不是在讨论该不该把关于性的知识告诉给孩子们，而要研究的是家长该如何教育孩子正确面对性。

在这里，我把性比喻为潘多拉的魔盒。希腊神话中一个叫潘多拉的女人出于好奇打开一个"魔盒"，释放出人世间的所有邪恶——贪婪、虚无、诽谤、嫉妒、痛苦等等。而性就是这样一种盒子，不论是谁在不恰当的时候，不合适的年龄，不符合道德的情况下打开它，那给人带来的都是痛苦。

成年人如此，青少年亦如此。

我也不从学习、成长的角度去说了，单说性对于孩子身体的影响。虽然现在很多人对贞操看得不重了，可是女孩子随随便便就上床、堕胎，那留给自己的只有身体上和精神上的痛苦。再怎样开放的年代，这样的事总不能摆在台面上。去堕胎，非正规医院没有舒适环境的休养，会使女生染上疾病。而男生从小就迷恋

这样的事情,糟蹋的也是身体。古代皇帝为什么身体不好,早逝的多,大多是因为贪恋床笫之欢。所以,不论从哪方面讲,过早的性行为都会对孩子的身体影响一生。

关于性的教育,苏联教育家马卡连柯发表了自己的观点,他说:"我不认为性教育应该有什么特殊的方法。性教育是纪律和生活制度的个别部门。性教育也正应该是爱的教育,即由生活、志趣和希望的一致所组成的那种重大深刻的感情教育。人类的性生活应当本质上跟其他动物的性生活有所不同,其中就包含性教育目的的不同。性教育还应该包括培养对于性问题的真诚尊重,即所谓纯洁的态度。"

关于性,家长没有必要再藏着掖着了,家长的观念就要和对孩子爱情的看法一样,态度分明,直言不讳。家长要明确告诉孩子那是不正确的行为,告诉孩子们好奇可以,但应该什么时候才去做什么事。性虽然是地球上所有生物的本能,但是每个人都要有性道德,否则就和动物没什么区别。

青春期的某些生理反应是正常的,家长让孩子明白后,要教育孩子学会控制自己的情绪,要给孩子普及科学的青春期知识,特别是有关性的知识,不要让孩子在似懂非懂中自己去寻找答案,那样极易受社会上不良资料的影响而误入歧途。告诉孩子冲动是魔鬼,要把握好男女生交往的尺度。教育女孩敢于向男孩的要求说不;教育男孩要学会转移注意力。

其实,当家长和孩子开诚布公地讲明关于性的那点事,孩子就会真正了解它,并且清楚地意识到在未成年期接触性的危害,他们会有所顾虑,也会控制自己对性的冲动。而最怕的就是犹抱琵琶半遮面的效果,更易引起孩子们的好奇心。

好奇害死猫呀!所以说,我们不可能把孩子封闭起来,永远不接触外界不良性教育的影响,那么就把全部内容用正面的形式讲给他们听吧!

7. 警惕孩子的仇富心

现在的独子们在家庭中的优势地位，使得他们脱离家庭环境时仍旧想"称霸一方"。造成这种情况的原因也不全是父母教育的错误，而是一个家庭中两个大人、一个孩子的形式催生的。即使父母是教育专家，但如果全家所有能吃的食品中只剩一根香蕉时，父母还是会先给孩子吃，这个时候家长不会考虑让孩子学会分享，全家三口人一起吃，这是父母爱护孩子的本能，与教育无关。然而，正是这种家庭形式使得孩子们嫉妒心强，唯我独尊的思想很强烈。于是，面对比自己的所有都好的人时，他的自尊心受到强烈的刺激，仇富心理油然而生。

我有个朋友最近搬新家，130多平方米的高层，装修得很不错。朋友邀请我们去参观新房子，其中一个朋友还带了自己的孩子去。那个孩子只有八岁，到了新房子后从里到外看了又看，然后坐在客厅的沙发上说："哼！也没什么了不起呀！还让这么多人来参观。等我长大了，买两套比这好的家。"

孩子的妈妈连忙说："这孩子又嫉妒了。"

可这孩子那一整天都不高兴，见了这家孩子的主人就跟见到仇人似的，向他做鬼脸，翻白眼。

这么小的孩子就如此仇富，心态不平衡，有颗不服气的心。如果他长大了，赶超不过别人，他又会怎样呢？这样的推论，我们不敢想下去，当然也不希望会发生，那么孩子的仇富心理从何而来呢？

我觉得一个原因是孩子天生的嫉妒心理比较强；另一个重要原因来自当今

社会中,成人对财富的看重和过分追求。现在的成人间,信奉的原则是:事不关己,高高挂起。钱可以代表一切。在成人的谈话间,常常会有因吃不到葡萄,就说葡萄酸的人。他们挣不来钱,就诽谤别人挣的钱不干净,不光明正大。家长也会不小心间向孩子传达出对富人羡慕嫉妒恨的感情。看邻居家买辆新车,围着新车啧啧赞叹时,还要说上一句:"你们家老王多能干呀!哪像我家那位除了本本分分工作,其他的什么都不会。"这话听起来泛着强烈的酸味,让人不爱听。

耳濡目染的教育力量是无形的,孩子的嫉妒之心可以有,但是过于强烈对他们没什么好处。别的孩子受了表扬,有的孩子就会暗中不服气,甚至会公开挑别人的缺点。

教育专家明确指出:嫉妒心理对青少年身心发育是有害的。还有人这样来形容嫉妒心,说它是不知道休息的,它具有最持久的消耗力,会直接影响到人的身体健康;心怀嫉妒的人,往往妒火中烧,忧心忡忡,人际关系不良。种种消极情绪的淤积,极易导致心理障碍的产生。

有研究表明:嫉妒能造成人体内分泌失调,肠胃功能下降,睡眠质量不好而导致神经衰弱,并且经常腰酸背疼;嫉妒者多性格敏感多疑。这些状况若不能得到有效改善,就会形成个人稳定的心理特征,形成影响各方面顺利发展的不良性格。嫉妒者有时还会对所嫉妒的对象采取一些不正当的行为方式,例如用冷言冷语、背后说坏话、故意挑毛病等方式,设法令对方难堪,打击对方自信心。甚至导致伤人及人身安全的违法乱纪事件发生,造成害人害己的恶果。

孩子好胜心强,希望自己能够超过别人,这是无可非议的,积极的上进心是孩子不断进取的动力。但是父母要引导孩子懂得,人人都有参与竞争的权利,人人都有获得成功的权利。那种只允许自己领先,容不得别人超过自己的心理是不恰当的。在人生的道路上,重要的不是超越他人,而是超越自己,因此,家长更要培养孩子豁达的性格、宽广的胸怀。

所以，我觉得面对孩子的仇富心理，或是对其他事情表现出过度的嫉妒心理，家长不能一笑置之，纵容孩子的行为，溺爱可是滋生嫉妒的温床啊！家长要对孩子加强引导和教育，使孩子的个性朝着健康的方向发展。

首先，要指导孩子学会不断地自我完善。如果孩子对某个同学产生嫉妒，对他进行人身攻击等不正当的方式发泄的时候，父母听完后，要用温柔平静的语言让孩子冷静下来，共同分析那个同学为什么比自己强，找出别人成功的原因，从而发现其中值得孩子学习的地方，并且告诉孩子，光是对他的嫉妒不可能对自己有益处，而是要学习别人的长处，这样自己才会不断进步，这也是聪明人的做法。这样的教育会使孩子的嫉妒心理转化为前进的力量。

其次，我们要引导孩子给自己制定恰当的努力目标，正确认识自己。告诉孩子，人无完人，每个人的优势都有所不同。让孩子清楚地认识到，不是各个方面都可以超过其他人。告诉孩子正确分析自己的优势和劣势，为自己确定恰当的人生目标。让他们充满自信地去努力奋斗，用正确的方式与其他人竞争。

当然最后还是要求家长不要表现出强烈的嫉妒之心。在某些家长中，夫妻俩也互相嫉妒，这样的环境下的孩子当然也喜欢嫉妒。家长之间要包容，真诚地称赞对方，真心地希望对方好。还记得那首歌《只要你过得比我好》，人们把歌词改成了：只要你过得比我好，我就受不了！这种强烈的嫉妒心引发的是自己的不快乐，与别人无关。所以，让孩子快乐还是少些嫉妒吧！

HOW TO HANDLE THE LITTLE ADULTS

8. 以平常心对待班主任的家长调查表

曾经在某本杂志上读过这样一个幽默故事：说是老师要调查班级里每个学生的家庭情况，一位朋友接到儿子拿回来的家长调查表，心里犯嘀咕：老师要调查家长的身份，那意思再明白不过了。他听说曾经有个家长填写了自己的职业是房屋装修工，老师家里有什么装修的活儿都给那位家长打电话。这个朋友不想那么被动让儿子的老师呼来唤去，可所有的职业都有可能被老师利用。于是，他想了想在家长情况一栏里写上了：刑满释放，待业在家。朋友想，这样老师就不会找到他头上了。

可是过了一段时间，老师却突然打来电话说："×××家长吗？有几个小混混总在我们小区捣乱，您能过来给处理一下吗？"老师的电话让朋友百口莫辩，他真是哑巴吃黄连，有苦说不出啊！

当然，这个笑话让我们一笑置之后，仍旧会有些反思。的确，在教师队伍中有一些贪图权贵、虚荣、势利的教师。他们以学生父母的权位和社会影响力来给学生分座位，安排学生干部。也许，这样的教师具备教书的工作能力，但他的人格和价值观却无法胜任教书育人的为人师表作用。

而如果你的孩子遇到这么一个老师，我想你很难向古代孟母三迁学习，为孩子重新择校，而且这样做反而教孩子学会了逃避，在现代社会中这样的人还很多，我们最终又能逃到哪里去呢？若是某位家长面对这样一张表，叹口气说："唉！你爸爸没能耐，让你丢脸了。"聪明的家长可千万别说这样的话，爸爸连自己都看不起自己，孩子也会觉得自己的爸爸无能，那首先在气势上就让孩子比其他的孩子低下来。家长向孩子传达这样的一种情感，会让孩子羡慕其他孩子，会产生上边介绍的仇富心理,而且他会认为自己怎么就没生长在那样的家庭里,养成怨天尤人的性格。所以,在面对这样的一张表时,家长的态度起到关键性的作用。

首先家长在表上真实地写出自己的情况,这没什么大不了。

三百六十行,行行出状元。别以为修鞋匠的孩子能考上清华北大,那是人家孩子懂事。其实天下的孩子都是一样的,所不同的是家长的积极生活态度对孩子的影响力。如果家长把这张表看成是一件多么让人难堪的事,那么孩子也会觉得家长的确赶不上别人家,在他们心里就易产生自卑感。而孩子的力量大部分来自父母,父母都无所谓的样子,孩子也不会觉得什么。就像某些单亲家庭中,若是妈妈觉得说出实情太丢人了,会被人欺负,那这种情感就会传达给孩子,孩子也会这样认为,在他看到人家爸妈同时出现时,他会觉得自己的不同。在这种情感的压力下,孩子当然失去了快乐。

其次,如果孩子觉得父母的职业比别人低,觉得丢人,那家长就要进行正确的引导。告诉孩子,人无权选择父母,但每个父母对孩子的爱都是一样的,同时父母愿为孩子而努力。

有个叫徐增辉的名校大学生,就是靠父母捡垃圾供养出来的。他大学毕业回母校跟老师们谈心,叙述了他心理的成长过程。

徐增辉65岁的妈妈有糖尿病、肾病。哥哥在外打工,每月邮寄回来的钱都给妈妈打针吃药了。父亲67岁,只能靠捡垃圾维持生活。每天早上三四点钟,父亲提着袋子在各大街小巷上捡垃圾,有时候一天只能挣三四块钱,全家人的生活简单、苦闷。

徐增辉也有过觉得父母丢人的想法,那时候,他从来不让父母到他的学校。如果遇到有人问父母是做什么的,徐增辉用眼神狠狠地告诉父母不要说出实情,父母只能一笑而过。后来,父亲也病倒了,全家人的生活更贫穷了,这个时候,

徐增辉才觉得肩上的担子有多重，他才意识到父亲为了自己忍受了多大的痛苦啊！从那时候起，他开始发奋读书，也能正视自己的父亲了。

最后，我还要说的就是让家长用言传身教，告诉孩子，任何时候都要努力奋斗，只有这样人生的脚步才不会停止下来。

事实也是如此，任何人都不可能拿着父辈的财富坐吃山空一辈子。人生就是一个努力前进的过程。也许短暂的享乐会让人觉得他的人生很惬意，但是虚度年华、无所事事的生活更会让人烦累。因此，我们家长要用自己时刻勤奋的精神，鼓舞孩子们，给他们动力，不羡慕任何人。

比尔·盖茨2010年4月19日在斯坦福大学的演讲对此作了很好的诠释："我告诉子女们，他们不会从我这儿得到财富。早在生儿育女前我就信奉大多数财富都应该回馈社会。越早让子女了解世界的不平等，越早鼓励子女到贫穷国家去接触当地人，对孩子的成长越有帮助。"

国外很多富二代在年少时都要打工或做义工。这种"穷养"教育方式有很多好处，让他们知道财富积累的不易，明白工作首先是为了实现自己的理想，其次才是赚钱。

现年54岁的巴菲特长子霍华德，没有子承父业。霍华德32岁那年卖了祖父给他的股票，买了一台推土机，开始务农。他按市价向父亲租用了一家农场，尝试协助贫农生产更多的农作物。过去4年他更远赴非洲，致力于一场对抗贫穷与饥饿的战争。他最雄心勃勃的计划，是让非洲农民能够免费使用抗旱玉米生物科技。

巴菲特的另外一个儿子彼特的道路走得也很精彩。今年51岁的他，28年来曾当过作曲家、制片人、演员、录音师、独立唱片公司老板，还曾参与电视剧、电影的制作。他创作了许多脍炙人口的歌曲，并因此多次获得艾美奖。

可见，一份小小的调查表并不能难倒我们的家长和孩子，用平和的心态对待，那只是一张薄薄的纸罢了。

9. 做孩子最好的心理调节师

我的一个同事到现在还常常抱怨她小时候的老师,那位数学老师给了她极坏的印象,从那时候开始她不再听数学课。事情是这样的:同事小时候虽然是个女孩,但调皮又淘气。有一次上课期间,同事向老师报告说要去厕所。

老师说,你这学生就不爱上课,找借口要出去玩。老师坚决不同意她的请求。同事再三要求,老师就是不允许,坚持说同事去厕所是瞎编的。可是同事当时真是坚持不住,尿了裤子,老师这才相信她的话。这件事在同事的心灵上留下了大大的阴影,到现在她说起这事还义愤填膺的样子。所以,同事当了老师后,上课期间不论是哪个学生提出上厕所的要求,她都准假。

同事对小学的老师耿耿于怀,不能说她小肚鸡肠,在那种情况下,一个在班级里很威风的女生尿了裤子,换作是谁心理上也接受不了。而因为老师的做法对同事的影响就是,从此以后她的数学成绩一直不理想,考大学时数学分数险些让她与大学失之交臂。

其实,不论这位同事,还是其他人,小时候总是发生过那么一两件印象特别深刻的事,因为这些事情的发生,悄悄地改变了他或她的人生之路。但是这些事若是好事,那对人的影响必定是有益的,若发生的是一些坏事,那么对人的影响则是不利的,如我的这位同事。

但是谁也无法预知下一秒钟会有什么事发生,而每个人心理承受能力有许多不同,遇到事情后心态变化也不相同,这些诸多不同也决定着事情本身对人一生

心理的影响程度。因此,一个人遇到好或坏的事情后,他的心理活动尤为重要,这种心理活动决定着事件本身对事件中人的影响。

孩子当然也有心理活动,且随着他们的成长而丰富、复杂。儿童专家指出:3~8岁的孩子出现心理问题的概率比较大,会有诸如依赖倾向、自卑倾向、忧虑倾向等,而现在,约有50%的儿童在这一阶段出现类似的情况。在儿童的这个阶段若是家长没有给予他们情感上的支持和帮助,孩子就会产生心理问题,只有家长及时发现,及时疏导才不会转变成严重的心理问题。但需要注意的是,孩子的心理问题发展和形成,并不一定都是很明显地表现出来,因此,家长要在孩子开始产生轻微的心理反应时及时帮助,才能更好地解决孩子的心理问题。

再回到前边我讲的有关同事小时候的例子,若是同事的家长在孩子发生尿裤事件后,能够及时、正确地引导孩子,疏导尴尬事件对孩子的心理影响,那么当她化解了心中对老师的不快,她对数学课也不会产生厌恶了,也不至于成年的她在数学能力方面较弱。

在影响孩子心理问题的几个原因中,环境对其影响极为重要。环境包括家庭环境、学校环境和社会环境。具体内容包括家庭经济状况,学校的环境,也包括家长养育子女的方式和教育理念等。

什么样的环境适合孩子的发展?我觉得,孩子需要的成长环境:是安全稳定、积极向上的;家庭和睦,教育方式和谐;孩子有适度的自由空间,避免家长和老师的要求过于琐碎而限制了孩子们的自主发展;不要以单一的分数来评价孩子的价值,要从多方面培养孩子的个性,发现孩子的闪光点。

那么,当孩子有了心理问题后,家长又该如何做呢?心理学家汉·金诺为我们指出:孩子的情绪不会因为成人的一句"不要这样想"或者"你的感觉不应有"而消失。我们要接受孩子的各种情绪,只有尊重、同情孩子才能有效地帮助孩子。

1. 真正地了解孩子

避免和孩子的沟通方式如机器人似的"你问我答"，缺乏对孩子足够的尊重。要了解孩子，家长尊重他们是前提，只有了解才能让孩子说出心中的不快，而每次的沟通要采用较为灵活的交谈方式，从孩子感兴趣的话题开始。

2. 给予孩子及时的关爱

在孩子受到挫折，受到伤害时，父母默默的关爱胜过长篇大道理的说教，家长更不要无谓地指责。关爱是帮助孩子最好的一剂良药，有了父母爱的支撑，孩子心里多难受的事都会被化解得烟消云散。

3. 教孩子学会控制自己的情绪

家长的正确认识加上科学的方法帮助孩子逐步提高对自己情绪的控制能力，并教孩子学会适度疏导发泄不良情绪，从而使孩子身体、心理健康达到和谐发展。不会控制自己的情绪，必将会做出冲动的错事。如果孩子遇到不高兴的事，心中满是气愤，对孩子的身体也不好，而且生气反而会使矛盾加剧，根本不能解决任何问题。

家长要让孩子学会化解自己的不良情绪，深呼吸平息心中的不快，然后冷静地去想问题，解决问题。有事说事，有理讲理，不能因一气之下就去怎样怎样，只能做出些令人后悔的事。

4. 培养孩子坚强的意志和坚韧的毅力

用鼓励的方式使孩子勇敢面对生活中的挫折，从而加强孩子们的心理承受能力。

以上四点是我给非专业心理调节师——家长们的建议，我在这里只是起到抛砖引玉的作用，家长具体实施时，还要根据自己孩子的性格特点去操作。

搞定家中"小大人" | HOW TO HANDLE THE LITTLE ADULTS

10. 让孩子出淤泥而不染

社会上的人很多,每个人的道德水准不尽相同,就会形成好坏之分,有的人不择手段,有的人处心积虑,任何人处于这样一个复杂的环境中都有可能受到影响,何况是不辨是非的孩子们呢?

古人云:出淤泥而不染,濯清涟而不妖。那么,家长们要保留住孩子的童真乐趣,让孩子尽可能避免染缸对他们的影响,让孩子们脸上荡漾着天真无邪的笑容,就要懂得如何引导和教育孩子。除了前文中介绍的方法和策略外,以下几个方面值得家长们重视。

1. 家长对孩子的教育要做到细心监督,不能让孩子放任自流,不管不问。家长对孩子的责任是永远也脱不掉的。家长不要觉得孩子已经长大了,根本不需要家长过问太多,只要孩子有吃有喝,每月看看成绩单就可以了。而孩子在外边做什么,交什么朋友,家长一概不知。如现在的高中生大多在学校住宿,这就需要家长们更多留心孩子的情况。

前文中也谈到,现在的孩子很会"伪装",不在家长面前时,他们的表现也许会让你出乎意料。所以,特别是家长在外打工,或是在校住宿的孩子,家长一定要付出更多的关注。多给老师打电话,了解情况,细心观察孩子的变化,不要总相信孩子的片面之词,要从多方面去了解和打听孩子。

家长给予孩子更多的爱,让孩子感觉到温暖和舒适。这样对孩子的健康成长有一定的益处。关于如何关爱孩子的问题将在第七章将作全面的介绍。

2. 父母引导孩子树立正确的人生观、价值观，让孩子不图虚荣，不随波逐流。

在前面的一些事例中，我们不难发现不管孩子周围的环境如何改变，只要父母是坚决的态度，就会给孩子巨大的能量去抵抗外界条件的刺激和干扰。

我表妹家的女儿欢欢，爱漂亮但一直穿着简朴，有次同学们取笑说她不懂时尚。欢欢被气哭了，回家和妈妈发脾气，她一边哭一边委屈地说："妈妈从来不给我买漂亮的衣服，我不要再穿那些旧衣服了。"

表妹很快就明白了女儿委屈哭泣的原因。她什么也没说，只是搂着欢欢，让她把心里的委屈全都说出来，还拍拍她的后背。等欢欢哭完了，表妹才说："什么是美？"

欢欢说："就是穿漂亮的衣服。"

表妹摇摇头说："不，穿衣只是外在的形式。如果一个不懂礼貌的小朋友，她很爱耍脾气，还不愿意帮助别人，这样的孩子穿得特别漂亮，你们愿意和她玩吗？"

欢欢摇摇头说不愿意。表妹点点头说："那就对了。不管你穿什么衣服，只要干净，大方，同学们也愿意跟你玩，那是因为你可爱，善良，同学们喜欢的不是你的衣服，而是你这个人。他们说你不时尚，你可以大声地告诉他们，'时尚不是你们认为的追求潮流，另类打扮。我认为我们的时尚就是适合自己。将来我要创立自己的时尚品牌。'"

欢欢一听来劲了问："我真能自己创立时尚品牌吗？"

表妹高兴地说："能啊！但是你的设计理念不能人云亦云，要有自己独特的想法。这得需要你有深厚的理论基础才行呀！好好努力吧！妈妈相信你。"

和妈妈的这一次谈话后，欢欢不再为衣着简朴而自卑了，在她的心中又多了一个远大的理想。

在生活中，我的表妹就是一个信念坚定，不随波逐流的人，现在是我市工商银行某分行的业务主任。而她独立的个性同样感染了女儿欢欢，在孩子背后以巨大的力量支持着女儿。这种能量是任何外界力量也比不上的。

3. 培养和训练孩子的自我管理、约束能力，提高孩子的道德品质。一旦孩子没有主见，没有自己的立场，他就很容易被不良风气牵着鼻子走。

曾经看过这样一个纪实报道：有个孩子上学时，从学校捡回一块橡皮。妈妈发现了这个事，忙问孩子橡皮哪里来的？孩子说："在座位下捡到的。"

妈妈说："那你别拿到学校用，就放在家里用吧！"孩子问为什么。

妈妈说："人家以为是你偷的呢？放在家里别人看不到。"

显然这样的教育方式是错误的，捡到东西要归还失主，这是孩子应该有的道德品质。而这位妈妈没有这样教育，只是告诉他放在家里用就没人发现了。这孩子长大工作后，出差报销时，多报了几张票子，领导没有发觉直接就签了字，他得到甜头后觉得只要小心谁也不会发现。结果，当他一次一次欺骗领导成功后，最终被发现，他被单位通报批评并辞退。他的行为在业内传开后，任何单位都不敢再聘用他了。

面对社会中的各种诱惑，家长都没有把握好，孩子当然也学会了投机取巧。而这个例子，如果孩子小时候捡回橡皮，妈妈发现后当即要求孩子："明天交给老师，再怎样那也是别人的东西。"这样的思想传达给孩子，孩子就不会有贪图便宜的习惯，即使周围的人都在贪些小便宜，他也要考虑一下是否合适。

我们改变不了世界，但我们可以改变和约束自己。我期望家长们能从本章的内容中受到启迪，对您孩子的健康成长有所帮助。

整天被大人捧在手心上的孩子内心是孤独的。因为他们的朋友是大人,他们的思想常常被大人纠正,为了取悦大人,他们喜欢用大人的思维去说话办事,小大人由此产生了,他们失去了童年的乐趣。你了解孩子的内心吗?你知道他们真正需要什么吗?请不要让孩子再闷在家长一手建造的城堡里,请给孩子一双自由的翅膀。

第6章 放养法则:
众星捧月的孩子很寂寞,请给孩子一双自由的翅膀

1. 孩子不是成人的玩具

现在的一个大家族中，小孩子的数量越来越少，在城市家庭中更为显著。而若是谁家有了小孩，爷爷、奶奶、姥姥、姥爷们新鲜不够，连姑姑、舅舅们有时间也要来逗逗孩子。孩子稚嫩、天真的思想和行为总是逗得成人们哈哈笑，和孩子在一起就会忘记烦恼。大人在孩子四周围了一圈，看孩子一会儿翘屁股，一会儿瞪眼睛，一会儿又伸胳膊的，孩子就像个木偶被成年人支配着行动，像是成年人的"玩具"。

有天，我在地下商场休息，有个男孩跟着妈妈也在那里，他也就六七岁的年纪，非常有趣，总是扮出古怪精灵的可爱样子，让我们忍俊不禁。而对这样有趣的孩子，即使是陌生的成年人也喜欢跟他逗两句嘴，掐掐他那粉嘟嘟的小脸蛋。

瞧，那边来了个漂亮的小公主，这边一个小伙子就对小男孩说："帅哥，那边来个美女，给你做老婆吧！"

这小男孩也不示弱，说："谁要娶老婆，花那么多钱。我舅舅要娶老婆，姥姥家都没钱了。"

小男孩语不惊人死不休的样子逗得在场的人捧腹大笑，一旁的妈妈说："前几天，我们谈论这事了，小家伙竟然记住了。"在大伙的笑声中，小男孩甚是骄傲，竟然走过去拉着那个漂亮的小公主跳舞。

在我们的家庭教育中，若是孩子做些超出他们年龄该做的事，说一些成人才说的话，让大人们感到有趣，这就可以被大人们称赞为聪明。若是孩子待人接物显得比较成熟时家长就夸奖他，而当孩子表现出活泼调皮的本性时就批评。这样，孩子为了赢得家长的承认和喜爱，就会压抑自己天真的一面，导致失去童心。

现代孩子的居住环境，使孩子们像被囚禁在笼中的小鸟，不仅与自然隔绝，而且还彼此隔绝，孩子彼此间接触的机会少之又少。大部分时间生活在成人的包围下，没有了儿童间的欢畅。他们的一言一行都由成人来规定和影响着，久而久之，这些"乖孩子"渐渐失去了儿童特有的热情，如天真、幼稚、无拘束，敢说敢做等天性，成为一个个只会"听大人话"的孩子了。

"听话"的孩子一切行事方式、一切思想都和成人一致，这样的孩子除了合大人的意外，他们却与同龄的孩子格格不入。他们没有过童年趣事的美好回忆，没有初生牛犊不怕虎的精神，同时也没有了童年时期该有的笑容。他们早晚有长大的那一天，他们只是成人短暂的"玩具"，终有一天他们还是自己，还要面对自己的人生。而小时候所接受的成人思想必将束缚他们的人生。家长可别单纯地羡慕人家孩子多么听话，多么乖。现在不流行培养"乖"孩子了，而是看哪个孩子活泼有趣，敢说敢做才会在未来竞争社会中脱颖而出。

除了家长要改变教育态度外，当你带着孩子去某个公共场所玩时，四周的成年人如果用"取乐"的方式拿孩子开心，请你立刻带着孩子离开那里。

我刚参加工作时，单位一个领导家的小孙子常常被爷爷带到学校来玩，同事们都经常拿这孩子开玩笑，问些大人们感兴趣的问题。比如说："你爷爷奶奶吵不吵架？""你喜欢爸爸还是妈妈？""你敢不敢和爷爷发火？"……都是些八卦的问题。

开始时，小男孩胆小，谁跟他说话，他就脸红，可是时间长了，小家伙不光敢说话，还尽量把这些问题回答得很圆滑。若是有人问："你看办公室里的阿姨，哪个最漂亮啊？"

小家伙头都不抬就说："都漂亮。"

大人们就会哈哈大笑说:"这孩子真会说话。"

有一次,单位一个男同事要给小家伙脱裤子,小家伙吓得哇哇哭。旁边一个人给小家伙出主意说:"他给你脱裤子,你别哭,你也去给他脱,他就不敢吓唬你了。"以后,真就没有人敢逗小男孩脱裤子了,他扑过去真给别人脱呢!可是他越是这样,大人们越想逗他。后来啊,小家伙的性格越来越调皮,在成人圈里"混得"可好了,和同事称兄道弟。他根本不屑于跟他一般大的孩子玩,他觉得那些孩子太幼稚,没意思。

其实,成人对孩子的那种逗、取乐行为根本就是不尊重孩子。相对成人来讲,孩子是弱势群体,面对强势的威胁,他们希望获得父母的保护和支持,但若是父母也在看孩子"笑话",感受不到孩子心理需要,孩子就会有不安全的感觉。成人逗孩子的思维方式,严重违背了孩子的生理发育规律,最终将导致孩子不尊重他人,更可能出现孩子不懂得自重的后果。

另外,家长别教孩子成人语言。所谓童言无忌,在前边已经有了详细的介绍。家长不要指导孩子该说什么,不该说什么,除了礼貌用语外,要保留孩子对事情的见解,不要过多地教会孩子一些成人间的客套、圆滑和世故。

最后,我的建议是要陪孩子玩些适合他们的游戏。在孩子的世界里,就是一个简单的抛气球动作,对他们来说都是乐此不疲。而成人玩几下就已经厌倦了,就会带着孩子玩他们认为有趣的成人游戏。这样无形之中便把孩子带出了他们的世界,离童真越来越远。关于玩,在后面的内容中还要详细介绍。而在这里提醒成人的是,如果你在陪孩子玩,那么就请你走进孩子的世界,感受他们的乐趣,而非把成人世界中的乐趣强加到他们身上。

总而言之,孩子从出生那天起,他们就是他们自己,他们不需要为了取悦成人而改变自己的生活轨道,请让孩子们按照自己的成长规律去长大。

2. 隔代爱宠出的"小大人"

现如今的家庭模式，隔代抚养司空见惯。对于老人来说，为子女照顾孩子，为子女减轻负担也是他们晚年生活的一个重要部分。而老人对孙辈的疼爱，他们怎么都不会觉得过分。这是因为，许多老人在年轻时因物质条件欠缺或是没有太多精力，在子女成长过程中可能会留下些遗憾，所以更多的老人就会想在孙辈身上补偿回来。老人们对孙辈可以说是言听计从，百依百顺。孩子哭时，老人揪着心；孩子病时，老人寝食难安。这种对孙辈的疼爱，远远超过了自己曾经养育子女时的爱。这种"隔代爱"让子女们都嫉妒，可也让子女们犯愁，因为"隔代爱"极易出现"隔代害"。

学校有个退休的王老师，年轻时脾气暴躁，对老婆儿子态度很不好。儿子也是在他的棍棒下长大的。儿子学习不好，早早地退了学找了份临时工作。儿子娶妻生了女儿，谁也没想到这位王老师对小孙女却太好了。儿子小时候他从没换过尿布，而小孙女的尿布都由他来清洗。小孙女从满月后就天天"长"在王老师身上，王老师怕孙女哭，走到哪儿抱到哪儿。孙女上幼儿园了，王老师怕她在幼儿园哭闹，有时候就坐在幼儿园门外等她放学。孙女哭闹时，王老师就给她钱，买好吃的。半夜要吃面包，王老师也要满大街地买面包。小孙女在他家的待遇，那就是女皇的地位，任何人不可动摇。

可是王老师这样对待小孙女，孙女对他却不怎么好。对爷爷没礼貌，呼来喝去，有时候还出手打爷爷。妈妈教育她时，爷爷还替孙女说话："这是宝宝在给

搞定家中"小大人" HOW TO HANDLE THE LITTLE ADULTS

爷爷捶背呢?"奶奶笑话说:"这老头子真是奇怪,咋对孙女这么好呢?我都嫉妒了。"而有着爷爷的宠惯,小孙女任性的脾气日益见长,天不怕,地不怕。在学校里老师都拿她没办法。不懂得教育的人也能看出来,孩子这样下去不太好,但是身为教育者的王老师却"不识庐山真面目"。

我身边还有一件事更是不可理喻。有位同事的婆婆对孩子极度溺爱,竟然坚决不让已经六岁的孙子上幼儿园。理由是幼儿园里小朋友多,老师都脾气不好,孙子在那里吃不好,睡不好,从前的人从不上什么幼儿园,照样考上大学。这位同事为此还跟婆婆大吵一架,闹得满城风雨,可是结果还是没有改变。

现在,同事几乎都放弃了对自己儿子的教育,她说:"我有什么办法呀!打也打了,闹也闹了,老太太还那样,我还能把她怎样?哎!"这位同事,根本没有解决婆婆问题的办法,只能这么一天一天地挨着。

我说:"可是时间不等人哪,你儿子在渐渐长大。"同事只是唉声叹气,无奈地摇头。

面对这样的"隔代害"到底怎么办?孩子们被老年人捧在手心里,整天和老人在一起的孩子心理上会受到影响,他们多表现为"少年老成"、缺少童趣,就像个"小大人"一样。像有段时间,我女儿和姥姥在一起比较久,她常被姥姥带到超市等地方,和其他许多孩子比起来,女儿显得有些老成,经常嘴里在叨叨:"姥姥大米要涨价了,快提前买些大米存着吧!"女儿的话看上去像是会过日子,可她这个年龄根本不应该为此事操心,她的脑袋里应该想着如何痛快地玩才对。

所以我建议,年轻家长们要早早地意识到"隔代爱"的危害,生子前就要有这样的计划——自己带孩子,尽量让孩子们回归自然,回归童真。

虽然把孩子放在老人那里,省去了很多力气。可祖辈们的世界观形成于几十年之前,当时他们受教育的程度普遍偏低,知识面较窄,在与孙辈的亲密接触中,他们的世界观无意中会隔代传播,以致增加儿童对新知识、新事物的接受度。再说,

老人的思想意识相对陈旧，也相对固执，对孩子接受新的知识经验造成不正确的指引。另一方面，老人生理衰退，腿脚不便，喜静懒动，带孩子只能圈在家庭的范围里，带出的孩子容易老成有余，活泼不足，有碍孩子智能发展。

若是孩子小时必须得由老人来带，那么父母也不能图清闲，对孩子不管不问。每天下班后，尽量还是要自己管孩子。其实，全家人可以制订方案：老人管生活，爸妈管教育。大家各司其职，达成共识。

其次，我建议让孩子尽早去幼儿园。不论怎样，孩子还是要与同龄人一起进入他们的社会，让孩子早些锻炼人际交往，集体生活对他们是有好处的。不要觉得成人也在向孩子介绍交往经验就够了，那只是成人的交往标准，不一定适合孩子们。

然后，还是要对老人进行开导，晓之以理，动之以情，避免因孩子引起家庭战争。为避免日后出现教育子女的矛盾，年轻父母对孩子教育的态度很关键。开始时就要让老人们知道，你不是要对孩子不管不问，教育孩子是大事，不能用溺爱来惯坏孩子。父母时刻要记住：你们才是教育孩子的真正主角，不能图省事，把孩子甩给老人，也不要怕惯坏孩子就断绝孩子与老人的联系。你们还是要多向老人们请教，以虚心、温和、肯定的态度多沟通，而老人们要当好"隔代家长"也必须不断接触和学习新知识、新事物，进行自我提升和完善。

当然，老人带孩子也有些益处。如老人能够耐心地倾听孩子的叙述；对孩子在不同的年龄容易出现什么问题，应该怎样处理，老人知道的要比孩子的父母多得多，而且也比较有经验。

所以说，"隔代爱"有利有弊，而处理不适当，就会弊大于利。希望年轻的家长能扬长避短，在孩子的教育问题上和祖辈多沟通多商量，双方都要以孩子的健康成长为出发点，让孩子在祖辈和父辈共同的爱护下健康成长。

3. 溺爱是人格杀手

苏联教育家马卡连柯曾痛恨地指责：父母对自己子女的爱不够，子女就会感到痛苦；但是过分的溺爱虽然是一种伟大的情感，却会使子女遭到毁灭。

溺爱并不是一个新鲜的话题，大多数家长对溺爱的危害也心知肚明，只是家长在对孩子的感情上却控制不住。对这一点，我有深深的体会，同时也很理解家长们的心情。

比如说，孩子已经长大了，他能够独立去上学了。可是看着孩子背着沉重的书包摇摇晃晃地走向学校，家长想到书包的重量和孩子上学路上的孤独，最终家长还是会跟着孩子跑下楼，拿过孩子肩上的书包说："书包太沉了，妈妈还是送你去上学吧！"大人总是不忍心看到孩子受罪，总是觉得他们还太小，永远也长不大。

而在动物世界里，虽然动物远没有人类聪明，但是它们用自己的方法"教育"子女成为同类中的强者。为了适应南极恶劣的生存环境，企鹅父母会给孩子们进行严格的生存训练。在小企鹅刚刚会走路的时候，企鹅父母总是让小企鹅一边跟着它们跑，一边给小企鹅喂食物。之所以采取边跑边喂的做法，是因为在群体生活中，那些体弱跑不快的小企鹅，很难得到充足的食物。在严酷的自然环境下，企鹅父母从小就锻炼孩子的体质，培养它们的竞争意识。

还有刚刚出生的羚羊，在它能独自站立起来学会走路，奔跑之前，母羚羊是不会喂它一口奶的，因为它如果不这样去做，就会使孩子陷入更大的危险之中。

动物的教子之法虽都来自其自然进化中的本能，但细分析起来却很有道理，它们知道若要让子女在残酷的自然环境中生存下来，就要使子女自身强大起来。它们知道什么时候必须要对子女严厉，尽管在人类看来很残酷。人类为教育子女成才不惜付出所有的精力和时间，同时大多数家长却在用过度的爱剥夺孩子的基本生活技能和锻炼的机会。而且，父母过度的爱不仅仅表现在孩子生活能力减弱上，过分顺从孩子的意愿、对孩子的缺点过分包庇，母亲的慈祥就变成了无条件的妥协和软弱。这样的教育会使孩子成为一个品格不健全的人。

在教育论坛上我看到这样一个故事：

中午放学，天突然下起了大雨，果果早上忘记带伞了，但她并不担心，因为妈妈一定会在门口等她的。可是在校门口，果果却没见到妈妈，她等了二十分钟不见妈妈来，只好自己跑回了家。

一进门，果果就很生气，用严厉的口气质问："妈妈，你为什么不给我送伞？"而此时的妈妈正躺在床上，脸色苍白，虚弱地说："妈妈做完饭，刚要拿伞出门，突然感觉头晕目眩。果果，对不起啊！"果果看都没看妈妈一眼，哼了一声就去厨房吃饭了。

这个故事引起了许多网友的热烈讨论。因为这样的故事曾经发生在许多的家庭中，网友们讨论最多的是现在的孩子不懂得关心人，太过冷漠，不再像是心无城府的儿童了。

可是我试问家长，为什么父母的付出得不到女儿关心的回报呢？教育有因必有果，因为果果已经形成了被父母照顾的习惯，她根本不会，也不懂如何去关心他人，照顾他人。她觉得，别人照顾她是天经地义的事。她没有得到照顾那才是不正常的事，她不会考虑别人的感受，所以爱要有度，就像糖太甜了也会腻，也会无味。

我列举出溺爱对孩子的几大危害，希望给家长们敲响警钟。

1. 溺爱让孩子不懂感恩

上面女孩果果不孝顺的表现，那是她看不到妈妈的难受，她不懂得应该去关心妈妈，只是觉得妈妈就应该伺候她。我们都知道一个幸福的人，他应该得到爱，再把爱回馈给别人。这样把爱延续和传递下去，才会让世界充满爱。而溺爱中的孩子每天都是在接受爱，他根本不懂得如何去付出爱。这样的孩子只能越来越冷漠和自私，只会贪婪地吸取别人的爱。

2. 溺爱使孩子能力低下

每个孩子从出生时起，他就能找食物吃，这是人的本能。他从会爬、坐、走、跑的过程中，形成了对世界的认识。而家长的溺爱却使孩子的这些本能减退。比如说吃饭，本来孩子可以自己吃，但是家长偏偏要喂孩子吃；孩子可以自己穿衣，但家长一定要亲自给他穿上。家长剥夺了孩子锻炼能力的机会，对孩子百般呵护，导致的结果就是使孩子能力越来越低下。

人的智力发育是通过不断地刺激大脑形成的，可是家长不让孩子做这个，不让孩子干那个，他的行为总是被家长限制在一定的环境里，他们无法将自己的能力发挥出来。孩子能力低下，当他在学习、生活中遇到了困难，他没有能力去冲破阻力时，就会产生厌学、畏学等情绪。

3. 溺爱让孩子养成娇惯、任性、不合群

溺爱中长大的孩子，往往事事都以自我为中心，他想怎样就怎样，从来不考虑其他人的感受。这样的孩子很难与其他孩子共处，处于孤立无援的状态。而且任性的性格缺陷会使孩子的心理、人生价值观扭曲，而他走向社会时，将会有一系列问题出现，这些都是溺爱的结果。

这么多危害却出自父母对孩子的爱，看着是不是有点可悲。家长别再口口声声地说自己对孩子多么多么好了，这种爱孩子们承受不起，也不需要。现在，孩子被家长含在口里，他们像沉浸在幸福之中，可是将来，孩子总有一天会埋怨父

母当初为什么那么惯自己。

有个成年女孩因为小时候着凉而得了肾病,她妈妈说:"你小时候不穿鞋子在水泥地上走,我们怎么说你也不听呀!"女孩埋怨说:"我小时候懂什么啊?你们懂得事情的严重性,怎么不好好管呢!"

看看吧!孩子并不领情家长对他们的溺爱,所以说,请记住这句谚语:适度——最好的药剂。

4. 得到越多，越不知足

家长爱孩子的表现，往往是对他们的要求无节制地满足。就单说孩子的玩具，只是枪类玩具就有好几种，什么水枪、机关枪、小步枪，简直可以开个玩具兵工厂；车类玩具有吉普车、小轿车、火车……但是即使这样，还是不能满足孩子对玩具的需求。

不知道家长有没有发现孩子的一个特点，他们从来不会记得家里都有哪些玩具，只要在某处看到一个样式漂亮、新颖的玩具，即便是家里已经有了，孩子还是渴望得到个新的。可能有家长大方地说："只是孩子玩的东西，没多少钱，何必那么小气呢？"

我觉得这是家长只关注到孩子暂时的高兴，却没看到这样教育的结果。人的欲望就像一个无底洞，这山望着那山高，永远不会满足于现状。孩子也是如此，家长对孩子的要求在第一时间满足，对孩子的要求一再退让，家长会发现越是这样对待孩子，孩子的坏习惯也越来越严重。如他们的要求会更加多，对家人越来越不尊重，更爱发脾气。而且，现在的孩子花钱如流水，买东西从来不考虑家庭承受能力，家长对他们爱的付出，得到的却是他们坏习惯的回报，这是为什么？因为贪婪。

德国剧作家、文艺理论家莱辛的寓言故事《仓鼠和蚂蚁》对贪婪的下场作了很好的诠释。

"可怜的蚂蚁们，"一只仓鼠说，"为了屯集这么一点粮食，你们千辛万苦

地劳作，忙活了整整一个夏天，这值得吗？真该让你们看看我的储备粮。"

"听着，"一只蚂蚁回答道，"就因为你储藏的粮食比你所需要的多得多，所以人类才要把你从泥土里挖出来，把你的粮仓掏空，让你用性命来替你那贪婪的强盗行为赎罪。他们这样做太合理了！"

古今中外，有多少才子能人被贪婪所害？教育是个很用心的工作，家长不用心去做，就会对孩子贻害终生。在孩子小时候，家长无节制地为孩子买这买那，对孩子的需要有求必应，这表面上是对孩子的爱，而这爱却是过了度。家长不要认为孩子大了会控制自己，世界上的新鲜玩意一天比一天多，今天孩子向你要一架玩具飞机，明天他就有可能向你要一架真飞机。当孩子想要的谁也给不了时，家长还能满足孩子的要求吗？贪婪的思想已经在孩子思想中扎根成长，想彻底根除难上加难。

2010年的冬天，我和同事坐车去百货大楼购物。在公交车上，一个小男孩因为偷乘客的钱包被抓。当一大帮人拧着小男孩的胳膊时，我发现那男孩竟然是我邻居家的孩子。我大为吃惊，走上前问怎么回事。男孩一看是我，低下了头。

旁边的男人说："你认识他吗？刚才急刹车时，他想偷我包里的钱，现在就把他送派出所。"男人让公交车在派出所站点停下，他把男孩送到了派出所。我连忙也跟着他们下车，并给男孩家长打电话。

过了一会儿，男孩家长火急火燎地赶过来，他不敢相信自己的孩子竟然去偷东西。但事实确实如此，派出所民警见只是个十来岁的孩子，只好交给家长进行教育了。

后来，这位家长到我家聊天，我问他知道孩子为什么要那样做吗？家长说："孩子前几天非要买辆山地越野自行车，他要的那款一千多块钱，我答应他发工资时买，可孩子说什么也不等，跟我闹了几天别扭，可我没想到他竟然去偷。唉！我教育的失败啊！小时候，他要什么，我就给什么，怎么也没想到他现在想

要什么就要立刻得到,否则就耍脾气。以后,可怎么教育啊?"

此刻的家长,怎么也想不到当初对孩子的无尽满足换来的是孩子的偷盗行为。正如苏联教育专家马卡连柯说:人们常说因我是母亲,我是父亲,所以一切都应"让给"孩子,为孩子牺牲一切,甚至包括自己的幸福,这实际上是父母送给孩子最可怕的礼物。

可见,家长对孩子毫无节制地满足是一种错爱的表现,这种行为本身就间接地剥夺了孩子的满足感,导致孩子缺失了控制自我欲望的能力。他们心里想什么就去做什么,甚至明知是不对的事也要去做。而且,无节制地满足孩子的要求,压抑着孩子的自然发展,使孩子从小就具备的独立性在慢慢减弱,而依赖感、不讲理的骄纵性却是越来越强烈。此外,这种行为还会严重妨碍儿童的才智发挥,削弱他们的求知欲、责任感和成就感。因为孩子会觉得获得需要是一件非常容易的事,他没有经历过得到某件东西之前漫长而强烈的渴望,也没有感受过经过一段不懈的努力才得到后的成就感。当这种简单的获取需要的方法养成一种习惯后,孩子便会形成一种心理趋同的倾向,想要什么,他们不会去努力拼搏,而是只想着天上掉馅饼的好事。

由此可见,家长不要事事都满足孩子,而要看孩子的要求是否合理。若是合理,家长应给予满足;否则,家长要耐心引导孩子,让他们明白家长不能满足他们的原因,而不是粗暴地阻止。当然,很多孩子无法理解家长的良苦用心,往往会用不吃饭、哭闹等方法来"胁迫"家长答应其要求。这个时候家长要"狠"下心来,无视孩子的"威胁",一定要做到坚决抑制孩子的"伎俩",不能因为心慈手软而让其得逞,否则,孩子更会肆无忌惮地用同样的方法达到他的目的。

5. 有一种爱叫放手

其实，很多家长深知对孩子实施放手教育的重大意义，可是现在社会中的诸多不安全因素却在阻止家长们坚定地放开孩子的手。每天，随时随地，都充斥着关于孩子受到伤害的事实报道。而这类报道中，孩子总是会遇到各种稀奇古怪的危险，你也在这样的报道"提示"中变得小心谨慎。给孩子吃糖时，你担心他被噎着；孩子在澡盆洗澡时，你担心他被水呛到；孩子独自过马路时，你担心他被车撞到；孩子参加运动会比赛，你担心他受不了太阳的炙烤而晕倒……太多的不安全让你惴惴不安，只好在孩子做事情时，跟在他们身边，才会让你放心。

是的，在你的保护下，孩子们似乎可以远离危险。而家长这样做可以让自己安心，但是孩子的想法却是：你们根本不信任我的能力。孩子有这样的想法，他们会怎样？或是胆子越来越小，依赖感强，没有自信心；或是与家长对抗、叛逆。但不论是哪种可能，在孩子心中他们都非常不愿意有父母的这种所谓保护。更重要的是，家长因为诸多恐惧，整天盯着孩子的行为，限制他们的自由，让孩子只能围着大人转，使孩子缺失了童年的乐趣和创造力，这将对孩子影响一生。

某次家庭调查结果显示：40%的孩子暑假和父母交谈时间不足30分钟，62%的孩子最讨厌父母讲"不准看电视"这句话，最讨厌父母的行为依次是：偷看隐私、干涉上网和不准出去玩，40%的孩子认为父母是约束自由的烦人。

从这些数据中可以看出，孩子们对家长过度的"看护的管理"厌烦到了极点，虽然家长打着"杜绝危险出现"的旗帜，可是孩子似乎并不领情。所有的孩

子都想快快长大，实际上他们只是想快点挣脱成人的管束，他们渴望自由，渴望无拘无束，那样的生活才是他们需要的童年时光。

我觉得如今"小大人"一个个地出现就是因为家长对孩子过度地关注了。现在，许多家庭教育又把早教的时间提前到了孩子的出生，甚至于从怀孕就开始的胎教，都带有家长强烈的急功近利思想。

据一位教育专家讲述，她曾见过一个两岁半已识字一百多个的小女孩，因为脑子里被成人塞了许多与年龄不相符的复杂信息，使她上幼儿园后无法与同龄孩子交流，只能天天由老师陪着。她的同龄孩子喜欢的是玩沙玩土玩水的游戏，而她却被成人灌输了玩沙玩土很脏的观念，导致她无法适应幼儿园的生活。而另一个仅15个月大的女孩已开始翻阅大人的书，根本不喜欢妈妈买的那些色彩斑斓的小人书。这些孩子已被焦虑的父母培养成很有心思的"小大人"了。

在刚刚结束的高考考场外，热辣辣的阳光下，考场门前的警戒线阻隔着翘首企盼的家长们。许多父母从孩子没出生时就开始悉心培养，而此刻到了结果实的日子心情该多么复杂呀！

一位与我熟识的家教畅销书作者曾与我交流教子经验时说，她也曾经历过对女儿放手的转变。

女儿刚出生时，她觉得可以付出自己的所有去爱孩子。女儿都很大了，她仍旧为孩子穿衣，穿鞋。孩子在她的娇惯下，特别温柔，整天坐在那儿老实地看书。可随着女儿渐渐长大，她发现有些不对劲。女儿刚上幼儿园时，她很担心女儿受其他小朋友的欺负，可是后来她发现，女儿根本就不和小朋友玩，让她担心的是女儿总是独来独往，一个人活动。我的这位朋友问女儿为什么不加入小朋友的游戏。女儿说："我喜欢自己玩，不喜欢吵吵闹闹的。"

朋友觉得这样下去，女儿不就形成孤僻的个性了吗？后来，朋友找到了女儿问题的原因，就是因为她对女儿管束得太多了，抑制了孩子个性自由地发

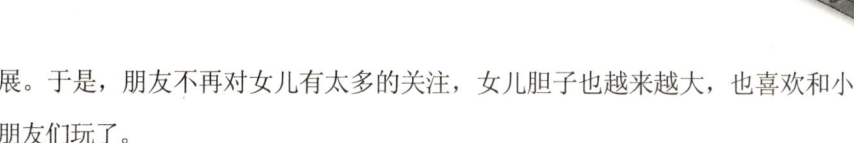

展。于是，朋友不再对女儿有太多的关注，女儿胆子也越来越大，也喜欢和小朋友们玩了。

可喜的是，她的女儿最终考入了北京大学。女儿在妈妈的生日那天发回一封电子邮件，她说，感谢妈妈给了她自由成长的空间，无论是孩子间的游戏和阅读，还是成人社会的交往，都是她在自我探寻的过程中获得滋养的，使孩子自然地掌握了做一个社会人的知识。正是因为妈妈没有手把手地教，没有过度地关注与控制，使得孩子顺从天性，少了与成人价值观的矛盾冲突，多了一份自我成长的快乐和自我探索的勇气。

朋友的家教畅销书受到家长们的好评，这也是一个母亲的教子经验谈哪！而朋友的教子经历也在告诉家长们，对待孩子教育该放手时就放手吧！给孩子一个相对独立的空间，让孩子有自己的思想；给孩子一次单飞的机会，让孩子经历雨打风吹；给孩子一个相对自由的选择，让孩子勇敢走出自己的路……

6. 把孩子放回到孩子中去

现在很多孩子的活动空间只有两处：学校或是家中。学校里，上课四十多分钟，下课十分钟，按部就班的时间和日程；在家中，写作业、看电视、玩电脑、睡觉吃饭，单调又乏味。表面上看孩子们无忧无虑，可事实却是他们无聊又寂寞，因为他们的生活圈子里大多数只有成年人。

我很喜欢中央少儿频道的一个广告，画面是由简单的动画制作而成：一个大碗饭、一个小碗饭；一件大衣服、一件小衣服；一双大鞋、一双小鞋……然后是一个大人和一个小孩子。一大一小形成了两代不同的人，他告诉我们成人和孩子之间的差别有多大。

不论大人在家里如何变着法地陪孩子玩这玩那，不惜花高价为孩子买回玩具，但是我还是不得不提醒你，孩子在这样的生活环境里终究体会不到属于他们的玩的乐趣。

我想家长都记得自己小时候，那时候哪有什么高档的玩具啊！一个沙包、一根皮筋、一个玻璃球，就可以让我们玩得酣畅淋漓，意犹未尽。你玩得快乐根本不是玩具的作用，而你都是和一大帮的同龄孩子在一起玩的，这一点也是现在孩子寂寞的根本原因。

我们小时候特羡慕放假，而现在的孩子却是畏惧放假。因为每到放假，家长或者用兴趣班填满孩子的时间，或者把孩子寄放在老人那里，让他们整天和老人待在一起。还有的家长根本不让孩子出门，家长出去时就把孩子锁在家里，我觉得这跟软禁没什么区别。在这样的环境下，孩子总是一个人孤零零地面对四周的墙壁或是与自己无法沟通的长辈，他们还有什么童年乐趣可言呢？

所以说，现在的孩子普遍缺少的就是与同龄人在一起的交往经历。他们整天被大人禁锢在家中，自由感、想象力都在逐渐丧失，表现能力也在下降。最重要的是，孩子缺少在户外的活动，使其体能越来越下降。而很少与同龄孩子们在一起，也给他们的心理带来了许多负面的影响，如社交能力差，性格孤僻，人生观、价值观狭隘等。

相关教育专家也指出：集体中的游戏是孩子们的精神家园，是孩子们了解社会，成熟起来的摇篮。可见，让孩子回到孩子们中去，意义是深远而显著的。我觉得，主要体现在两个方面：

1. 可以锻炼孩子合作的集体主义精神和观念

若是孩子只和大人在一起，他所交往的人际圈子都是成年人。可想而知，成年人对孩子总是会谦让和照顾。这样就使孩子们形成特别孤傲的性格，觉得人人都不如他。而孩子们在一起，可以培养他们的忍耐力，让他们学会迁就，照顾他人的感受等，从而使孩子形成良好的合作关系。因为孩子将来走向社会最终还是要与他人合作，否则他无法在工作中立足。

2. 在孩子们的世界中，他们才能找回应有的童真乐趣

家长和孩子之间的代沟只能缩短，不可能完全没有，这是人生阅历、思想观念不同而造成的，这是不可改变的事实。所以，家长陪孩子玩，虽然对孩子可以百依百顺，事事迁就，但是孩子不一定会快乐。孩子和我们的交流出现困难和分歧时，大人不理解孩子，孩子无法倾诉，那这样的关系怎么能称之为快乐呢？而孩子之间，他们对世界的认知处在同一水平线上，他们有共同的语言、共同的爱好，交流起来有共同的内容，而这一切就是乐趣。

把孩子放回到孩子中去，需要家长的极力配合。一家只有一个宝，孩子和孩

子在一起玩,难免会有摩擦,如果孩子受了欺负,被人打了,那可多心疼啊!这种心理体会,我能够理解,但是我们不能因为舍不得而剥夺玩的快乐,不能因为疼爱而让孩子成为只会躲在爸妈身后,经不起风吹雨打的花朵。

我新搬入的小区,有一对夫妻,快四十岁时才生了一个男孩,夫妻俩把孩子视为掌上明珠,儿子的命比他们的都重要,孩子从小娇惯得不得了。但是,这夫妻俩对孩子的有些事却并不在意。

有一次,儿子和小朋友玩滑梯,好像是为谁先爬、谁先滑的问题打了起来,小朋友一下就把他家的宝贝儿子推倒在地。推人的小朋友家长很担心夫妻俩会大发脾气,可是夫妻俩听到儿子的哭声跑来后,看看儿子的伤说:"玩的时候受伤没什么大事,下次小心点。"以后,夫妻俩还是让儿子下来玩。

有人问这对夫妻,看到孩子受伤不心疼吗?这家的妻子说:"心疼,可儿子早晚有一天要走出我们的保护伞,我们这也是面对现实。你说现在不锻炼他与人如何交往的能力,培养他遇到挫折的意志,将来我们不能陪他了,谁能教他这些本事呀!"

听了夫妻俩的话,我向他们竖起了大拇指。我说:"你们这样的想法才是真正为了孩子,才是对孩子最好的爱呀!"

"授人鱼不如授人以渔!"每个家长都爱自己的孩子,希望孩子过得幸福,快乐。但是家长对孩子给予怎样的爱,却决定着不同的结果。你爱孩子难道只是让他们不愁吃穿,风吹不着,雨打不到吗?你有可能给他们留下一辈子也花不完的钱,但如果孩子连拿着钱去花的能力都没有,那家长的这种爱是正确的吗?因此说,家长就让孩子们走出家庭的"监狱"去痛快地玩吧!生活的多彩就在蓝天白云下面,和孩子一起玩,打架也快乐。

7. 放手并不是不在乎

我告诉家长对孩子要放手、放养。但是，放养、放手要有度的限制，并不是告诉家长就此放手不管了，跟放出的鸭子似的，那想收可就收不回来了。放手不等于放任，该放的要放，不该放的决不能放，这就叫收放自如，恰到好处。

有一位妈妈很有意思，她说："现在流行放养教育，我可轻松了，他爱干啥就干啥。"这位妈妈跟儿子说："你学习好坏自己负责跟我没关系。"儿子听了自然高兴，以后没人管教他了，他就是自由人了。他开始上课不听讲，不按时完成作业，甚至还逃课。当老师把这些报告给妈妈时，妈妈大吃一惊说："什么放养理论哪！都是瞎说的，把我孩子害成这样。"

其实，教育专家给出的"放养教育"的解释是：尽量让孩子们能在自然属性、社会属性多一点的地方进行感性及理性的练习及指导。而在组织教育过程中，并不是完全放手，而需要家长的鼓励、制约、示范和提示。就像孙悟空，他在如来佛的手上又是翻跟头，又是撒尿的，可就是逃不出如来佛的手心。因为孙悟空到哪里，如来佛的手就长到哪里。家长对孩子的放手也要达到这种效果，让孩子自由自在地发展，锻炼他们独立处理事情的能力，但是孩子放养出去，自由发展的过程家长可是要全程跟踪的。孩子还小呀！他们的判断能力不够强大，你要是真的什么也不管了，那他走上歪路，后悔也晚了。

比如说孩子第一次独自去上学，其实他完全可以自己过马路了，能自己去上学，孩子当然很高兴，这表示他长大了。但是家长还不免要担心，怎么办？你已

HOW TO HANDLE THE LITTLE ADULTS

经和孩子说要锻炼他的独立能力，让他自己去上学了呀！解决这种矛盾的心理，那就可以悄悄地跟踪孩子，观察他这一路上是怎么上学的。是一边走一边玩，还是过马路时太着急？总之，看着孩子第一次迈进校门的那一刻，家长的心才能放下。放学后，家长要鼓励孩子今天独自去上学这件事，然后就像在说别的小朋友一样，旁敲侧击地把孩子上学路上你发现的毛病说一说，告诉孩子这样做会出现什么危险，让孩子一定要注意。

我想，这样"跟踪"几次，家长就可以做到真正地对孩子放手了。跟踪过程，是你对实施放养教育中可能存在的危险的视察，也是对孩子的一种保护。在这个过程中，若是出现了危险，家长及时制止是必需的，但是不能惊吓到孩子，尽可能悄悄完成，达到保护孩子的目的。

再大一点的孩子，你就可以放心地让他自己去完成一件事了。在孩子做这件事的过程中，你不要刨根问底地过分关注事情的进展程度，你要表现出淡然的样子，但你要从侧面对孩子完成任务的情况进行打听。

举个例子，孩子要参加学校的科技比赛。你打听到孩子遇到了技术上的困难，你可以在和孩子闲聊中，顺便说出这个技术问题的原因。孩子会认为你只是偶尔说起，但对他正在完成的事却有很大的作用。在这件事的过程中，你偶尔还要鼓励孩子，让他遇到困难就多想办法。

家长对孩子实施放手教育时，家长是潜伏在孩子背后的力量，那里包含了信任、鼓励和强大的精神支柱。对孩子的放手，给孩子传达的就是对他们莫大的信任，这本身就是孩子前进的动力。如果连父母都不相信他能独立做好，那他们就更没有信心了。

但是，对孩子的放手教育也要有一定的原则，以下是我的三点建议。

1．放手是为了锻炼孩子的独立，并非为自己减负

相反的，孩子不在家长的视线范围内，家长对孩子付出的精力要更多一些。

但是，这只是开始放手时，为家长缓解一些担忧和顾虑。当孩子已经懂得如何处理危险后，家长和孩子都会对这种关系感到轻松和愉快。而同时，孩子在他自己的世界中得到认可，就有了自己的个性和主见，孩子越来越自信，家长也越来越放心。若是孩子永远在你的手里把握着，你永远也不会放心他自己面对事情，那你永远都要对孩子牵挂，那种任何时候都不放心的牵挂是最累的。

2. 放手不是放任，有些也需要过问

比如说孩子近段时期的学习情况。家长可以跟孩子说清楚：你在学习的过程我们可以不过问，我们相信你上课听讲，按时完成作业。但是过一段时间，你要向我们汇报情况，而且汇报情况一定要如实，不能有欺骗性行为。

有人说：人之初，性本懒。孩子自制力差，常常还是需要家长的督促和推动。你虽然对孩子信任，让他们自己处理学习等重要事情。但是，家长仍旧需要隔一段时间对其进展情况进行一次了解，如发现了异常问题，家长就一定要把事情问个明白，让孩子清楚地了解自己在哪方面做错了，在下一阶段，孩子再去改正。若是孩子只是盲目地做下去，没有人给他们指点迷津，恐怕他们是撞了南墙也不回头呢！父母给孩子提出明确的指导方向，对孩子的影响是很大的。

3. 当孩子主动提出帮助时，家长一定要伸出援助之手

虽然我们坚持要进行放手教育，绝不能心慈手软。但是，我们仍旧是孩子的支柱，如果孩子提出要求，家长不能断然拒绝。而且家长也不能要求孩子做事一定要达到一个很高的水平，要根据孩子的能力量力而行。

总而言之，家教中的任何一个方法都要遵循一个度，掌握家教的分寸，才会使方法起到有效的作用。

8. 大人的事，不必让孩子全知道

大人对孩子舍不得放手，总是把孩子圈在自己身边，孩子的活动范围始终在父母的视线里，这样可以让家长免去担心。可是，家长却没有考虑到，你在办理成人间的各种事情时，会被身边的孩子看到和学到，在耳濡目染中，他们的思想、行为就会被成人的理念所感染，"小大人"由此而形成。

而成人间的许多事情又很复杂，孩子有限的判断能力无法真正懂得成人做事的目的，他们会以自己的想法去理解成人间的事。

我曾经的一个同事小王就犯了这么一个错误。那天，小王在单位与同事小刘发生了矛盾，小王回到家就痛痛快快地把小刘臭骂了一顿。小王的儿子看到爸爸生气的样子，心里有了主意。因为小王的儿子和小刘的女儿在同一班，第二天，小王儿子为了替爸爸"报仇"，在小刘女儿的书包里放了一只大蜘蛛。小刘女儿打开书包的一刹那，看到那只大蜘蛛，当场吓得晕了过去。小刘女儿被送到医院，老师知道是小王儿子使的坏，也把小王叫到了医院。

小刘一看竟然是小王儿子干的好事，一下子想起了昨天在单位他们之间发生的矛盾，质问小王："你儿子是故意的吧！小王啊，没想到你这么小心眼。"

小王连忙把头转向儿子，儿子低下了头，他明白了儿子是默认了小刘的说法。小王这个悔啊！他只得一个劲地向小刘道歉。

回到家，小王问儿子放蜘蛛的原因是不是因为昨天爸爸生气的事。儿子点点头说："我就是想为您出气。"

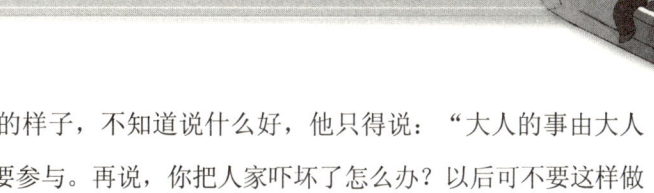

小王看着儿子的样子,不知道说什么好,他只得说:"大人的事由大人来解决,小孩子不要参与。再说,你把人家吓坏了怎么办?以后可不要这样做了。"

小王嘴里在教训孩子,心里却在骂自己,他决定,以后不会再在儿子面前说那些成人间的事了。

孩子毕竟还是孩子,他们年龄小,辨别是非的能力非常弱,而且某些事会给他们留下很深的印象,有些事也许会影响他们的一生。像同事小王家的孩子,他根本无法理解成人间的矛盾是非,他按照自己的思维,采用了错误的、极端的办法去解决问题。幸好小王儿子对小刘女儿的伤害还可以挽回,但这件事足以给广大家长敲响警钟:有很多事情不需要让孩子们知道。

我们提倡家庭成员之间要平等和民主,孩子在家庭中可以有发表意见的权利和义务。但是我觉得,在家庭中过分地讲求所谓的民主,家里发生的大事小情全都让孩子知道,并不是家长明智的选择。因为现实生活是复杂的,有好的一面,有坏的一面,有的好坏交织在一起,这些事情一股脑地让孩子知道,只会给孩子心灵徒增烦恼,心灵安上枷锁,对孩子的成长一点意义也没有。

2010年,我见同事在网上"炒白银"赚钱很快,我挣钱心切,把家里的一半存款都投了进去。本来一直小有收获,可2011年5月份白银突然降价,我的资金被牢牢地套在了里面。虽然我早已知道了股市有风险,投资须谨慎的道理,可我还是在家中不经意地抱怨投资的冲动,并且告诉女儿以后要在花钱上节约一些。其实,我说这些时并非有意要控制家里的花销,可是女儿却牢牢记住了我的话。有一次,老师要求学生订阅图书,可是女儿却拒绝订阅,原因是家里的钱都被"套牢",家里已经没有钱了。我得到消息后,才回想起自己说过的话,可是这么多日子里,在女儿的心中会有着怎样的压力啊!

经过这件事,我就发现在家长心中一定要有个数,哪些事该告诉孩子,

HOW TO HANDLE THE LITTLE ADULTS

哪些事不该告诉孩子,哪些事只可以告诉孩子一半,家长要仔细斟酌。也就是说,家长们在孩子面前不要整日唠唠叨叨,什么事都随口一说。有句话叫"说者无意,听者有心",别忘记了在旁边"偷听"的孩子。

但这里并不是讲成人的事都不告诉孩子,因为一个孩子终究要长大,他今后要独立生活,面对复杂的现实生活,如果他们一无所知,没有应对复杂事情的能力,即使文化再多,他的生活质量也难以提高,幸福的生活也不可能有保障。从这个意义上来讲,让孩子适当懂得大人的事情是有一定的好处的。可哪些事可以告诉孩子,哪些事不可以告诉呢?

1. 父母工作辛苦,工作努力的事情可以告诉孩子让孩子知道生活的艰辛,但是努力工作又是一件多么快乐的事。告诉孩子累并快乐的事情是很幸福的。给孩子传达一种不怕苦,不怕挫折的奋斗精神。

2. 父母孝敬长辈的事可以告诉孩子

如,今天全家人要为爷爷过生日,我们要为爷爷准备生日礼物。家长可以让孩子为爷爷选择礼物,让孩子感受到尊老爱幼的行为是父母们最喜欢的,在孩子处理这样的事情中,孩子懂得了孝顺父母、尊敬老人的美德。

3. 可以让孩子知道家庭每月的生活费用让孩子知道父母挣钱、花钱的辛苦,这样的事情让孩子知道会让他们懂得节俭,培养他们正确的消费观。

4. 家长在工作中遭遇的不平之事不要告诉孩子

让孩子快快乐乐地度过他的童年是最重要的,家长不要过早地把生活不平的压力分担给孩子,让孩子小小心灵承受生存压力。让孩子保持一片纯净的童年天空,家长不要因为一时的抱怨而破坏孩子对未来生活的美好向往。

5. 亲人间的矛盾不要告诉孩子。

有很多家长常常把兄弟姐妹、婆婆娘家的矛盾让孩子也知道,孩子也会因为父母的态度而改变对亲人的感情,然而,家长和亲人之间的矛盾有时候并不能理出个谁对谁错，这会使孩子陷入其中的尴尬地位，会让孩子的感情天平失衡。因此，我建议这样的事情少让孩子知道些好。

总而言之，家长告诉孩子的应是一些积极、阳光、快乐、有意义的事，而不应让孩子知道家长的消极和仇恨，我们不要因为一时的情绪而给孩子留下终生不忘的阴影啊！

HOW TO HANDLE THE LITTLE ADULTS

9. 重大的人生选择要由孩子做主

很多家长都有这样的想法：我把孩子带到这个世界上，他的一切都应该由我做主。只有我给他们作出的决定，才是对他们最好的。这样的想法驱使家长剥夺了属于孩子的一切决定权利。

当然不可否认的是，在孩子的婴儿阶段，他们无法辨别好坏，家长可以做孩子意愿的全权代表。但不知道家长有没有发现，婴儿也有反抗的时候。一个四个月大的婴儿刚刚睡醒，你觉得睡醒后她会口干舌燥，给她喂些水会对她的身体健康有好处，可若是婴儿不想喝水，她虽然不会说出来，但即使你强行用勺子把水喂进她嘴里，小婴儿也会把水吐出来。仅仅是四个月大的婴儿，她已经有了判断力，对外界的反应她本能地有了抗拒。

每个人的成长经历和性格养成是先天造就的，但是每个人要走的人生道路各不相同，即使是父母、亲兄弟也是如此。而在自己的人生中，只有自己的选择才是你如何面对人生竞赛的资本。这种资本就像是赌博中的筹码，选择只有一次，或输或赢只有你自己承担，即便是生养的父母都不可能代替。

朱子明是我校的高中学生，他的母亲是我们同校的教师。在朱子明高考填报志愿的时候，妈妈和儿子产生了分歧。当年，朱子明考了六百多分，过了本科重点线。妈妈让他报中国人民大学，可孩子非要考上海同济大学。后来，妈妈通过在学校的关系，偷偷给儿子修改了志愿表。儿子知道后，生气也没有办法了，而果然中国人民大学的通知书到了，儿子不情愿地去了那所大学。可是，儿子根本

就不喜欢那里,对学习也没有兴趣。现在大学毕业了,就职于一家外企,每天工作很累。

我问朱子明妈妈儿子有没有女友?朱子明妈妈叹口气说:"要说父母啊可别瞎操心。当年,我偷偷给子明改了志愿,他就一直抱怨说,是我改变了他的人生。现在,这小子有点自暴自弃,我真后悔,管他的事干吗?"

朱子明妈妈以爱的名义为孩子擅自选择,可孩子却不领情,孩子对妈妈不可理喻的行为至今"怀恨"在心,而这种"恨"让孩子无心面对自己的人生,你说妈妈这是爱孩子还是在害孩子呢?

其实,一个人不能选择自己喜欢做的事情是件多么痛苦的事呀!对此,成年人应该感受最深。父母应该明白,孩子也是人,也有自己的喜好,强迫他们去做不愿做的事,孩子总会不开心。要是让孩子按照父母的意图去做事,就可能引起孩子的敌对情绪和反抗。当然父母可能会说这样也是为了孩子,就像朱子明的妈妈一样,可是善意有可能出恶果。父母不应该对孩子事先作出决定来限制孩子,因为孩子的成长过程是一个不断变化的过程。父母能做的就是让孩子学会为自己做主,这样,孩子做事情才是发自内心的,而且在做事的过程中,才会形成自己了解自己,自己认识自己,自觉发挥自己的能力。

当然,任何一个人,要作一个正确决定总会有困难的,更何况是孩子。他们既没有经验,又喜欢新鲜的事,他们作出的选择和决定,难免不恰当或是错误的。让孩子自己作决定,父母总是会有点害怕,担心。可是孩子早晚有一天会独立面对选择,他们要学会在选择前全面考虑,这也是一个从失败到成功的过程,家长要给孩子这种必要的经历。若是家长对孩子包揽所有选择权,孩子习惯了这种生活态度,对以后生活会带来困难。因为孩子将要面对的选择无处不在,与朋友相处,大学的生活,工作中的事情等等都要进行选择,可是孩子根本不会去选,那时候他们什么事都要问问父母的话,父母到什么时候才能对孩子放心呀!

而在欧美西方国家，学校非常注重培养学生的自主意识和独创精神。学生们可以根据自己的兴趣爱好自由地选择上课内容，学生完全凭自己的意愿来学习。这也是学校尊重孩子的一种体现。尽管孩子年龄小，但孩子们的事应该由他们自己作出决定，用这种方法教育孩子是十分可取的。因此说，家长要对孩子的选择权放手，特别是关乎孩子人生的大事，更不能一手遮天，大权在握。若是小孩子不会做主，你还要尽量创造机会培养他们敢于做主，并且为自己的选择负责任。

我带女儿去商店买小零食吃，我会提前告诉孩子只能选择其中的两种零食。女儿在琳琅满目的货架前徘徊不前，她回头问我："我要哪个呢？"

我说："选择权归你，你选择你最喜欢吃的。"最终孩子选择了两袋食物。我带着她去付钱，钱已经付了，这时候女儿突然又想换袋零食。

我摇了摇头说："不可以了，钱已经付了。也就是选择了就没有改变的机会了。以后，你选择前一定要好好想想哦，而且选择了就不要后悔。"

我要让孩子知道，只要尽力而为作出比较合适的决定就可以了，不一定要十全十美。当然，我也不能表现出可以随意作决定的态度，孩子会有样学样。

我还常常让孩子体会到错误决定的后果。那年深秋，女儿非要穿薄薄的裙子去外面玩，我跟她讲天气冷，不适宜穿这么少，会冻感冒。可是女儿却反过来对我说："妈妈不是说在穿衣这样的小事上让我自己做主吗？"

我一时语塞，只好说："后果我已经告诉你了，你穿裙子下去吧，如果冷要立刻回来呀！"结果，女儿刚走到一楼就冻得跑了回来说："这次选择是错误的。"当然，我的女儿已经稍大一些，她不会因尝试而被冻感冒，但这次的经历让她知道，选择前要适当接受别人的建议，不能一意孤行。

一个敢说敢做的人才能在社会中立足；一个可以对自己作出正确选择的人，他的人生始终掌握在自己手里。这样的孩子才是我们家长最放心的孩子。

"小大人"能说会道,更善于察言观色。他们不屑于贴小红花,不屑于父母奖励的一块大白兔奶糖……他们把这一切都看成大人哄骗的招数,他们撇撇嘴,作出一副不会上当的样子。可是,又有谁知道他们内心的真正想法呢?其实,他们也需要父母的吻和拥抱。

第7章 关爱法则:
用爱帮"小大人"摘掉伪成熟的面具

搞定家中"小大人" | HOW TO HANDLE THE LITTLE ADULTS

1. 你知道孩子想要什么吗？

如今生活节奏如此之快，也许忙碌的你无暇照顾孩子，但你明白你对孩子的爱从未减少过。可是，爱不是单方一厢情愿地给予，而是你给的正是孩子真正想要的。

"爸爸妈妈累死累活还不是为了你？"这大概就是很多家长一厢情愿的想法罢了，而孩子们不一定会领情。有关部门的调查结果显示了一个让人意外的事实：50%左右的中学生觉得"父母不了解自己，不知道自己到底想要什么"。他们说："父母给了我最好的东西，可这些都不是我想要的。"而在孩子接受父母所给予的物质时，他们只能用冷漠和无视来反抗父母，许多家长觉得这是如今早熟孩子对物质要求与日俱增的结果，但是，家长们却完全忽略了孩子真正想要的是什么。

忘记是哪一届的学生了，有个男生的父母对他很娇惯，那年是猪年，流行买"金珠"，父母为其买了一个十多克的金珠。有次学校要开家长会，我问男孩家里谁会来开会。男孩无所谓地说："没人来，我通常都是自己给自己开家长会。"

"你爸妈这么关心你，还不来了解一下你的学习情况吗？"我问。

"他们都是大忙人呗！"孩子装作轻松的口气，但我看出他的眼神很伤感，"不过不论我缺什么东西，他们都能快速满足我的要求。但有时候我觉得家里没钱也挺好。"

我听了呵呵笑，他接着说："那样，他们就有时间管我了。唉！鱼和熊掌很难兼得，知足常乐吧！"男孩老气横秋地像是看透了世间的烦事。我拍拍他的肩，什么也说不出来了。

一个才初二的孩子，他无法向父母索取到他想要的关爱，只能自己找些心理平衡。这孩子学习也一般，因为父母从来不要求他学习到什么程度，他说他没有人生目标，混一天是一天。

可见，对于孩子仅仅给予物质的需要是不够的。这个男孩的成长里没有父母的鼓励、关怀，家长不知道孩子是怎么度过每一天的，只是一味地用赤裸裸的金钱来补充孩子的成长养料，这样的孩子看上去很懂事，自己的事情很少找父母帮忙，他们也不喜欢在父母跟前撒娇，像个让人放心的"小大人"。其实，那是他们在压抑自己渴望得到父母关注的情感。可见，孩子到底在想些什么？他们需要什么？看似简单的问题，回答起来却很难。

现在人们生活水平高，特别是在城市里的孩子，吃的、用的、穿的、玩的……他们的一切都是好的，不论父母再给他们什么样的物质需要，他们都不感兴趣，甚至会觉得太小儿科、太庸俗了。特别是被成人称为"小大人"的孩子，常常对父母出差回来买的高档玩具表现出极大的不屑，这是他们对玩具不感兴趣了吗？其实，他们想要的是物质以外的东西。

据有关调查显示：对于4～10岁的城市孩子来说，他们最想要的是"让父母注意自己，让父母跟自己一块玩耍，让父母关心自己"。对于11～15岁的城市孩子来说，他们最想要的是"少一些作业，痛痛快快地玩，按自己的爱好买东西，按自己的爱好上兴趣班，假期出去旅游"。对于15岁以上的孩子来说，他们最想要的是"父母对自己的理解、宽容、尊重"。

这样的调查结果，是不是让家长感到很不理解？可是当家长静下心来想一想，孩子们的想法也是情有可原。

现在父母都很忙,有的父母常年在外工作,几年都见不到孩子。孩子需要的是日常生活中父母对自己点点滴滴的关爱,而非仅仅物质上的需求,他们也要精神需求。让孩子们多些和父母接触的机会,让孩子感觉到父母的爱,不要再让他们用成熟来伪装自己内心的脆弱。

若想让孩子们跟你说真心话,忙碌的家长们就要停下脚步,给孩子点时间。比如,有时,孩子很兴奋地跟你聊某件他感兴趣的事,孩子讲述这件事情的时间很长,可你还在赶时间,你很不耐烦地打断孩子意犹未尽的话语,说:"好了,宝宝,今天妈妈没时间陪你。晚上回来,我们再聊。"还未等孩子说话,你拿着包已经下了楼。可是到了晚上,孩子左等右等,不见你回来,他在失望中睡着了。第二天早上,孩子上学去了,你或许还在睡梦中。而昨天孩子要聊的事,早已过了那个兴奋期,等你再想起要和孩子聊天的事时,孩子已经忘记了。

那么遇到这样的情况,只要家长能给孩子多留一点时间就够了。就像上边所讲述中的妈妈,她要赶时间,没时间听孩子讲完事情,但是第二天早上,她完全可以牺牲自己的睡眠时间,陪孩子吃早餐,向孩子解释一下昨晚没能及时赶回来的原因,让孩子知道你很重视他。

其实,时间是海绵里的水,挤挤总是有的。家长对决定他自己人生的大事,什么情况下都不会忘记,而总是用忙碌的借口来忽略对孩子的细微关心,这只能说明孩子在家长心中的地位并不重要。所以,请家长在忙碌中抽出些时间给孩子,因为,孩子才是我们一生最重要的财富呀!

2. 小小少年，烦恼多多

可能在很多家长眼里，孩子们只要衣食无忧就会无忧无虑，快快乐乐地长大。而孩子偶尔耍小脾气，那是因为家长没有满足他们提出的要求。孩子们那些所谓的愁闷，都是无病呻吟，都是父母们宠出来的坏毛病。

而在我看来，家长有这样的想法，是因为还是以自己的角度去考虑孩子的感受。其实，有些事，在大人看来是简单、平常，在孩子心里却是天大的愁事。孩子心中的愁事没有及时得到解决和疏导，势必会在他们小小的心灵上烙下阴影，他们为此整日愁眉不展，长此以往，一个快乐的孩子就变成老气横秋的"小大人"了。

同事小刘给我们讲了她和女儿妮妮的故事。最近，小刘家所在的华东小区新换了一个保安，这位保安长得人高马大，皮肤黝黑，满脸的络腮胡子从来也不清理一下，站在小区大门口，就像个野人。爸爸妈妈觉得这样的保安有安全感，可是五岁的妮妮却不这样认为，她觉得这个保安太恐怖了，每次经过小区门口都令她胆战心惊，她不敢看保安的眼睛，她害怕保安会吃掉她。

有一次，爸爸开车在小区门外等妮妮带她去爷爷家，妈妈正在洗衣服，她跟妮妮说："你自己下楼去找爸爸吧，爸爸就在小区门口等你。"可是妮妮一想到那个大胡子保安心里就哆嗦，她非要妈妈陪她下楼。妈妈觉得妮妮已经大了，完全可以自己走出小区，而且小区管理严格，没有车辆进入，到处都是摄像头，妮妮不可能发生危险。妈妈觉得，妮妮偏要让人送她过去就是平时太宠她了，这次

一定要锻炼她的胆量。于是,妈妈对妮妮讲道理,还说妈妈就站在窗户前看着妮妮。可是妮妮说什么也不自己下楼,非要让妈妈送,否则就让爸爸上楼来接。

这母女俩在楼上较劲,楼下的爸爸可着急了。他打电话问为什么妮妮还不下楼,却听到电话里传来妮妮的哭声。爸爸以为发生了什么事,急忙跑回家中。妮妮妈正在气头上,把妮妮说什么也不下楼的原因说了一通。当爸爸带妮妮走到小区门口时,大胡子保安走出来和爸爸打招呼,妮妮一下子躲到了爸爸身后,爸爸拉着妮妮的手明显感觉到她在抖。

这时候,妮妮爸才觉得事情有点不对劲,开始时,他以为保安对妮妮做了什么伤害她的事。他在车上耐心地问妮妮:"为什么害怕保安?"

妮妮紧张地说:"他是野人,会吃掉我。他满脸的大胡子,太恐怖了。"

爸爸知道原因后,心里暗暗大笑,但是他严肃地说:"所以你才不敢下楼,对吗?可是那位保安叔叔是个非常负责、热心的人,他并不是野人。"

从爷爷家回来后,知道原因的妈妈向妮妮道歉,爸爸也向这位保安提出了建议。保安剃掉了胡子,每天干干净净地站在小区门口,妮妮也不害怕了,还和他成了朋友。

妮妮对大胡子保安产生的烦恼,是成年人怎么也想不到的。因为在成年人眼里,男人留浓密的胡子是正常的事,只是影响美观,哪里会跟吃人的"野人"联系上,而孩子对事物的认知还达不到科学判断的阶段,他们在想法中往往加入了自己的想象,使成人觉得简单的事变得复杂起来。

而从了解中得知,孩子的烦恼来源大多很简单,诸如同桌抢本子、朋友闹矛盾、老师瞪眼睛、明天开家长会、看电影要走很远的路,甚至是自己的校服弄脏了……一些在家长看来是无足轻重的小事,都可能成为孩子心里的压力,心头的烦恼。这并不是说现在的孩子们越娇惯越矫情了,孩子们这种敏感的心理是在独生子女家庭模式中逐渐形成的。因此,我们绝不能因为忽视了孩子的烦恼,而使孩子在不知不觉中形成心理压力，使心灵饱受折磨和痛苦。所以我建议，关爱孩子，就从关爱孩子的烦恼开始。

家长要多留心孩子的情绪变化，让他们说出烦心事。关爱孩子要细心观察孩子的情绪变化，他们是高兴还是烦恼，家长要细心、耐心地来观察孩子，并且及时帮他们化解心中的烦恼，鼓励他们坚强地面对挫折和烦心事，才不至于让一些烦心事搅乱他们平静的心，让他们有更多的精力去学习知识。

另外，当孩子向家长说出烦心事时，家长的态度应该是认真的，和孩子共同感受他们的烦心事。家长切不可持无所谓的态度，要认真严肃地开导孩子，解除他们心中的烦闷，让他们每天都有好心情。

在前边举的例子中，我们也看出，孩子的烦恼事有些是不合情理的，有些也是让大人感觉到可笑的。但是不论孩子用什么方式说出烦心事，家长都不能对孩子的事进行嘲笑和讥讽，这样会使孩子觉得家长不能理解他们，也会阻止他们再说心事的想法。家长要用换位思考的方式，去考虑孩子心中所想，要与孩子感同身受，理解孩子烦恼的原因，并真心帮助孩子解决烦恼。

每个孩子在学习和生活中都不可避免地遇到些不顺心的事，家长要帮助孩子找到对自己或是他人无害的宣泄情绪的方法，可千万别让孩子把烦心事压抑在心头。因此，家长一定要引导孩子把烦心事说出来，一吐为快；还可以教会孩子转移注意力的方法，缓解孩子的消极情绪。只有让孩子保持一种安定、愉快的情绪，他们的身心健康才会有重要的保障。

但有一点需要家长注意，不论是孩子间的矛盾，还是孩子遇到的困难，这些烦恼家长所起的作用是开导，引导孩子用正确的方法去把烦恼解决掉。家长可不能越俎代庖去帮助孩子，最好还是让孩子自己解决自己的问题，这样也能够锻炼孩子独立解决问题的能力。

3. 孩子提出的问题马虎不得

每一家都有个爱问问题的小朋友，随着他们的成长，孩子对一切所见所闻都那么好奇，感兴趣。"为什么花会开？""为什么花要浇水？""为什么花盘是这个形状？"……孩子的问题层出不穷，家长好像走进了"刨根问底"栏目组。而且这些问题中，有些你可以解释，有些根本就没有答案。其实，当他们晃着脑袋想问题时，那就代表着他们正在对这个世界进行一点一点的认知。

而如今这些"见多识广"的孩子，他们问题多，获取答案的方式也很多。有时候他们能说出令大人都想不到的答案，这时候我们会惊叹"小大人"早熟的能力，但是我们也不得不担心，孩子因为多渠道地获取答案，他们该知道的知道了，不该知道的也知道了，这对他们的成长并不是一件好事。

据美国夏威夷大学和密歇根大学研究人员共同开展的"学龄前儿童在与成年人对话中寻求解释"课题研究发现，儿童对知识的渴求比人们想象中强烈得多。他们对能够回答问题的解释性回答感到满意，对敷衍了事的回答感到不满足，往往还会再次重复提问。

可大多数忙碌的家长并没有留给孩子充足的时间去提问，也很少花很多时间解释给孩子们听。家长们常常会不耐烦地说："去，去，小孩别问这么复杂的问题。"又或者说："长大了你自然就会明白了。"这样不负责的回答给孩子造成的恶性结果会很多。他们的亲子交流被中断，会使他们失去对双亲的信任；而父母禁止孩子提问题，也在扼杀他们的想象力，约束他们的思维发展。

更为严重的是，当孩子在双亲这里得不到满意的解释后，他们会通过其他方法得到答案。而孩子自己去寻找答案的过程具有很大潜在的危险性。

邻居家的男孩才上三年级，他看妈妈每天做饭，打开煤气罐，那边的火炉就有火苗，孩子感觉到很奇怪，就问妈妈："妈妈，为什么打开这个罐子，那边就可以有火苗呢？"

那天，妈妈正在想着一会儿逛街要买什么衣服，就随便一说："打开就有呗，你长大就会使用了，到时候给我们做饭吃。"

吃过饭，妈妈拿着包就去逛街了，临走前说："在家好好写作业，一会儿妈妈给你带肯德基回来。"

妈妈走了，孩子一个人在家，可他并没有去写作业，脑袋里还在想着刚才问妈妈的问题。为什么打开这个罐子，炉灶里就能出火苗呢？孩子越想越奇怪，他打算照着妈妈的方法去试试。可是，他只会拧开煤气罐，却不知道炉灶那边的开关还要按下去才能打着火，他拧开煤气炉的开关，只听到"哧哧"冒气的声音，却不见火苗。孩子不甘心，把煤气罐的开关阀拧到最大，这时候，屋子里已经充满了煤气，孩子却不知道。

就在这时，爸爸提前下班回来，一进屋就被浓浓的煤气味熏得直咳嗽。他看到正在厨房忙乱的儿子，吓坏了，他打开窗子，关掉煤气，问孩子："为什么要玩这个危险的游戏？"

儿子说："我只想知道为什么打开煤气，那边就会有火苗。"爸爸详细地给儿子解释了煤气燃烧的原理，告诉儿子煤气的危险性。等妈妈回来后，爸爸把今天发生的事说了，妈妈也很后怕，以后可不敢这样对待儿子的问题了。

幸运的是及时赶回来的爸爸阻止了一场事故的发生。妈妈在匆忙中对孩子提出的问题简单、马马虎虎地回答，却不能解开孩子心中的疑惑，孩子们的好奇之心又很强烈，使得他们大胆地实践。若是孩子不了解这件事的危险性，那么后果

将不堪设想啊!

看过这个令人后怕的事例后,家长们是不是也胆战心惊的。我们爱孩子,就要有更多的耐心来对待孩子的问题,千万不能马马虎虎一带而过。

俄国文学评论家别林斯基就给家长指出如何正确对待孩子提出的问题,他说:对儿童的问题应当简短地、耐心地、严肃地回答他们,不要哄他们、欺骗他们,要用适合他们理解程度的话向他们解释。当他们问到他们不应该知道的问题时,要巧妙地避开他们的问题,而不要挫伤孩子的求知欲。

因此,在这里建议家长们要留给孩子充足的时间,对孩子的问题耐心讲解,一定要让孩子弄清楚他心中的疑惑。在这里需要特别提醒的是,处于青春期这一阶段的孩子很不理解自己身体和心理的变化,有些问题可能让孩子觉得难以启齿,那么这时候家长不光要对孩子提出的问题给予认真解释,还要主动向孩子解释关于青春期的疑惑。这个时期的孩子一定要小心呵护,否则孩子很容易因另寻答案,或是强烈好奇地尝试,而走错了人生之路。

另外,家长对孩子的问题不能信口开河。孩子提出的问题是经过他们认真思考后提出来的,如果家长在不懂的情况下,就那么随便一说,孩子以为是正确的,会影响孩子的成长。

举个简单例子,孩子提出个知识性问题,父母没经过查证就凭着自己的印象去回答孩子,孩子牢牢地记在心上。如果有天在考试时或是在孩子的生活中又遇到这个知识性问题,孩子用父母随便说的方法去解答,那可就要出错了。这个错可大可小,严重的话将能影响孩子的一生呢!

4. 妈妈眉头紧锁，孩子心生烦恼

在家庭教育中，爸爸和妈妈对孩子的教育缺一不可，但在这一节中，我们要重点强调一下妈妈在孩子成长中的重要作用。为什么这样说呢？因为妈妈哺育孩子长大的生理原因，孩子对妈妈的亲昵和依赖是他们的本能。在我国绝大多数家庭中，都延续着母亲主内，父亲主外的家庭模式，孩子的更多成长细节由母亲来掌握，在许多家庭中，妈妈的性格与孩子的关系也很大。正如穆尼尔·纳素夫所说：母亲对于孩子是第一所学校。可有很多妈妈却不是孩子的一所好学校。

小文的妈妈脾气不好，常因为一点小事大发雷霆，爸爸都懒得和妈妈吵，小文对妈妈更是惧怕。可是妈妈对小文很温柔的，只是小文不知道妈妈什么时候会生气，生气的妈妈对小文一点也不好。

有一次，小文看电视动画片看得正起劲，跟着动画片的内容唱唱跳跳，这是，妈妈从外面回来，脸色阴沉，看到小文又蹦又跳的样子，就更生气了，她一下子关掉电视训斥道："就知道看电视，看书去。没一件省心的事。"本来，小文正看得欢快，却被妈妈突然打断了这个兴趣，她也很生气，但是小文不敢跟妈妈顶嘴，只好忍着去看书。

还有一次，小文带同学们来家里玩。妈妈本来热情招待，小文和同学玩得很高兴。这时，妈妈突然接了个电话，并且和电话里的人吵了起来，家里的气氛一下就冰冷起来。小文的同学不了解小文妈的性格，还在大声又唱又跳，可是小文却战战兢兢地不敢说笑了。果然，妈妈把气撒到了这些孩子身上，她很生气地

说："小文，你们出去玩吧！"

小文的同学很奇怪，小文只好拖着同学出了家门。同学问小文："你妈妈怎么了？"小文烦恼地说："又生气了呗！她就这样，阴晴不定。"以后，小文再也不敢带同学来家玩了。

妈妈的性格直接影响了孩子的生活。我们不妨换位思考一下，如果你高高兴兴地哼着歌回到家，却看到家里的人愁眉不展，你的心情会怎样？而长期生活在这样的家庭中，是不是会感觉到无比的压抑，没有一点快乐呢？孩子也是如此，他们最在意的妈妈总是眉头紧锁，他们就会想："妈妈为什么不高兴？是我做错什么事了吗？"孩子为了让妈妈高兴，只能小心翼翼地生活。可是，妈妈的高兴和不高兴完全不在孩子的掌控之内，孩子只能压抑着自己偶尔想快乐的心。那么，长期生活在这样的环境里，孩子们就会养成抑郁的性格，而心理也会产生疾病。

而相反的，当孩子回到家，总是能看到妈妈开心的笑容，孩子的心也跟着阳光起来。即使孩子在学校遇到了不快，也会被妈妈的情绪感染，忘掉烦恼。

陶行知也曾说过爱迪生幼年的故事，给了我两个深刻的印象：一是科学要从小孩学起，二是科学的幼苗要像爱迪生的母亲一样爱护才能保全。

爱迪生小时候因好奇母鸡为什么可以孵出小鸡，自己也蹲在鸡蛋上看能不能孵出小鸡，他的母亲看到孩子的行为并没有指责和耻笑他，而是采取正确的方式来鼓励和引导小爱迪生。与爱迪生母亲相比，我们有些妈妈就太失职了，整天眉头紧锁，好像孩子是她的累赘。其实，妈妈们在繁忙的家庭和工作中，时刻展露自信的笑容，对孩子，对家庭，对自己都是好事。

现在很多已婚女士的乳腺病增多，大多数原因是女人心情不好，易发脾气而得。女人要工作，要照顾孩子和丈夫，她们又苦又累，却无人能理解。每次人在生气时，体内所产生的毒素据说能毒死一只小白鼠。女人们哪，吵一次架对身体的影响有多大啊！所以，我在这里奉劝一下父母们，一定要用宽容之心对待孩子，对待家人，对待自己，尽量让自己多笑一笑，烦恼就会少很多。

下面是我给妈妈的一些建议，请妈妈们耐心地看一看。

1. 麻烦是生活的常态，请妈妈们改变心态，轻松对待家庭生活

柴米油盐烦心事，生活就像一锅粥。妈妈们又要工作，又要照顾家庭生活，我们烦，我们累，可是妈妈们，这才是实实在在的生活啊！既然我们走进家庭生活，就要坦然面对一切。孩子的脏衣服，孩子未写完的作业，孩子为什么还没到家……这些事情我们不去想，还能指望谁来替我们分担呢？

有妈妈会提出抗议，那爸爸的职责是什么呢？我们不得不承认，爸爸们在照料孩子的生活细节上，远不如妈妈想得周到（虽然少数爸爸性格也很细腻）。因此，我建议妈妈们，在面对生活的复杂局面时，请学会自己宽慰自己，给孩子，给家人，给自己多些自信的微笑。

2. 妈妈的思想要跟上时代潮流，缩小与孩子间的代沟

妈妈们常常被家务事缠着，不了解时尚潮流，不知道休闲娱乐。妈妈们可别一厢情愿地认为这样的付出会得到孩子们或是家人的认可，这样的妈妈思想观念陈旧，已经不是孩子心目中崇拜的妈妈了。现在的妈妈要与时俱进，多接触社会中的新鲜事物，懂得当前流行趋势，这样的妈妈才能跟上孩子们不断更新的想法，才能和孩子们缩小代沟。

再说，在孩子们的心目中，他们的妈妈永远是最美的。可是妈妈们若是无心打扮，整天唠叨着，孩子自然会和妈妈的关系疏远，这样的母子关系可不是一种和谐的关系了。我希望妈妈们都成为新时代的时尚辣妈，这并不是让女人远离温柔贤惠，而是让女人在相夫教子的同时，做一个时尚的、能够接受新事物的新潮妈妈。这样的妈妈一定不会和孩子有代沟，而且，她一定是孩子的最佳拍档。

5. 主动走进孩子的世界

当孩子有了独立的想法后，他们就不再喜欢受其他人的摆布，这个时候，若是家长用简单粗暴的方式让孩子听命于你，就会爆发一场"家庭战争"。这种家庭战争的最后结果就是：孩子越来越不听话，家长越来越伤心失望。而家庭教育中的矛盾往往都与家长和孩子间的沟通进行得不顺畅有关，家长不了解孩子的想法，凭着自己想当然的理由来管理约束孩子，根本不知道孩子的真正意图。因此，战争越发频繁，矛盾日益加深，家长和孩子间的隔膜也越来越大。

朋友的女儿八岁了，有了自己的意见，朋友呢，是个喜欢流行元素的人，她常常给女儿梳些漂亮的发型，让我们羡慕不已。女儿被小朋友们夸赞漂亮也很高兴，她觉得妈妈最棒，把她打扮得这么漂亮。可是，每天早上为了梳头，母女还是会发生矛盾，每次妈妈给女儿梳头，女儿都很不配合地乱动，气得妈妈大发脾气。

我问朋友，你是否问过孩子为什么不配合妈妈梳头？是不是你梳头时弄疼她了呢？朋友说问过了，孩子说不疼啊！我感觉很纳闷，既然这孩子喜欢漂亮发型，为什么还抗拒呢？而巧的是，有一次我有机会和朋友的女儿谈话，我就随口问了她这件事。

朋友的女儿说："每天早上梳头浪费那么多时间，我想让妈妈快点梳，可她总是慢腾腾的。"

我连忙把女儿的话转达给朋友，朋友这才恍然大悟说："她也没说清楚啊！"

我说："是你没问明白吧！"朋友哈哈大笑。从此以后，朋友尽快帮女儿梳好头发，或是从简发型，她们家每天早晨的"战争"才终于结束。

这件小事说明一个大道理：不了解对方的想法，矛盾自然就会产生。朋友从来没有想到女儿会为耽误时间而反抗梳头，她只是纠结在女儿为什么不配合，用

自己的思维定式来考虑事情，一叶障目，看不到女儿的真正想法。而这也正是许多家长与孩子产生分歧的原因，家长漠视孩子的内心世界，把自己的意愿强行加到孩子们身上。

家长对孩子的无视让孩子感觉不到父母的关爱，孩子们的内心无助又悲凉。让孩子们生活在这种无法呼吸自由空气的家庭中，对他们的心理和身体都是一种变相的摧残。在这种家庭中长大的孩子，因为父母和孩子的想法有分歧，父母不理解他们，他们只能用叛逆和伪成熟来反抗父母。

因此，我认为在家庭教育中，家长们要从高高在上的位置走下来，蹲下来，身体尽量和孩子的个头保持平行，一手摸着孩子的头，一边温柔地问问孩子："为什么要这样？你是怎么想的呢？"家长这种放低姿态的询问方式，会减少孩子对家长严厉权威的惧怕，而家长主动要求孩子说出想法，最大的收获就是能够找到亲子间矛盾的症结所在，以便更好地解决矛盾。这是一种平等的沟通方式，只有这种方式才能使沟通进行得顺畅。

若是家长站直身体，俯视着孩子问："为什么要这样？你是怎么想的？"同样的问话，因不同的表达方式，在孩子听来效果也大不相同。因为家长没有表现出想走进孩子心里的诚意，孩子自然不会向你吐露真话了。

孩子觉得与父母没有共同语言，找不到可以谈心的人，他们压抑着自己的心情，在这样的环境中成长，孩子们的心得不到释放和疏导，容易心理早熟，极度渴望与人交流，极易出现早恋现象。

我很喜欢沟通这个词，它有两个动作，只有先进行沟才能够达到通畅。因此，我建议父母们一定要多和孩子坐在一起促膝长谈，耐心地听孩子的要求，并向孩子清楚地表达出自己的意见。其实，沟通也是需要父母和孩子间建立成一种习惯，若是平时父母很少去和孩子沟通，突然地找孩子聊天，孩子会想，难道犯的错被父母知道了？他们的心里会有抵触。

从女儿会说话开始,我就和女儿建立了这种沟通的习惯。每天晚上,在睡觉前,我都要问女儿在幼儿园这一天,发生了什么事。开始时,女儿不知道说什么,我就提出问题,她回答。后来,女儿每天主动跟我讲在幼儿园的趣事或不高兴的事。如果是有趣的事,我跟着她哈哈大笑,若是不高兴的事,我则以事论事,开导孩子,塑造女儿的良好性格。这种睡前聊天的习惯一直保持到现在,每晚女儿都唧唧喳喳说个不停,她对我非常信赖。

但是,家长和孩子间遇到一件分歧很大的事时,常常会把沟通演变为争吵,一次又一次地闹得不欢而散。久而久之,家长和孩子都不再喜欢互相交流了。因为,解决不了问题,反而更增加了矛盾,两人只能选择逃避。这样的弊端会使世界上最亲的两个人越走越远。

遇到这种情况,我建议家长可以使用QQ聊天,或是电子邮件、MSN等方式进行交流和沟通。这种方式虽然看不到对方表情,听不出对方语气,却能够表达出自己的真实想法。QQ聊天可以不受时间与空间的约束与限制,也不用直视对方的眼睛,可以不顾及对方的态度及表情,坦荡表露心声,完全释放自己的心情。很多时候,孩子面对长辈有些话说不出口,尤其是面对长者严肃的神情,更不敢随便发话。可利用QQ就不一样了,有啥说啥,不必在意对方的心情与态度,不用考虑或介意长幼之序,可以无拘无束地畅所欲言,有时借此发发脾气也未尝不可。而对于想解决矛盾的两个人,在对方打字思考的过程中,还可以平息激动的情绪,冷静思考问题。

当然,沟通还不止这些方式。家长可以用书信的方式把自己的想法告诉孩子,但用语应委婉慈爱,避免指责、教诲、说教和上纲上线。还可以与孩子一起玩耍,比如一起游泳、打球等,做一些两个人都喜欢的运动。一起看电影、听音乐,讨论一下社会关注的热点,这样能够拉近自己和孩子的距离。在孩子犯错时,要尽量心平气和,切忌火冒三丈,给他申辩的机会。

6. 家长的听和说是门学问

在上一节中我介绍了家长要主动和孩子们沟通，真正了解孩子们的想法，让父母和孩子之间没有矛盾。但是，有时候，家长们想表达自己的意见，孩子们却不接受。下面要介绍的就是家长该如何听和说，才能让孩子接受家长的想法。

有位朋友给我发邮件说：她家的女儿小叶子一直是一个很听话很乖的孩子，可是进入四年级后，成为"小大人"的女儿就不怎么听话了，甚至有些难以沟通。比如问她作业做了没有，她不再像原来那样回答——"做了"或是"准备做"，而是"我知道做，你怎么老问？"同时也不再像原来那样爱和父母说这说那，有什么事情总是自己闷着，大人问多了她就会发脾气。

有一次小叶子妈妈像往常一样，下午放学到学校接小叶子，可是到了学校后，同学却告诉她，小叶子已经走了，小叶子妈妈很着急，赶紧回家，发现小叶子已经在家，于是非常生气地对小叶子说："你知不知道，我很担心！以后放学后在学校等着我。"

结果小叶子却委屈地说："我以为你会很高兴，我能自己回家。"然后很生气地回房间去了，并且更不愿意和父母沟通了。

是啊，像小叶子家这样的情景简直太平常了。孩子一天天长大，和他们的交流越来越困难。他们听不进大人的话，更不愿意说出他们的话。

其实，说话谁都会，但是怎样说出对方爱听的话而又能达到自己的目的

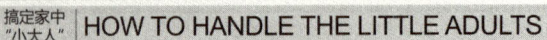

就是一门艺术了。因为在中国的传统文化里，只有教孩子怎么跟长辈讲话，至于长辈跟孩子的交流自然是想怎么说就怎么说。社会发展到今天，从小学高年级到高中学生，尤其是在城市家庭里，父母和孩子的交流机会很少，父母早出晚归，有时几天都见不到孩子的面。孩子渐渐长大，主意也多了，父母与孩子谈话多数都是指责、抱怨，甚至人身攻击。这就出现孩子根本不听，或假装听家长讲话的现象。家长苦恼自己的话没有作用，其实，有时候我们应该反思一下，做家长的自己说话方式对不对呢？

有一天，我去一位很亲密的朋友家吃饭，也不知道我们聊到了什么，我这位朋友突然想起最近孩子总是神神秘秘的，随口就问："周全，你最近又捣鼓什么呢？总是神神秘秘的，我告诉你啊，你可别干什么不好的事，否则我们都饶不了你。"

周全笑着说："老爸，你真多心，我能有什么事啊！"

妈妈也想起了这事，看来他俩事先通过气，她说："周全，你最好和我们说实话，坦白从宽，抗拒从严！"

"老妈，你也不相信我吗？"

"相信你？那我们就不是你的父母了！"爸爸说。

"反正没什么事，我不吃了。"周全放下碗筷要走。

"你站住，爸爸妈妈问你点事情，你就这个态度，怎么这么没礼貌？"

周全停住脚步说："我说什么事也没有，你们不相信我，那让我还要什么态度？"

周全"砰"地关上自己的房门，留下饭桌上面面相觑的父母和我。

我压低声音说："你们这样问，周全不会说实话。"朋友常常称呼我为"家教老师"，他们立刻想听听我的建议，"首先，你们不能搞饭桌教育，而且还在我这个外人面前进行教育。在生气的状态下吃饭对身体非常不好。另

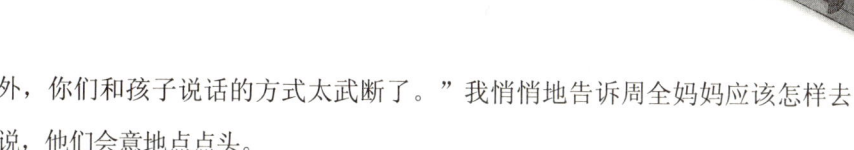

外,你们和孩子说话的方式太武断了。"我悄悄地告诉周全妈妈应该怎样去说,他们会意地点点头。

等我走后,周全妈妈敲开孩子的房门,首先向孩子道歉,说今天不应该在饭桌上教训孩子。周全还在气头上,不过,妈妈既然道歉了,周全也展露出笑容。妈妈很高兴地出去了。又过了几天,周全妈妈又来到孩子的房间。"周全,妈妈还是特好奇你在忙什么,你说咋办?"妈妈风趣地说。

周全乐了,说:"妈,还惦记那事呢?我没干坏事。"

"妈妈可没说我儿子在做坏事,妈妈相信你。我就是看你整天把自己关在小屋里,是不是写情书呢?"妈妈还是幽默地说。

"老妈,都是别人给你儿子写情书,哪能我给别人写啊!我其实是在……不告诉你。"

"噢,秘密不能说啊!那就不说了。但是你要答应妈妈不许做影响学习的事。"

"哎呀,老妈哪,我就是每天和同学在网上聊聊天。还能干什么坏事。"

"噢,聊天哪,不早说。哪个同学啊?我认识吗……"

风趣的妈妈用这样的方式让孩子慢慢地说出了他正在忙碌的事。在第二次,妈妈和周全的谈话中,妈妈所表露出来的态度是对儿子关心,而非对儿子的监督,这让儿子在心理上接受了妈妈的询问。而妈妈交流成功的最有效方法还是幽默,幽默地说话可比一板一眼、一问一答的形式更能让孩子说出实话。而且,妈妈用不同的语气、音调说同一句话,在孩子听来感觉都不一样。

《哈佛才子》中介绍说:当父母学会如何用语言向孩子表达对他们发自内心的理解与接受时,往往父母就掌握了一项非常有用的工具,可以产生令人惊讶的效果。所以说,父母如何说可是个大智慧,你给孩子提出意见时,你要给孩子足够的时间过渡,你要给他们充分的时间接受建议,而你说的建议一定要

站在孩子的角度去考虑，让孩子易于接受。

家长在听孩子表达自己意见时，一定要保持冷静和平静。不能因为控制不住情绪而发火，切忌打断孩子的说话。家长要用平和的眼神给孩子以信任和鼓励，让孩子勇敢地表达自己的意见，说出真实的想法。

还有，家长要把握住最佳时机和孩子交流。可以选择孩子有空闲，情绪好的时候进行交流，最好能从某件发生的事，或一些趣闻趣事引入话题。不要把沟通变成说教，而是以尊重、商讨的方式进行沟通，这样孩子会容易接受。

希望家长们牢记这句话：家长平时说话"艺术"一点，让孩子距离成功更近一点。

7. 让孩子感受到父母真切的爱

2011年春晚上，一群可爱的孩子唱了一首歌《爱我你就抱抱我》，歌中唱道："爸爸妈妈，如果你们爱我，就多多地陪陪我；如果你们爱我，就多多地亲亲我；如果你们爱我，就多多夸夸我；如果你们爱我，就多多抱抱我。"

这首歌中的"爱我你就抱抱我"快速地成为了2011年春节的网络流行语。同时，这首歌也唱出了孩子们的心声：妈妈爸爸总是说最爱我，我却总是搞不懂爱是什么？是啊！难道现在的孩子矫情了，父母爱他们，他们却感觉不到吗？是的，哪个父母不爱孩子，但是我们对孩子的爱，他们却没有感觉到，他们看到的是父母面对孩子成绩低时的火气，看到的是父母对他们扬起的巴掌，看到的是父母对他们的冷眼冷语……这些并不是爱的表达方式。

2010年，在我女儿学校里发生了一件孩子离家出走的事。后来，学校特意为此事召开了全校家长会。

那女孩叫波波，父母们忙于工作，把她寄宿在姥姥家。父母们好几天才回来一次，每次回来的主要任务就是查看波波最近的学习情况，给班主任打电话，问波波最近听不听话，学习习惯怎样等情况。可见，父母俩对孩子的情况也不是不管不问，而且相当重视。

有一次，老师说波波前几天的考试打了八十五分。妈妈立刻板起脸对波波说："波波，你这次表现很让我们失望。妈妈爸爸每天辛辛苦苦在外面工作，从来不缺少你的吃穿，我们这么爱你，可你不能总是用少分来回报我们吧！"波波哭了，她什么也没说。

波波十岁生日那天，父母俩还是没能赶回来，更让波波失望的是，父母俩把

她的生日给忘记了。晚上,爸爸打来电话,第一句话就是:"波波,老师刚打来电话说你最后一节课没上。波波,你怎么学会逃学了呢?我们在外面这么辛苦,最不放心的就是你。你去干什么了?"

波波想说:我去买生日蛋糕,等你们回来过生日。但是爸爸质问的口气,波波把这些话又咽了回去。她突然感觉很伤心,大声说:"你们口口声声说为我好,爱我,可是每次打电话,回到家都是查看我的成绩。你们从来没有问过我最近高不高兴,过得怎么样。我看你们根本就不爱我,你们爱的是我的成绩单。"波波说完就挂断了电话,眼泪噼里啪啦掉下来。

第二天,妈妈赶了回来,一进门,她就非常生气。她询问女儿为什么要那样和爸爸说话,昨晚爸爸喝了很多酒,他想不明白,自己累死累活,对女儿的生活花销从来不心疼,可是女儿却这样抱怨他,他感觉自己很受伤。妈妈的一番话,波波听后也哭了。当天晚上,波波没有回家,她放了学就离家出走了。

后来,警察在邻市找到了正在游荡的波波。她离家出走的原因,妈妈还是在心理治疗所里知道的。原来,在波波看来,父母并不是真心爱她,只是想让她考出好成绩,让他们有面子。但是,这个原因让波波父母很诧异,为什么女儿会有这样的想法呢?

其实,孩子的想法真的很让父母伤心,但是父母请换位思考一下,你们回到家后只知道查看女儿的成绩单,关于女儿的心事,情感变化你们有所了解吗?你们每天忙忙碌碌中,还有过对孩子的拥抱和爱抚吗?你们觉得孩子长大了,不需要这些了,但是孩子永远都需要你们用语言和身体语言表达出来的鼓励和支持。你们的所作所为,看不出来有多爱孩子,你们对成绩的关爱,却是一次次带给孩子莫大的压力,在这种心理打压下,孩子们心情一直处在低落状态,他们哪还有快乐和趣事呢?他们的童年时期是多么痛苦啊!

但我又深深地理解父母心中对孩子的爱,我觉得不论孩子长多大,你们都要把心中的爱说出来，就是那三个字——我爱你。

"我爱你！"并不只是用在情人间，父母和孩子之间同样需要用语言来表达爱。而我们中国父母觉得行动比语言更重要，可是行动远没有语言表达得更清楚，更直接。早上一句"我爱你"，让孩子们这一天都沉浸在父母的爱中；睡觉前一句"我爱你"，会让孩子感受到父母厚重的爱，带着父母的爱渐入梦乡。爱，就要说出口，何必藏在心中让孩子去体会呢？

与此同时，我认为若要让孩子感受到父母的爱还需要家长做到以下几点：

1. 尊重孩子孩子的大事小情都由你决定，你从来不问问孩子的想法，你口口声声说为了孩子好，可是孩子根本就不相信。就像给孩子买件衣服，你说这衣服漂亮，多么合身，可是孩子不喜欢，你硬要让他们穿，这是爱孩子的表现吗？所以说，要让孩子感受到你的爱，你首先要尊重他们，这才说明你把孩子们的想法看得很重要。

2. 不能缺少动作爱抚

这点咱还是得学学人家外国人，他们见面时，一个拥抱，一个亲吻都似有千言万语之重量。你拍拍孩子的头，他们会感觉到你的爱；你拍拍他们的肩膀，他们会感受到你的信任；你轻轻拍他们的后背，孩子会觉得你对他们的疼爱……

3. 最后一点需要家长们注意的是从孩子的角度考虑事情

你爱孩子要能感受到孩子们心中是快乐还是痛苦，他们快乐你可以跟着一起笑，他们痛苦，你可以跟着他们一起哭。虽然家长常常扮演的是长者的地位，但是孩子更需要的是你能站在他们的角度去理解他们，而不是武断地决定他们的对与错。

总而言之，父母爱孩子，一定要让孩子感受得到，这也是"关爱法则"中重要的一点内容。否则，在孩子的眼里，父母对他们会完全忽视、忽略，甚至遗忘，这都是父母在表达一种错误的爱的方式。

8. 缺爱的孩子，内心很无助

陶行知老先生曾经说过：一个人不懂小孩的心理，小孩的问题，小孩的困难，小孩的愿望，小孩的脾气，如何能教小孩？如何能知道小孩的力量？而让他们发挥小小的创造力？

有人在百度空间发起一项关于《从小缺爱的孩子长大会怎样》的投票，结果显示，易受伤的占100%，不自信的占57%，易幻想的占29%，自恋的占29%。而在一些网友的留言里，还会看到缺爱的孩子性格易扭曲、叛逆、倔强、偏激等等。也有些孩子因缺少父母的关爱，从小便学会把心包裹在"懂事"的外衣下。

2001年的六一儿童节，女儿学校举行运动会，很多家长都早早地来到学校，陪孩子欢度节日。可女儿班上的一个女孩欣欣，父母忙于工作，没时间来陪她，但是前一天，妈妈陪着欣欣在大超市里买了二百多元钱的小吃。欣欣拎着一大袋好吃的，独自坐在小凳上。这是欣欣自己过的第四个六一儿童节了，她已经习惯了。

运动会的开幕式要开始了，老师带领同学们去检阅。其他同学立刻把帽子、好吃的往自己父母身边一扔，蹦跳着去排队。而欣欣把自己的帽子、小吹风机放好，把零食的袋子扎好，她面无表情地做完这一切。

开始比赛了，坐在欣欣旁边的同学要去参加二百米跑，他的妈妈高兴地说："孩子，加油，妈妈看着你呢？"可是到了欣欣去比赛，没有人跟她说这些，她只能自己跟自己说要加油。那次欣欣参加接力赛时，不小心摔倒了，胳膊上流了好多血。老师带她去校医那里擦了药，她一直没有哭。欣欣上完药，又回来坐在小凳上看比赛，就像她没有受过伤一样。

有家长发现了独立的欣欣，都说还是这孩子懂事，能自己照顾自己。但是欣欣听了这样的话并不感到骄傲，她仍旧冷漠地吃着零食，只有老师用怜爱的眼神看着她，我却在心里叹着气。

欣欣的这种独立和冷静，超出了她的年龄，而欣欣这种心理之所以会形成是因为她为自己包裹了一层坚强的外衣，脱掉这层外衣，欣欣的心比任何孩子都脆弱。父母的忙碌，对她疏于心理的关爱，虽然给予欣欣足够的物质满足，但是她的心却无法得到爱的滋润。我们可以这样直接地表述：欣欣的懂事是被父母逼出来的，这种懂事并不是出自她的真心，也不是她的心理已经发展到如此成熟。

就像欣欣在比赛中摔倒了，胳膊出了血，多数这么大的孩子会跑到父母跟前流眼泪，但是欣欣的父母没有来陪她，即使她哭了，也不会有人如父母一样疼惜地安慰她。这样的欣欣日渐冷漠，任何事情都不能再触动她的心，慢慢地她会成为一个"冷血人"，没有感受过被爱，当然也不懂得如何付出爱。

"孩子开运动会就是吃、玩，大人在那陪着也没什么事，给他们买足够的零食就行了呗！哪会有那么多事。"这是家长简单的想法，他只看到了孩子表面的物质需求，没有发现孩子们在心理上的情感需要。

国外幼儿心理研究同样发现：孩子在幼儿时期有着强烈的情感需要，这些情感需要更多地是来自父母。孩子们有被别人爱的需要，让他从内心感受到父母的关爱；孩子也有摆脱失败感的需要，而对孩子失败，家长不能一味地指责其过错，而是要帮助孩子在失败中找到原因，耐心地引导孩子从失败中勇敢走出来；孩子有战胜胆怯心理的需要，在家长正确引导孩子避免危险的同时，家

长还要给孩子以安慰,让孩子获得父母给予的支持力量;孩子还有被尊重的需要,家长能够察觉到孩子的情感变化,而非忽视孩子的存在,让孩子感受到他在家庭中的地位。

若是孩子无法满足自己的情感需要,情感发育就会受阻。这就会出现有些孩子情感冷漠、敏感。如果孩子遇到一件很平常的事,他们有时候也会想来想去,让自己在痛苦中不能自拔,就会产生烦躁、焦虑的不良情绪,这种情绪会对孩子的成长产生多方面的不利影响,在集体生活中、人与人的交往中和智力发展中都会有性格上的障碍。

先说一说不良情绪在孩子学习方面的影响。一个孩子常常处在不快乐的情绪中,长期处在痛苦之中,他的大脑记忆系统不能被打开,这样知识记忆在脑中存留的时间就比较短。而相反的,孩子的大脑神经一直处在快乐、良好的情绪中,他的智力就会是越来越灵的状态。

还有就是在孩子与人交往中的影响,敏感、冷漠的孩子对其他事物表现不出来过多的热情和关注,他们看上去很难接近,像是拒人于千里之外。养成这种性格后,即使在他们将来结婚后,也会在婚姻家庭生活中出现较多的矛盾。

赫尔巴特说:孩子需要爱,特别是当他们必须得到爱的时候。因爱产生爱,在爱的浇灌中,我们的孩子成长将会更健康。家长要满足孩子的情感需求,更要给孩子创造一个美好的情感环境,家长尊重孩子,孩子就会更加尊重父母;家长心里有孩子,孩子就会愿意和家人在一起,产生亲切感;家长安慰鼓励孩子,孩子就会增强自信心,同时孩子也会鼓励和安慰家长。

9. 努力做个有爱心的父母

爱是人类永恒的主题。情爱、母爱、父爱、疼爱……每个人都希望找到自己所爱的人，同时也感受到被爱的甜美。爱是相互的，一味地付出爱，却得不到爱会让我们感觉到彷徨；若是单纯地被爱，不会付出爱，又会让我们感觉到沉重的负担。

爱，是让你在这世界上存活的理由。因为爱父母，你要做个优秀的儿女；因为爱孩子，你可以付出自己的全部；因为爱他人，你会为陌生人捐助爱心；因为爱自己，你在工作之余懂得享受生活……有了爱的滋润，你会发现世界这么美好，没有了爱的天空，却是一片灰暗。"小大人"会因内心缺爱而变得孤独、寂寞，他们也不会付出爱，自私又自利。

父母要做个有爱心的人，才能把爱传递给孩子。一代又一代的相传，让世界充满爱，让爱永驻。在爱的环境中长大的孩子，才会感受到被爱和施爱的快乐。

有个故事是这样的：一个女孩看见一只蝴蝶被荆棘弄伤了，她小心翼翼地为它拔掉刺，让它飞向大自然。后来蝴蝶为了报恩化作一位仙女，让她许个愿。小女孩说："我希望快乐。"于是仙女弯下腰来在她耳边悄悄细语一番，小女孩果真很快乐地度过一生。

年老时，邻人问她快乐的秘诀，她笑着说："仙女告诉我，我周围的每个人，都需要我的关怀。"

学校发起号召给本市一个得白血病的高中生捐款。孩子把学校的通知告诉家

长,家长有几种不同的态度。

第一种是反对,表现出冷漠。"给别人捐款,我们自己饿肚子吗?你们老师要求每人捐多少钱?五元?太多了!"妈妈吐沫横飞地说了一大堆,孩子被妈妈数落着,心里对捐款也有反感:我都不认识那个学生,给他捐钱还要受骂。

父母的这种态度,使孩子觉得世界上只有自己最重要,一旦自己利益受到伤害时就会不管不顾别人的感受。久而久之,变得淡漠冷酷。

第二种是给孩子钱,但要纠结班级中谁捐得最多。这样的捐款像是在捐面子,在学校里举行的捐款活动中常常出现这种现象。家长攀比的是谁捐的钱多,而孩子也跟着比谁捐的钱多。谁捐得多,就说明谁家最有钱,这完全扭曲了学校提倡捐款献爱心的本意。

第三种态度是家长尽自己最大的能力贡献自己的力量。让孩子知道捐款的意义,重要的是献出自己的爱心。家长可以带孩子去看看那位白血病高中生,让孩子体会到献爱心给别人带来的温暖,让自己得到欣慰。

现在,全世界人们对慈善事业越来越重视,大家在奉献爱心的同时让自己心里踏实又欣慰。可是有些家长可能会提出:没有钱物,怎样献爱心?其实,这也是个错误的想法,觉得爱心表达就是要赠送钱物。其实,爱心是对别人爱护关心的感情。献爱心是献出"对别人爱护关心的感情"。由此可见,献爱心关键在于是否有爱心,而不在于有无钱物。也就是说,捐钱捐物只是献爱心的方式之一,而不是它的全部。有些人手头拮据,对贫困乡村、下岗职工、困难学生却关爱有加,尽其所有;有些人是百万富翁,对需要帮助的人如"铁公鸡,一毛不拔"。

有这样一个故事:

从前,有个人跪在释迦牟尼佛面前哭诉:"我不论做什么事情,不论遇到什么困难,都得不到别人的帮助和支持,这是为什么?"

释迦牟尼说:"这不怪别人,而怪你自己。"

那个人反诘道:"为什么怪我?"

释迦牟尼佛说:"怪你没有学会布施。"

那个人说:"我是一个穷光蛋,怎样布施?"

释迦牟尼佛说:"这你就不知道了。一个人即使没钱没物,照样也可以布施:第一,可以颜施。即用微笑与别人相处。第二,可以言施。即对别人多说一些鼓励的话,安慰的话,称赞的话,谦让的话和温柔的话。第三,可以心施。即敞开心扉,以诚待人。第四,可以眼施。即以善意的目光去看别人。第五,可以身施。即以实际行动去帮助别人。第六,可以座施。即乘船坐车时,将自己的座位让给别人。第七,可以房施。即将自己空下来的房提供给别人居住。做到这几点,你不论做什么事情,不论遇到什么困难,就一定会得到别人的帮助和支持。"

在这个故事中,我们完全理解了施爱的方法。而作为家长,你身旁的孩子时时刻刻都在受到你的影响。我们的一言一行,都决定着孩子的成长。

举个例子,妈妈带着孩子去逛街,在电梯处,妈妈看到一位老人颤巍巍地走过来,妈妈拉拉孩子向后退一退,给老人让出更多的空间,可以方便老人前进。就是这样一个小动作,就足以表达出妈妈的爱心,孩子也养成了尊老的美德。若是妈妈带着孩子看到老人来了,连忙说:"快走,离老太太远点。"她们快速地超过老人。这种不同的行为,给孩子的影响也是大相径庭,在这样的妈妈影响下,孩子只会嫌弃老人。

还记得中央电视台少儿节目中的一段公益广告吗?一位妈妈给奶奶洗脚,男孩看了后,也努力地端着满满的洗脚水要给妈妈洗脚。这段广告让很多家长都流下了泪。孩子稚嫩的童音,蹒跚的脚步,让妈妈感觉到了爱的温馨。可是,孩子能这样爱妈妈,也是来自妈妈爱自己妈妈的影响啊!这种身教重于言教的力量,是千言万语也不及的呀!

当今社会,每一天的信息流量之大、速度之快让人目不暇接,孩子接受新事物的能力本来就比成年人强。如果孩子说的词让你不理解,那么你就需要"充电"了。与时代同步,才不会成为孩子心中"老土"的爸妈,才有能力搞定家中的"小大人"。

第8章 更新法则:父母的教育方式要与时俱进

1. 亲子交流也需要精心"备课"

我们不得不承认现在的孩子真不好"对付"。他们接受能力强，心眼来得也快，眼睛一转就是一个鬼主意。有时候，你一不小心就被孩子给"教育"了。

那天同事小李喝了点酒，回到家看到儿子正在玩电脑游戏。小李立刻呵斥儿子赶快关掉电脑，去写作业。

儿子理直气壮地说："作业写完了，就等着老爸检查了。"

小李说："这么快吗？如果我检查出错误，你就要受罚了。"

小李检查时，有一道"看图数数堆放在一起的正方形有几个"的题，小李发现儿子做错了。他立刻说："儿子，这里有错题，你再数数是几个正方形组成的？"

儿子拿过卷子，数了又数说："对呀！"

小李是学文的，但是小学三年级的题怎么也难不住他吧！他摆出老师的气势就开始讲，可是当讲到一个点时，儿子打断他说："爸爸，你分析得不对。这下面应该有两个正方形，才能摆整齐。你想错了。"

小李皱着眉，越想头越晕，但是他觉得一定得把这题弄明白。于是，小李吐着酒气，用纸做了一大堆正方形，按照卷中的图形排列，最后再数正方形的个数。儿子说："老爸，这道题你不用这么复杂。你看，我们可用假设法来思考……"

儿子讲了一大通，小李才听明白，又问儿子："那你这方法可以适合所有的

题目吗?"

儿子点点头说:"不一定,只适合按规律排列的图形!"儿子给小李讲完后说,"爸,脑袋不好使了吧!我和妈妈平时劝你少喝酒,你不听话。酒,伤肝又伤脑。另外,你别总是阻止我玩电脑游戏,那上边有些推箱子的益智类小游戏,是可以开发智力的。否则这些复杂的几何空间题目,我怎么能做出来呢?"

小李越听越不对劲,他突然说:"儿子,打住!我记得是我在教育你,现在怎么成了你教育我呢?"

儿子听了哈哈大笑说:"老爸,你……不行啊!"儿子说完就又去玩电脑了,小李只能在那儿干坐着,哑口无言了。

看看吧,小李这个老爸在孩子那里一点知识含量都没有了,那小李又怎能在儿子心中树立老爸的威信呢?更重要的是,在以后的教育中,小李的话儿子怎能信服呢?

像小李家儿子这样,似乎孩子懂得都比父母多,父母不得不佩服家里出了个超过父母的"小大人"。家长把孩子超过自己看作他们成熟的表现,但家长却没有发现,其实是自己落后罢了。时代在进步,家长一定要与时俱进,才能追赶上孩子的脚步。

在家庭教育中,父母起引导作用,而如果我们做家长的不了解孩子的成长规律,忽略了他的心理需求,忽视了与孩子亲密、融洽、和谐、平等的情感交流和心灵沟通,就会使孩子和父母越走越远。所以,家长要多读教育孩子方面的书,了解大量的儿童心理学、教育心理学以及教育学方面的知识。通过读书,家长开阔了自己的视野,丰富了自己的知识,奠定了家庭教育的理论基础。

因此说,家长在和孩子进行亲子交流前,一定要做好前期的准备工作。当你做好了充分准备,再和孩子进行交流时,孩子一定会对你刮目相看,并且从心里佩服家长,这样的沟通也会很轻松地完成。

如果孩子再想以"你不懂"来欺骗你,那他是不可能成功了。比如说你要督促孩子多练习电子琴弹奏,孩子有可能就会因为你不懂,只弹奏右手练习或是只弹左手的和弦练习,然后蒙骗你说练完了。如果你不懂得电子琴的简单知识,听着孩子的弹奏感觉上差不多,认为孩子练习得不错。但是,如果你对弹琴知识略知一二,能够说出些行话来,孩子就不敢在你面前有蒙混过关的想法了。

根据我平时的经验,建议家长在进行亲子交流时做好如下备课内容。

1. 培养孩子是家庭中最大的事情,任何事业的成功都弥补不了家庭教育的失败。家长一定要挤出时间读书学习,找到适合自己的教育方法。多读书,提高自身文化素养,才能做好孩子的榜样。

2. 培养孩子光有物质投入和金钱投入还远远不够,要舍得在精力和感情上投入。家庭教育是挖掘不尽的宝藏,家长的素质提高永无止境。孩子的所有问题都能追溯到家长那里,都能从家长那里找到答案。只要你全身心地投入进去,就能找到解决问题的方法。

3. 家庭教育和提高家长素质虽然比较难,但只要你不倦怠地追求,并能义无反顾地坚持下去,你就能得到意想不到的收获。

哪个家长也不爱听见孩子这样评价自己——"不跟你说了,你什么也不懂。"为了避免孩子说出这样的话,家长只好偷偷地去给自己充电,"电"充足了,才能为孩子照亮前方的路,你说是不是呢?

2. 家长要懂些儿童心理知识

有人提出教育是父母一生最重要的事业。既然是事业，那你就要懂些与事业有关的专业知识。儿童是一个慢慢成长起来的个体，在我们的教育过程中，最难的不是让他们吃饱喝足，而是如何抓住孩子的心，如何让他们的心在正常的轨道上成长起来。因此，作为专业型现代家长，有必要懂一些儿童心理知识。

同事小吴家的儿子小时候挺乖的，可越长大越不听话了。这不，前几天，儿子过三岁生日时把她惹了一肚子气。原来呀，小吴带孩子去蛋糕店订蛋糕，蛋糕店的服务生为儿子戴上了生日帽。小吴担心纸壳做的帽子被儿子弄坏了，就从儿子头上取下帽子放回包里。这下可惹恼了儿子，小家伙又哭又闹，还动手打小吴，儿子大闹蛋糕店。这可把小吴气坏了，蛋糕不买了，拉着儿子就回了家，生日晚餐变成了教子批判大会。

小吴跟我讲："孩子这么小就知道打妈妈，你们说长大还得什么样？"

我跟小吴说："你的孩子正处在'幼儿叛逆期'，这个阶段的孩子感情激烈，又变化无常，他们觉得自己长大了，做事不喜欢别人帮着完成。你可不要把孩子想得多么难管，这都是很正常的儿童心理过程。"

小吴瞪大眼睛看着我问："真的啊！那什么是'幼儿叛逆期'呢？我怎么都没听说过呢？"

我说："网上有很多专家的建议，书店里也有很多关于儿童心理知识的书籍，以后你可以多看看这方面的内容呀！"

小吴欣喜地接受了我的建议。

其实，很多家长都不太了解儿童心理发展的科学知识。在西方，儿童心理学研究可以追溯到文艺复兴以后的一些人文主义教育家，如科梅纽斯、卢梭、裴斯泰洛齐、福禄贝尔等人在这方面的研究都很有成就。

德国生理学家和实验心理学家普赖尔是儿童心理学的真正创始人。他对自己的孩子从出生到3岁每天进行系统观察，有时也进行一些实验性的观察，最后把这些观察记录整理成一部有名的著作《儿童心理》，该书于1882年出版，是第一部科学的、系统的儿童心理学著作。

儿童心理学一般是以个体从出生到青年初期心理的发生和发展为研究对象。有的著作按年龄阶段，如新生儿期、婴儿期、童年期、少年期、青年期等进行排列，这是大多数儿童心理学著作采取的体系；有的按心理过程排列，如感知觉发展、记忆发展、思维发展、注意发展、语言发展等；也有将上述两种体系进行混合编排。

总之，儿童心理学里有权威的实验观察记录，它科学地向家长们解释儿童心理的有关问题。像孩子的厌学、做事磨蹭、拖沓、情绪不稳、乱发脾气等都属于儿童心理问题。家长们了解了每个时期儿童心理发展的特点，就可以依据儿童心理专家通过多年的临床试验得出的有效办法进行教育，从而使教育手段更加科学化，教育效果更加明显。

最重要的是，家长们了解了儿童心理知识后再来教育孩子，能大大减少在家庭教育中走弯路、走错路的不良后果。

这不，前几天小区里的中兴幼儿园发生了一起偷窃事件。幼儿教师通过监控录像发现偷东西的竟然是小一班五岁的毛毛。毛毛是趁小朋友午睡、幼儿老师出去的几分钟内，偷偷从球球的背包里拿走了那把玩具手枪，并快速把手枪藏到自己包里的。毛毛偷东西的整个过程很熟练，让来看录像的毛毛父母大为恼火。

搞定家中"小大人" | HOW TO HANDLE THE LITTLE ADULTS

毛毛父母工资低，那把玩具手枪毛毛也曾想拥有，可是怎么也没想到毛毛竟然去偷！回到家，毛毛父母把孩子棒打一顿，每天还要强调孩子不要再偷东西了。

毛毛家长的做法就是忽略了儿童的心理而使用的错误教育方法。"偷盗行为"对少年儿童来说，多数是一种很常见的行为，在孩子5～8岁时达到高峰，孩子的小偷小摸行为刚开始大都是因为孩子没有物权观念所致，像毛毛这样的小孩子，偷偷拿别人的东西，只是出于喜欢，想把东西归为私有。他并不懂得这种不经人允许就据为己有的行为是不正确的。而遇到类似情况的家长呢一定要读懂孩子们的心理特点，要有效地对孩子进行引导和纠正。而不是毛毛父母棍棒相加的同时，还不断地强调孩子不要再偷东西。从心理学角度来讲，家长给孩子扣上了"别当小偷"的帽子，长此以往，可能会给孩子造成一种不好的自我形象，最后破罐子破摔！结果使得孩子更容易变成一个窃贼了。

可见，家长因不懂得儿童心理知识而盲目地对孩子实施教育，有时候会达到一个反向的教育结果。就像有些家长注重培养孩子的成人礼仪、成人思想，把孩子们塑造成一个个"小大人"，这样的行为违背了儿童心理的正常发育，对孩子们的危害影响着他们的一生。

所以说，只有家长懂得儿童心理知识，才能发现孩子的某些表现原来都跟心理教育有关，然后家长再依据儿童心理的特点进行有的放矢的教育，有了儿童心理知识这些科学性的指导建议，那家庭教育势必会起到事半功倍的效果。现在更多的人还是从社会和家庭的需要来考虑儿童，社会主导经济和道德标准决定了儿童将受什么样的教育，儿童自身的需求和特点很少被考虑，儿童教育是千家万户的事情，那么儿童心理学更应走进家庭和学校，成为一种通俗化，操作性、针对性强的儿童教育理念。

3. 网络时代，家长是菜鸟

在我给学生们讲授电脑知识时，学生们总是向我提出要求："老师，让我们上QQ吧！""老师，给我们下载点游戏玩玩吧！"我坚决拒绝他们的要求，并且说："计算机是现代科技中发展速度比较快的产品之一，因为它存储能量大，传输数据速度快，大大提高了人类工作的效率。而现在大多数人只是把计算机当作娱乐的工具，这简直是在浪费计算机这一科技产品。"学生们听到后点头称是，不再向我提出要求。而同时，我也要把这些话送给广大的家长。

如今很多家庭中，有的家庭买计算机是紧跟时代，赶潮流，买到家后，计算机摆在那儿却是个花瓶，一个月也不开机一次；有的家庭中计算机连接互联网的目的就是打游戏、看电影。而计算机若是出现点小毛病，诸如声音不小心被静音这样的常识性问题，家长也要打电话四处求助。而很多人对电脑的操作也是按部就班，电脑看起来稍与平时不一样了，就觉得电脑中毒了或是坏了。

我有一个在电脑维修部上班的朋友说："前几天，某单位的一个领导让我去修电脑，领导在电话里说了半天，我也没听明白怎么回事，只好带着工具和光盘过去看看，原来是电脑桌面上的任务栏被放在屏幕右边了，我用鼠标一拖动就使任务栏放到下边，领导恍然大悟地说'这么简单啊！'我看那台电脑光是主机的配置就需要两万多块，这么好的电脑给这样水平的人用真是太浪费了。"

是的，虽然如今的计算机价钱越来越便宜，几乎每个家庭都可以拥有，但

是家庭中使用电脑的人技术水平却很低。很多人不想，也不愿意去接受有关计算机基本操作方法的学习。对大多数家长来说，在网上，他们一般只会玩游戏、看电影、看电视剧，查查简单资料。而网络是继报纸、广播、电视之后的一种新型的，全方位开放的大众媒体，具有一切传统媒体的优缺点，在许多方面又是超越传统媒体的。网络又是一个巨大的资源库，学会使用网络就如同拥有了世界上最大的知识宝库，可以开拓视野，丰富知识。

多年以前，人们就说：21世纪不懂电脑的就是文盲。可是如果按照这样的标准去划分的话，我国又有多少个"文盲"呢？

所以各位家长，买回电脑就不要觉得那只是个摆设或是娱乐工具，电脑网络里可是有"金子"需要你去开采的。在我身边就有这么一个普通家长，他经常在网络教育论坛上和专家及全国的家长们讨论教子方法，然后这位家长总结出自己独特的教育策略，出了本家教畅销书呢！

讲了这么多，我想家长可能已经改变了对计算机的印象，它的意义不仅仅在特定的工作环境中发挥无限的作用，对于普通家庭也有很大的作用。如果孩子问你一些知识性的问题，你不能随便给出答案，那就去网络中找啊！如果你想制作一张全家福的艺术照，也不用花钱请人设计背景，有简单易学的软件帮你搞定，而且网络中还有详细的教材讲解，包你不花一分钱就能学会，网络可是个知识丰富、最有耐心的老师呢！

还有就是，你掌握了计算机的简单护理和维修，就不会再出现一旦电脑有点小毛病，你四处打电话求人帮助，最后还被别人耻笑不懂电脑的窘态了。那么现在，家长们是不是都跃跃欲试地要去学计算机操作了呢？可是去计算机培训班学习需要时间哪！家长们又要工作，又要照看孩子，哪有学习的时间呢？在这里，我有个建议，那就是跟自己的孩子学。当然，你孩子的年龄得在七岁以上，太小的孩子我们建议别过早地接触电脑。

说到孩子们的电脑水平，连我这个计算机教师都不得不佩服孩子们对电脑的接受能力。我女儿七岁时可以用拼音打字，自己把视频点击出来，和姑姑聊天，自己找到电脑中的画图软件给我们做贺卡。而且，现在的学校从小学二年级就已经开设计算机课，孩子们接受新事物之快，也让他们快速成为了电脑小能手。那么，家长学习电脑的老师就在你的身边了，对！就是你的孩子，找到老师就虚心地向你的老师学习吧！

而且这样做还有两大好处：一是家长可以省掉去电脑学校学习的时间和费用；二是可以监督孩子在网络上做些什么。计算机给孩子们带来网瘾、视力下降、不良信息等危害一直是家长们最为担心的事，现在的一些"小大人"就是从网络中吸取了成人世界中的很多不良信息。所以，用这个方法是个一箭双雕的好主意。

我单位有一位从教学一线退居后勤的李老师，被分配到财会室工作，她从来没有接触过电脑，现在的工作却一样也离不开电脑，这可把她愁坏了。每次在电脑操作上有什么问题都要给我打电话，她抱怨说："有时工作要拿到家里做，就没有老师了。"我立刻说："有啊，就是您的女儿呀！她不是读高一吗，电脑课上的内容正好也适用您啊！"

这天，李老师在家遇到了问题，女儿子欣正在笔记本电脑上打游戏，妈妈走过来哀求说："子欣，妈妈有困难了，可怎么办哪？"子欣还在继续玩着游戏，但是她说："怎么了，老妈？""你看哪，我要打这个表，要求用EXCEL制作，可是身份证这一栏总是显示不正常！"子欣看一眼说："老妈，我教你，电脑课上我们刚刚学完。"子欣可以在妈妈面前展示自己的学习成果，还可以教妈妈，她立刻高兴地关掉游戏，给妈妈讲课。

妈妈很认真地记着，还不时地提出问题。子欣不想在妈妈面前丢脸，就把自己所会的内容全都教给妈妈。那一天，子欣帮妈妈完成了制表任务，妈妈很高

兴，带着女儿出去吃饭了。

在饭桌上，妈妈说："跟电脑老师碰一杯。"子欣也很兴奋说："老妈，以后电脑上有什么不懂的，就来问我吧！"自从有了这个协议后，妈妈常常会来问女儿电脑方面的问题，而子欣为了能帮助妈妈解决问题，上电脑课时也不再偷偷摸摸玩游戏，总是很认真地听我讲课，认真练习。

在家里，子欣空余时间就和妈妈研究电脑的一些操作技能，她也没时间玩游戏了。渐渐地，她觉得玩游戏就是浪费时间，有那时间不如学点有用的东西了。

她们母女俩这样学了很长时间后，李老师很高兴地跟我说："真没想到，跟子欣学电脑还增进了我们母女的感情，孩子现在有什么事都跟我沟通。"

我真替李老师和子欣高兴。在网络时代，菜鸟家长们不妨试试李老师的办法，谦虚地向孩子们学习电脑操作，这是一件多么有趣的亲子事情啊！

4. 有威信的家长受尊重

常听家长抱怨：现在的孩子，三岁就学会了顶嘴。再长大一些家长说一句，他们有十句在那候着。我是老师，要批评哪个学生时，有时就像是在和他们进行辩论大赛。如果学生们抓住一个理，他们就会把我给"说"倒。孩子对老师已如此，在家长面前更是无理也要争三分。你说，家长的威信、威严都跑哪儿去了？在孩子那里没有威信，跟他说什么，他又怎么能听进去呢？

其实，让孩子对家长信服、尊重和喜欢，除了家长要懂得沟通的艺术（前面已经介绍过）之外，家长还要做个有威信的人。

在家庭教育中，父母威信的树立是教育取得成功的关键。威信是无形的、潜在的教育魅力，无处不在地引导着孩子健康成长。威信还有着巨大的感染力量，引领着孩子朝着理想的境界迈进。然而，现实情况是很多父母正发生威信危机。

那天我下班回来，走到小区广场时，正遇到一位家长训斥孩子："我在楼上喊你，你为什么不回家？一定要我下楼来赶你回家吗？"

孩子竟然大声说："我就想再玩一会儿，又没让你下楼来找我。"孩子的话让家长一时答不上来了，小广场上人来人往，我也感觉到了家长的难堪和尴尬。孩子见家长没说话，又跑去玩了，家长无奈地自言自语："你长大了，翅膀硬了啊！"

可见，没有威信的家长，话讲得再多，孩子的心里也是不服气的，他们是不会听的。对父母的教育无所谓，养成了孩子任性、唯我独尊的个性。在家里或是在公共场所的社交活动中，孩子格格不入的性格让他不能融入到小朋友中去，会令他更加孤僻，失去童真的快乐。

这时候会有家长问，我觉得自己教育孩子与别人没什么两样，为什么我在孩

子那里就没有威信呢？那下面再来看看，家长是怎么在孩子那里失信的吧！

1. 言而无信，对孩子连哄带骗

有时候，家长为了保证孩子暂时听自己的话，对孩子随口许诺。可是孩子按照家长的要求去做了，家长却把许下的诺言忘得一干二净，让孩子失望，以致让孩子不再轻易相信家长。

2. 家长对孩子或溺爱或过于严厉

家长对孩子过度宠爱，溺爱，无条件地满足孩子的要求；或是武断专制，打骂孩子，以此达到孩子听话的目的；再或对孩子的态度变化过快，忽冷忽热，高兴时孩子提出的要求无原则地满足，不高兴时，就对孩子冷言冷语：这些错误的教育方式都会让家长在孩子面前失信。

3. 教育方式不能做到全家统一

据一项对学校200名同学的家庭教育现状调查显示：父母因为教育孩子的态度不一致经常发生争吵的有98人，达49%；父母与老人因为教育意见不一致的有57人，占28.5%；认为老人娇惯孩子的有113人，占到55.1%。从这组数据可以看出，家庭教育方式不一致的现象普遍存在。在这种教育态度不一致的环境里，孩子不知道听谁的，也对所有人失去了信任。

我们找到了失信的原因，那么就要对症下药，改变父母的教育方式，在孩子那里树立起威信。

1. 树立威信，家长必须说到做到

威信就是让孩子对家长产生一种信任感，这不是靠说教或者是打骂的方式能建立的，父母言而有信才是最重要的。你答应孩子的事一定能做到，孩子当然会信任你。

2. 以身作则是建立威信的关键

如果要让父母对孩子产生威信，首先父母自己要以身作则，作出榜样。比如，你要求孩子少看电视，你光靠一遍遍地说不行，还要做给孩子看，孩子看到父母都可以按时关掉电视，他们也比较容易接受父母的要求了。

3. 对孩子的管教少而精，更有助于树立威信

家长成天唠唠叨叨，孩子听了也未必会往心里去。而你若平时很少管教孩子，突然有一天对其进行严厉的批评，孩子一定会把批评当回事。这也是在有些家庭中，为什么爸爸的威信更高的原因。妈妈在家庭中常扮演的角色是事无巨细的管家形象，孩子的书包没装好，红领巾太脏，吃饭太慢……什么大事小情她都要教训孩子几句，这样孩子容易厌烦，更不愿意听妈妈的话。所以我建议家长，有些小事尽量少说多做，而在孩子的大事情上一定要一管到底，这样反而有很好的教育效果。

4. 父母民主性的教育是树立威信的保障

威信并不一定是传统意义上的孩子对家长的绝对服从，或是家长对孩子的支配地位，而是在平等交往的基础上使孩子对父母产生一种尊重信赖的感情，从而与父母建立一种积极配合的亲密关系。要做到这点，首先尊重孩子自己的选择和尝试，并给予适当的指导和帮助，不能因为怕孩子犯错误而强制孩子按大人的意愿行事。

另外，家长还不能太在乎自己的权威和面子。每个人都有可能做错事，孩子不对时应该批评教育，自己做错时也要真诚地向孩子道歉，这样民主、平等地对待孩子，会使孩子更加信任你，尊重你，更愿意与你交流沟通。我觉得这才是一种真正的威信，而孩子越大，越需要这一点。

父母在孩子心中具有崇高的威信，使孩子形成良好的个性心理品质，这是把教育搞好的重要因素。家长只有严格要求自己，树立自己的威信，才能在孩子面前树立榜样，才会使孩子耳濡目染，真正起到示范作用，为孩子的健康成长打下坚实的基础。

5. 做孩子最好的营养师，在吃方面把好关

"小大人"们不光在思想上成熟，在身体发育上也越来越成熟。二年级的小女孩个子长老高，胸部也有了些发育；十一二岁的女孩子就开始忍受着痛经的折磨。这些早熟的迹象实在是让人难以接受。

孩子们心智还未成熟，没有能力接受身体变化带来的这些生理变化，本该是无拘无束，任意蹦跳的年纪，却因为"与众不同"只能眼巴巴地看着其他孩子打闹嬉戏。孩子无法感受到童年的快乐，该是一件多么可悲的事啊！

据专家研究，大部分男孩性早熟是由病理原因引起的，如患儿自身的肿瘤、炎症引起的内分泌失调。在女孩中，80%以上性早熟却是个非常复杂的过程，可能与整个社会环境有关，营养改善、环境污染、过多食用含激素食物、盲目进补、误服避孕药以及化妆品等都会导致儿童性早熟。

除了环境原因外，还有一个使儿童性早熟的原因就是"吃"出来的。

三年前，有一个和我女儿在同一个琴班学习的女孩，实际年龄比我女儿还小三个月，可个子却比女儿高出一大截，身体也很壮实，让我羡慕不已。我问女孩的妈妈："你家孩子长得真高，天天给她做肉吃吗？"

她妈妈很喜欢向我传授育儿经验，她说："我从小就给孩子喝那个名牌的营养粉。女儿长得高，身体还棒。小感冒吃点药就好了，这样的孩子多省心。"我想：回去也要给孩子买些。

可回到家跟孩子爸爸说这事，爸爸坚决反对："那些补品就像催长素，给孩子吃了肯定不好。你看现在都说不要吃打催长素的猪肉，那不是一个道理吗？"

我说："你这个比喻很不恰当，但也有道理。"然后我就打消了给孩子吃什么营养粉、高钙片、蛋白质的念头。

现在，我的女儿还是没有那个女孩高，但是我女儿瞧上去就像个幼稚的小丫头，透着可爱和纯真。而那个高个子女孩给人感觉就像个沉稳的大孩子，眼睛总是漂移不定，似有许多心事。我也曾问过她妈妈是否还在给孩子吃营养粉，她妈妈说："听说吃那个孩子早熟，我就不给她吃了，可是我觉得这孩子已经早熟了。"

看来，这位妈妈也发现了孩子的变化，但是后悔也来不及了吧！像这样的妈妈们，在孩子小时候就想：什么都给孩子补点，对他们的身体和智力发展一定有益。可是，妈妈就是没有想过，任何植物、动物的成长发育都要有一定的时间和过程，我们人为地为其缩短成长过程，快速地让他们达到一种程度，那是违反自然发展规律的。成语"揠苗助长"不就是这个道理吗？那对于孩子的成长来说更是如此呀！家长可千万不要花钱为孩子买罪受啊！

下面就给大家介绍几种日常生活中经常出现的"性早熟"食品，希望家长们注意一下，尽量克制孩子少吃或是不吃。

1. 保健品

现在的保健品太多了，为了吸引小朋友，保健品的口味有果味的、咀嚼的、还有胶糖口味的……说明书里写着"有助于增强儿童免疫力"、"有助于儿童骨骼的发育"等功效。其实，这些保健品中有相当部分都含有激素。我记得那时候给女儿吃一类补锌的药，女儿吃药期间特爱吃饭，可不吃药了，孩子还是不爱吃饭。

专家指出：蛋白粉由大豆制品制成，由于大豆制品中含有的异黄酮是一种植物雌激素，也可以被认为是类雌激素，如果儿童长期摄入，可能导致出现性早熟。

另外，牛初乳、蜂王浆、花粉制剂等补药也不要给孩子服用。现在市面上的

牛初乳品牌繁多，价格高昂，标榜能够提高婴幼儿免疫力，很多妈妈都选择购买给孩子服用。

其实，牛初乳即是刚生完牛宝宝的牛妈妈头一周的乳汁，里面的促性腺素含量极高，对于接近青春期的孩子而言，身体较为敏感，长期大量服用容易提早进入青春期。

2. 列入黑名单的小食品

速食快餐，家禽的脖子和内脏。这些食品安全问题频频曝光，一些禽类都是被加入"激素"快速成长，这些"促熟剂"的残余主要集中在家禽的头颈部分的腺体里。像孩子们最爱吃的什么烤鸭脖子、鸡脖子……都是些促进性早熟的高危食品。

还有一些动物的内脏，内脏中的甲状腺、性腺等含有激素的物质，会在熬汤的过程中慢慢析出，最后通过餐饮进入人体，对于处于发育阶段的儿童来说就是一种激素的刺激。

油炸食品。每到傍晚，大街小巷上都飘着油炸食品的阵阵香味。它们不仅吸引着孩子们，连成年人都流连忘返。这些食品价钱也不贵，五角一串，一块一串，带着孩子溜达时，顺便买些，吃着也挺香。可这些油炸食品却是使孩子的身体疾病增多的最差食物啊！

反季水果。也是奇怪，越是数量少的东西大家越爱吃。反季水果价钱高，却让很多人去买。我生活在东北地区，冬天的草莓、西瓜要比夏天时贵出五倍。偶尔会给孩子买来尝尝鲜，可是这样的水果里几乎都含有"促熟剂"，这种化学药剂是不可能被洗掉的，你说孩子吃着这些东西，他们能不早熟吗？

"吃"出来的早熟是一件多么可怕的事，作为现代科学型的家长，不光要从孩子的心理和思想上教育孩子远离早熟，更不能忽视了孩子的营养，懂得科学搭配合理的饮食。

6. 努力完善自己，和孩子共同进步

有句话叫："活到老，学到老。"在如此迅猛发展的信息社会里，不论是谁，都有可能一不小心就被后来居上之人给甩在了后头，光靠自己那点"老本"而不继续深造的人早晚会被社会淘汰。作为孩子的家长也是如此，若是孩子的知识容量赶超过了你，那你也面临着在孩子心中被淘汰的危险。

一天，我经过英文组办公室，那里有位家长正在和老师谈话。家长说："老师，我真不知道孩子的成绩这么不理想。每天，我不看电视，不打麻将也要看着孩子完成作业。而且，每天我都检查他的作业完成情况。早上，我叫他起来背英文单词，他也背给我听，可是考试成绩为什么这么差呢？"这位家长似在抱怨自己很辛苦，又像是不相信这张卷子是他孩子所答的。

老师摇摇头说："看来您没少费工夫。可是，您的孩子在校的表现并不是这样。昨天早上的英文单词考试，他才考了六十分，有十多个单词没写上来。他昨天给您背时都是正确的吗？"

家长听了不好意思地笑笑说："我哪会什么英语啊！高中学那点早忘得一干二净了。我就是听孩子在那里背，也不懂在背什么。"

老师一听知道了孩子的症结所在，他说："这就是了，孩子知道你听不懂，他根本也没认真背呀！"

听了他们的对话，我突然想起曾经听过一个孩子说："我的作业本交给妈妈看，她也看不懂，骗她真是太容易了。"

HOW TO HANDLE THE LITTLE ADULTS

也不知道说这话的孩子，觉得有这样的父母是他的幸运还是不幸。但是，的确有些家长只要求孩子好好学习，对自己却不思进取。当孩子向家长提出问题时，家长对问题是丈二和尚摸不着头脑——啥也不懂，更别说能回答上来了，家长只能聊以自慰地说："现在的孩子懂得太多，早熟。"可家长却从来不考虑，是不是自己懂得太少了呢？是不是该学习学习了呢？家长不用身体力行来触动孩子的内心世界，不仅让孩子瞧不起，而且难以激起孩子的学习动力和学习兴趣，更容易使孩子内心缺乏自律呀！

就像有位教育畅销书作者说："在各行各业都需要合格证、上岗证的今天，却唯有事关孩子一生教育的家长不需要合格证，并且永远不会下岗，说起来是做家长的幸运，其实是家庭教育的悲哀。作为独生子女的家长，没有人教我们怎样做才合格，更没有机会亲身总结成功经验用以借鉴。面对困惑，只有自己不断去摸索，尤其是一个与孩子朝夕相处的父母亲，只有自己喜欢读书，与孩子一起学习，互相促进，共同进步，才能奠定孩子一生喜欢学习的好习惯。行胜于言是千真万确的道理。"

"行胜于言"的确是真理。我女儿读一年级时，有道关于立体几何的题目。我在上学那时，立体几何就不好，孩子问我时，我一时蒙住了。那道题的意思是把一个正方体平面图展开，展开的每个正方形面上都标着数字，问如果这张平面图组合成一个正方体，每个数字对应的那一面是数字几。

我想了半天也弄不明白，孩子眼巴巴地看着我，等着我给出答案。怎么办呢？我突然想到一个方法说："咱们亲自做一个图形来看看。"孩子一听，也来了兴趣，趴在我身旁看我又是画又是剪的。很快，我就做了一个正方体的平面展开图，让女儿在每个小正方形的平面图上标出1、2、3、4、5、6，然后让孩子自己把平面展开图拼接成一个正方体，再让孩子观察每个面所对的数字。这样一目了然的答案，孩子当然能立刻回答正确。

而在和孩子思考这个题目的过程中，我也跟着复习了几何问题，增强了自己的空间立体感。以后，孩子再有什么问题，我和孩子共同思考。当然用大人的方法很快就能解出来，但是我通常和孩子一起想他们学过的方法，用孩子能理解的方法做完题目。在以后遇到难题时，孩子就能按照我们一同学习的方法进行思考。同时，在妈妈的带领下，孩子会发现，原来妈妈学习知识也是从不会到会的，这样无形之中，会给孩子增加学习的自信心。

我之所以举这个发生在我和女儿身上的例子，是因为在前几天的数学测验中，孩子再次遇到了我们一同解决的那个几何问题，不同的是题目要求比上次的练习的难度有所增加。但是，女儿凭借我们共同探讨的空间立体思考方法回答正确了，我和女儿击掌表示庆贺。

所以说，"欲穷千里目，更上一层楼"。家长不能只局限于自己的那片小天地，如井底之蛙，按部就班地生活。我们要与孩子共同进步，努力完善自己的不足，既能带动孩子前进，同时还可增长知识，这也许会给自己的工作和生活带来有意想不到的惊喜。

而更为关键的一点是，家长的勤奋学习和不懈努力的精神，给家庭中营造出一种渴求知识，不断进步的学习氛围。可想而知，在这样环境里成长的孩子将来在学习上必定不会让家长操心了。

7. 接受新的教育观念

中国科学院心理研究所专家对北京 1800 多名家长，用近 3 年的跟踪调查得出结论：有三分之二的家庭存在对子女教养不当的问题。大多数父母对孩子期望值很高，物质和精神都付出很大，但收效甚微。心理研究专家认为，问题的关键就是家长对子女教育不当，没有一套科学的方法，只是在盲目地、自以为是地教育孩子。

很多家庭有一种错误的观念：以为家庭教育可以无师自通，生、养、教都是自发的、本能的，各有一套办法，其实这是一个很大的误区。

有天我在公交车上听到一位爸爸和同事正在大谈教子经，这位爸爸甚是骄傲地说："别听那些所谓家教专家的话，什么耐心、温柔的，让孩子听话就得打。昨天，我儿子非要看动画片，他妈妈又是讲道理，又是转移注意力的，儿子还是耍脾气，不好使。我一句话不说，举起拖鞋照儿子屁股打一板，小子二话不说哧溜就钻被窝睡觉了。嘿！咱小时候父母哪懂得什么家教，不听话就是打，什么女子单打（妈妈打）、男子单打（爸爸打）、男女混合双打（爸、妈一起打），我这不也是长大了吗？老话'棍棒出孝子'并不是没有道理的。"

这位年轻爸爸的一番高谈阔论，立刻引起车上乘客的共鸣，但同时也有些家长的反驳声音。而令我不可思议的是，这番老套教子论竟然出自一位 80 后家长。

我且不说 80 后的家长一定要怎样，咱就说这位爸爸的思想是多么陈旧迂腐。其实，棍棒式教育与放任型教育、溺爱型教育一样，都是不可取的教育方式。采取棍棒式教育的家长，大都十分关心子女的成长，望子成龙的心情非常迫切，但他们很少考虑子女的人格和心理状态，不知道孩子也需要得到别人的尊重。

有的家长对孩子进行打骂之后，再给孩子讲道理，这种做法给孩子留下的印象并不是父母所讲的道理，而是棍棒在心灵留下的深深创伤。棍棒教育的结果，往往是越打越不听话，不仅如此，一些未成年人还对父母产生仇恨心理，或者公开反抗，或者当面承认错误，背后变本加厉。还有的孩子为了躲避家长的棍棒不敢回家，最终走上犯罪之路。

除了"棍棒出孝子"的强硬型错误教育观念外，有些家长还会认可"树大自然直"的放任自流型错误教育法。孩子判断是非的能力比较差，在他们的成长环境中一定会遇到些负面影响，若是家长听之任之，孩子就会因为周边的人或事而改变自己的人生观和价值观。家长在孩子成长中的作用是引导和纠正他们的错误，使他们走上正确之路。

我不在这里对错误的教育观念再一一列举，目前社会变革之快，如果家长的知识结构、家教观念都与新时代格格不入，只是单凭自己想当然的教子经验和僵化的教育理念来教育新时代的孩子，那是不可取的，肯定要出现教育矛盾和问题。而在前边分析的"小大人"形成原因中，除了外界环境的影响外，就是家长的错误教育观念和不正确的教育方法导致的。既然我们要归还孩子天真无邪的童年时光，让孩子们感受那段最欢乐的时光，家长就有必要改变旧思想，接受新的教育观念。

而我觉得家长接受教育新观念的途径有很多种，只有想不到的事，没有做不到的事。

1. 家长要多浏览市面上的教子书。教子书的种类繁多，我建议家长还是要选择一些名人专家和销售量比较高的书籍。因为这类书的权威性相对较高，图书销售量高也说明书中介绍的方法比较新颖且合理。但需要注意的是，家长在看这类书时，可不能只是照搬书中的例子，将它直接应用到自家孩子身上，而是要抓住书中介绍的教育孩子的新思想，利用家教书中的新观点，找到适合自己孩子的方法。

2. 三人行必有我师。家长和家长们聊天时，不要只顾及面子忙着与别家孩子攀比，而要虚心接受其他家长的教子观点。俗语讲得好："听人劝，吃饱饭。"当其他家长向你的家教方法提出质疑后，你要多听取别人的意见。

3. 家长要多和学校老师保持联系，积极参加学校举行的各类家长会。

对孩子有影响的教育除了家庭教育就是学校教育，这两者教育要有机结合在一起才会使孩子的教育达到更好的效果。而学校有时举行的家长会和家长的座谈，都是学校在向家长介绍新的教育方法和理念，若是家长因忙碌无法参加，而不了解学校和老师的新动向，就无法配合老师和学校的工作，那么，教育中的两股力量不能拧在一起，就达不到良好的教育效果。

就比如前段时间，我女儿的学校特意邀请了北京感恩教育启蒙演讲团的玄浩老师来校作演讲。6月的下午，天气很热，家长和孩子们共同坐在操场上聆听玄浩老师的深情演讲，玄浩老师一次又一次地使在场的所有观众热泪盈眶。全体师生和家长自发地和玄浩老师激情互动。而这次演讲更为成功之处是家长和孩子们一起倾听感恩的细节，共同感受被爱和付出爱的幸福。而当家长和孩子们相互拥抱在一起的时候，又瞬间拉近了家长和孩子之间的距离，化解了家长和孩子曾经的矛盾。

但是，在这次演讲中，有些家长因为怕太阳晒坏了皮肤，或是因工作脱不开身，没有来参加这个大会。当别的孩子和家长抱在一起的时候，没有家长的孩子只是呆呆地看着别人，想着自己的家长，这时候，他是多么希望也能抱一抱自己的爸爸妈妈呀！而这些没有来的家长也因此错失了这次感恩教育。

当然，家长接受新的教育观念的方式和途径还有很多，我在这里只是抛砖引玉，希望能改变广大家长的教育态度。我的目的就是为了使孩子能够回归本来的天性，不再受"小大人"之苦，让他们快快乐乐地度过人生中的每一个阶段。